刑事审判"情理法"的理论与实践研究

杜玉奎　李文玲◎著

法律出版社
LAW PRESS·CHINA
北京

图书在版编目（CIP）数据

刑事审判“情理法”的理论与实践研究 / 杜玉奎，李文玲著. -- 北京 : 法律出版社，2024. -- ISBN 978-7-5197-9556-6

Ⅰ. D925.218.4

中国国家版本馆 CIP 数据核字第 2024SU7676 号

刑事审判“情理法”的理论与实践研究
XINGSHI SHENPAN “QINGLIFA” DE LILUN YU SHIJIAN YANJIU

杜玉奎　李文玲 著

策划编辑 张　颖
责任编辑 张　颖
装帧设计 贾丹丹

出版发行 法律出版社
编辑统筹 法律应用出版分社
责任校对 王　皓
责任印制 刘晓伟
经　　销 新华书店

开本 710 毫米×1000 毫米　1/16
印张 17.5　　**字数** 266 千
版本 2024 年 12 月第 1 版
印次 2024 年 12 月第 1 次印刷
印刷 唐山玺诚印务有限公司

地址：北京市丰台区莲花池西里 7 号(100073)
网址：www.lawpress.com.cn
投稿邮箱：info@lawpress.com.cn
举报盗版邮箱：jbwq@lawpress.com.cn

销售电话：010-83938349
客服电话：010-83938350
咨询电话：010-63939796

书号：ISBN 978-7-5197-9556-6　　**定价**：88.00 元

凡购买本社图书，如有印装错误，我社负责退换。电话：010-83938349

绪　论

一、选题理由

(一)“文化自信”视域下中华优秀传统法律文化需要创造性转化

坚定文化自信是实现中华民族伟大复兴的必然要求。习近平总书记自党的十八大以来,反复强调树立“文化自信”,在党的十九大报告中更是提出“坚定文化自信”“培育和践行社会主义核心价值观”“深入挖掘中华优秀传统文化蕴含的思想观念、人文精神、道德规范,结合时代要求继承创新,让中华文化展现出永久魅力和时代风采”。[①] 党的二十大报告进一步明确“弘扬社会主义法治精神,传承中华优秀传统法律文化”,“推进文化自信自强”。[②] 中国古代的“情理法”是古人留给我们的宝贵的优秀传统法律文化。我们要“坚定文化自

---

① 习近平:《决胜全面建成小康社会,夺取新时代中国特色社会主义伟大胜利》,载《习近平著作选读》(第2卷),人民出版社2023年版。

② 习近平:《高举中国特色社会主义伟大旗帜　为全面建设社会主义现代化国家而团结奋斗——在中国共产党第二十次全国代表大会上的报告(2022年10月16日)》,载《中国共产党第二十次全国代表大会文件汇编》,人民出版社2022年版。

信”，实现“文化自觉、文化自强”，弘扬中华优秀文化传统，就要挖掘古代“情理法”所蕴含的价值理念，进行创造性转化和创新性发展，并将其应用于现代刑事审判实践。

中国传统刑事审判注重情理，往往将天理、国法、人情有机统一，在法官的刑事判决书中以法为基础，对情理充分论证，从择法到适法，再将情理融于法，依托法律，动之以情、晓之以理，有时情理因素甚至左右审判的结果。普通民众在赞赏某一审判结果时，则称其“通情达理”“合情合理”“合乎情理”；对判决结果不满时，往往会说法官“不通情理”“不近人情”；在谴责某一严重的犯罪行为或形容某罪大恶极的犯罪分子时，也往往会从天理、人情上进行评判，认为其“伤天害理”“丧尽天良”“天理难容”。普通民众对中国传统司法实践期待“人情大于王法”。“情理法”融合的司法审判追求已深深地烙印在我们每一个中华儿女头脑之中、骨髓深处，中华民族几千年积淀产生的以“情理法”为核心的法律认知、法律信仰、法律心态、法律思维以及情理与律条的有机结合形成的格局，凭借其高度凝练的文化内涵在法律文明史中散发着独特魅力。

“现代中国人并没有完全脱出传统的范围。法的情理基础，仍被视为衡量法律的标尺之一。作为联系罪罚的通道之一，它在相当程度上被认为是理解法律的基础。……作为文化的基因，它或者它们已经不经意地嵌入了我们的脑子里，外化到了我们的行动中、语言中，旧传统并没有终结，我们所需要的只是创造性的转化。”①本书试图为“文化自信”视域下中国优秀传统法律文化在现代刑事审判中的创新性应用、创造性发展尽一份心力。

① 霍存福：《中国传统法文化的文化性状与文化追寻——情理法的发生、发展及其命运》，载《法制与社会发展》2001 年第 3 期。

（二）刑事审判融合“情理法”关乎司法公正、社会和谐

“知屋漏者在宇下，知政失者在草野。”[①]我国目前正在全面推进依法治国，社会主义法律制度也正在逐步完善，一项法律的实施、一纸判决的形成，都要公之于众，为人民群众所接受，受到人民群众的监督，而是否符合情理仍被视为衡量法律和司法审判结果是否正当的标尺之一；人民在生活中是否自觉遵守和拥护法律，是否真诚信仰法律，决定着法律权威性的高低。法律若脱离了现实，即使条款以及内容之间逻辑再严谨，所用辞藻再华丽，也只能束之高阁，成为脱离民众的虚器。对于普通民众来说，其关心的并不是“制度设计是否合理”“证明责任归属于谁”等技术问题，而是刑事审判的结果是否符合“情理”。

由于法律规范本身存在滞后性、模糊性的局限，个别条文逻辑不严密，缺乏人情味，有时司法解释僵化，不能反映普通民众的情理，在刑事审判中必然产生民众情理与依法判决的冲突。如果刑事审判的结果违背了普通民众认同的情理，尽管符合法律的明确规定，普通民众也很难认可和接受，司法的权威性就会受到质疑，社会秩序的稳定也会受到影响。2007 年发生的广州“许霆案”、2016 年发生的山东“于欢案”，一审法院的裁判表面上恪守了法律规范，却与民众情理严重背离，在社会上产生了负面的评价，令社会大众难以接受。这就有必要在刑事审判过程中充分考量民众情理。

由于刑事审判中对“情理法”的理解因人而异，法院缺乏“情理法”结合的参照标准和指导案例，缺乏适用“情理法”的奖励机制，当案件中的情理与法律适用冲突时缺乏沟通协调论证机制，法官对适用情理的重视度不够且缺乏适用技巧，即使偶有适用，其个人的价值判断也容易与民众情理产生冲突，再加上法治宣传不到位，民众的法治思维与日常思维会有差异。

因此，要想突破现有法律规范的局限，解决刑事审判中“情理法”适

① 黄晖撰：《论衡校释（附刘盼遂集解）》（第四册），中华书局 1990 年版，第 1160 页。

用出现的困境，得出令民众信服的判决结果，需要借鉴中国传统刑事审判模式，立足现实，深入了解"情理法"的内涵及三者的关系，分析古代"情理法"的价值基础，发掘"情理法"所蕴含的价值理念，探讨中国古代法官"情理法"融合的审判技艺。由于"情理法"结合本身就是一个难题，在刑事审判中很难找到一条实现"情理法"结合的有效路径，只能在法律的框架内从多方面探讨现代刑事审判中论理说情、法理情兼容的有效路径，在判决时对涉案中的情理和法理进行不断的衡量、判断、博弈，以寻求既不违反法律规范又符合民众情理的裁判结果，实现案结事了人和，实现法律效果、政治效果和社会效果的统一，为建设和谐社会、平安中国贡献一份力量。

（三）与作者已有的研究成果密切相关

本书的一位作者自2009年在中国政法大学法学院访学期间，着手撰写《中国古代刑事诉讼法史》一书，之后在两位作者的合作下完成了《儒家孝伦理与汉唐法律》的著作，承蒙法律出版社的帮助，2011年、2012年先后正式出版了两部专著。在撰写两部专著的过程中深刻理解了中国古代伦理法的特征并对中国古代刑事诉讼中涉及的情理有了进一步的领会，为本书的写作奠定了一定的理论基础和写作思路，此后二人不断收集有关文章，并着手对古代情理法的相关问题进行研究，收集了大量的相关研究资料并进行了初步的整理，但因缺少"情理法"在现代刑事诉讼中的相关实践经验和案例支撑，研究一直时断时续，没有完成。

2021年在临沂市中级人民法院刑事案件主审法官们的协作下，两位作者协作成功申报山东省"平安山东、法治山东"社会科学规划专项，通过调查研究和理论分析，撰写完成了《平安山东背景下"情理法"在刑事审判中的应用路径探索》研究报告，为本书的写作提供了现代刑事审判"情理法"应用实践的初步总结和路径探索。

（四）多年参与刑事案件陪审，了解刑事审判的现状

两位作者运用自己所学知识服务社会，担任人民陪审员、检察听证

员等，自 2015 年至今，以人民陪审员的身份参与临沂市中级人民法院有关案件审理；除一部分行政案件的陪审外，其他基本属于刑事案件的陪审。这种陪审活动让我们逐渐了解审判实务中情理适用的现状和存在的问题。除向刑事审判庭的资深法官学习外，我们还共同探讨情理与法在刑事审判中的融合问题，总结现有刑事审判“情理法”融合取得的成绩以及尚需解决的问题，剖析其背后的原因，为探索出一条可资借鉴的古代“情理法”在现代刑事审判中的创新性应用路径打下了坚实的基础。

二、研究思路、研究方法、主要观点及学术创新

（一）研究思路

本书基于现代刑事审判实践中“情理法”应用出现的问题，以理论基础—问题分析—对策建议为路径，在界定传统情理法的内涵及其相互关系的基础上，以古代刑事审判实践中情理与法冲突解决的典型案例为抓手，对“情理法”所蕴含的当代价值理念和现代刑事审判实践中“情理法”应用出现的问题进行分析，构建“情理法”有效融入刑事审判的现实路径。

（二）研究方法

国内许多学者都对中国古代“情理法”作了较多的研究。本书在前人研究的基础上进行，综合运用法学、历史学、文化学、社会学等的研究方法进行研究，具体包括文献分析法、历史研究法、案例研究法等。

1. 文献分析法

文献分析法主要用于中国古代“情理法”的内涵、“情理法”在古代刑事审判中的应用实践研究，重点收集学术界有关“情理法”的研究文献，主要包括具有代表性的著作和论文，并对其进行细致的梳理、分类和归纳，对已经取得的成就吸收借鉴，同时分析尚需进一步研究的问题。

2. 历史研究法

此方法主要用于中国古代"情理法"在刑事审判中的适用基础及价值追求研究。在古代司法实践中,"情理法"相互兼顾、相互融合,甚至在某些案件中情大于法。而当代社会,人们的生活习惯总会带有历史的痕迹,从历史的角度对其进行深入研究,吸取其中有益经验为现代刑事审判和法治建设服务。

3. 案例研究法

"情理法"在古代和现代刑事审判中的应用均以典型案例或热点案例为基础。古代案例源自《名公书判清明集》《疑狱集》《折狱龟鉴》《刑案汇览》《定例成案合镌》《成案续编》《例案全集》《驳案新编》等,本书抽取其中典型的百余个案例,分别以绝情理而任法、悯情理而从法、因情理而重法、任情理而轻法等为标准进行分类,分析论证古代"情理法"的适用基础及其内含的价值理念。

现代案例则以"陆勇案""于欢案""许霆案""张扣扣案""李昌奎案""赵春华案"等典型和社会热点个案,再结合本书作者所在地基层法院及中级法院资深法官长期积累的相关个案,分类论证在现代刑事审判中"情理法"的应用实践所取得的成就、存在的困境,探索"情理法"深度融合的有效路径。

(三)主要观点

1. 古代"情理法"既体现于民事案件中,也体现于刑事案件中。学界多从民事审判的角度研究古代"情理法",较少从刑事审判的角度进行研究,且往往认为"情理法"兼顾只体现在重大疑难刑事案件中,忽略对轻微刑事案件的研究。

2. 需要系统完整地挖掘"情理法"所蕴含的价值理念。虽然学界对古代"情理法"蕴含的价值理念进行过探讨,但缺乏从刑事审判的角度系统完整地挖掘所蕴含的价值理念。

3. 法官应在刑事案件的审理和判决全过程中进行释理说情。虽然有些法官已经注意到刑事判决中应尽可能论证情理,但审理过程中往往忽略了对被告人、被害人及其他人员进行情理上的教育和释明,不能得到相关人员情理上的认同。

4. 现代刑事审判应积极探索“情理法”深度融合的实践路径。现代刑事审判经常面临依据的个别法律条文缺乏人情味、法院系统缺乏激励沟通协调及舆情处理机制、法官缺乏适用情理的积极性和自觉性、社会缺乏多元协作机制等诸多困境,这导致刑事判决与民众情理发生冲突;因此,有必要探索刑事审判“情理法”深度融合的实践路径。

(四)学术创新

1. 提出了古代刑事案件均体现“情理法兼顾”的观点。因案件性质、民众情理和法官个人情理不同,判决会出现绝情理而任法、悯情理而从法、因情理而重法、任情理而轻法以及情理与法各得其平等结果。

2. 系统完整地梳理了“情理法”蕴含的四大价值理念。“追求无讼,情理调处”“以人为本,慎刑重生”“用刑中和,情罪允协”“以和为贵,敦睦乡邻”四大价值理念仍值得现代刑事审判借鉴,以坚定文化自信。

3. 提出了刑事案件的审理与判决均应“融情理于法”的观点。不仅刑事案件的判决应“情理法”深度融合,在审理过程中法官更应对被告人、被害人及其他人员等就涉案情理进行释明论证,以提高判决结果的易接受性。

4. 探索出刑事审判“情理法”深度融合的实践路径。要在刑事审判中实现“情理法”的深度融合,除法律条文和解释应尽可能合乎民众情理外,还应当建立上级法院对下级法院融合情理审判的系统指导与激励机制、构建法院系统内部情理法冲突沟通协调和舆情处理机制、提高法官深度融合情理的积极性和自觉性、加强多元协作等,预防和减少犯罪,助力平安中国建设。

三、主要内容

本书以刑事审判中“情理法”为研究对象，除绪论外，主要由四大板块共七章构成：学术界有关“情理法”的研究成果述评（第一章），古代“情理法”的内涵、相互关系、历史发展及其适用效果（第二章、第三章），“情理法”在古代刑事审判中的应用实践、适用基础及其价值理念（第四章、第五章），以及“情理法”在现代刑事审判中的转化现状、困境及实践路径探索（第六章、第七章）。

第一章，研究成果述评。主要致力于对学术界已有的研究成果进行梳理。以问题为导向进行综述评价，从“情理法”的内涵界定、古代刑事审判中的应用实践及价值理念、现代刑事审判中的应用现状与困境及融合的实践路径等方面分析主要观点、已经取得的成就，指出尚需深入研究的理论和实践问题。

第二章，古代“情理法”的内涵及其相互关系。主要从四个方面进一步阐释“情理法”的内涵及其相互关系：第一，古代“情”的内涵，以个体为出发点，分为个人私情、血缘亲情、众人世情；第二，古代“理”的内涵，分为自然之理、天道之理、人伦之理；第三，古代“法”的内涵，分为各王朝的基本法律、各王朝编纂公布的其他法律以及家法族规乡约等，刑事审判中的“法”一般指国家的基本法律；第四，“情”“理”“法”三者之间的关系，既“情理交融”，又“法含情理”，情理是立法的基础，准情理而立法，情理又补充法的不足，参情理而补法，刑事审判中力求情理法兼顾。

第三章，古代“情理法”的历史发展及适用效果。主要对中国刑事审判中适用“情理法”的历史进程及适用效果进行梳理和评价。共分两部分：第一，古代“情理法”的历史发展，分“情理法”结合的萌芽时期、形成时期、实践完善时期三个阶段进行梳理；第二，古代“情理法”在刑事审判中的适用效果，分积极效果和消极效果两个方面，为现代刑事审判中的批判继承奠定理论基础。

第四章,“情理法”在古代刑事审判中的应用实践。主要对“情理法”在中国古代刑事审判中的应用案例进行分类梳理,共分成七种类型:第一,绝情理而任法,法官严格依照法律判决,不讲任何情理,即使为亲复仇,仍处以死刑;第二,悯情理而从法,虽为亲复仇杀人依法律应判决死刑,但情理上要加以表彰;第三,因情理而重法,法无明文规定或法律规定较轻的处罚,但可因“假子妻母”“父被杀私和”等严重违背情理在律文之上加重处罚;第四,任情理而轻法,原情定罪,依法判决违背情理时则任情理从轻处罚;第五,情理与法各得其平,准情酌理,律文和个案情理各得其平;第六,依情理比附类推,法律无明文规定或依法论处会使“情理法”失衡,将依据“情理”比附援引类案判决;第七,情理法冲突时奏裁,法与情理冲突、无法自决时,将刑案上奏朝廷、皇帝进行裁决。七种类型的应用实践可以为现代刑事审判“情理法”的适用提供借鉴。

第五章,“情理法”在古代刑事审判中的适用基础及价值理念。本章对“情理法”在古代刑事审判中应用的理论基础及法官的价值理念进行总结梳理,本章分成两部分:第一,“情理法”在古代刑事审判中的适用基础,从自给自足的自然经济、家国同构的政治体制、法律本身的局限、统治阶层的倡导、“法在有司,民不周知”的现实以及司法官的知识结构和司法理念等七个方面分析“情理法”适用的理论和现实基础;第二,“情理法”在古代刑事审判中所蕴含的价值理念,主要从“追求无讼,情理调处”“以人为本,慎刑重生”“用刑中和,情罪允协”“以和为贵,敦睦乡邻”四个方面探索古代刑事审判中法官“情理法”兼顾时所蕴含的价值理念。

第六章,“情理法”在现代刑事审判中的转化现状及困境。本章结合“文化自信”背景下“德治与法治相结合”的继承创新,梳理“情理法”在现代刑事审判中的应用典型案例,论证“法理情”深度融合的必要性以及目前应用于刑事审判所面临的困境。本章分成三个部分:第一,“情理法”在现代刑事审判中的转化实践典型案例,主要分因情理从轻处罚、因考虑情理导致判决不同、虽考虑情理仍依法判决、因考虑情理导致判决反复、因情理从重判决等五种类型;第二,“情理法”深度融合在现代刑事审判中的必要性,主要从有利于法官合理地解释法律,有助于对普通民众进行崇德向善教育,有助于平安中国、和谐中国建设三方面进行论证;第三,“情理法”在现代刑事审判中的转化困境,主要从审判依据和参考的部分法律条文缺乏人情味、缺乏上级法院的系统指导和激励机制、法院系统内部缺乏冲突沟通协调和舆情处理机制、法官缺乏适用情理的自觉性、缺乏多元协作机制等五个方面进行分析。

第七章,“情理法”在现代刑事审判中的实践路径探索。重点讨论在“文化自信”背景下,“情理法”在现代刑事审判中如何应用问题。本章分成七大途径:第一,强调对传统“情理法”的创新性转化和创新性发展,赋予其新的时代内涵,在刑事审判中尽可能做到“以法为据、以理服人、以情感人”;第二,法律条文和司法解释等应尽可能合乎民众情理;第三,建立上级法院对下级法院融合情理审判的指导与激励机制;第四,构建法院系统内部“情理法”冲突沟通协调和舆情处理机制;第五,提高法官审判刑事案件深度融合情理的积极性;第六,加强社会多元协作,为法官适用情理提供参考;第七,完善有关网络媒介等法律法规,加大普法宣传力度。

目录

第一章　研究成果述评

在中国传统社会，“情”“理”“法”结合，共同调整着各种社会关系，是统治者维护社会秩序遵循的原则，也是人们处理人际关系的准则，三者的和谐共存始终是中国传统法律文化的主旨，而现代社会，更强调个案正义与社会和谐，因此，围绕着“情”“理”“法”或“人情”“天理”“国法”各自的内涵及彼此间的关系，学术界不断地进行研究，尤其自习近平总书记提出树立“文化自信”以来，深入挖掘中国传统文化的精华、推陈出新、古为今用成为学术界重点研究的内容之一，作为中国优秀传统文化之一的“情理法”更是受到学术界的普遍关注，学术界已有的研究成果主要体现在以下几个方面。

一、关于“情理法”的内涵及其相互关系研究

国内外学者对“情理法”的内涵及相互关系已经作出了较深入的研究，由于研究的角度不同，得出的结论也就不同。有的强调独立概念的“情理法”[①]；有的将三

---

① 参见张杰：《社会主义法治视野下情理法传统的重拾与反思》，中国社会科学出版社 2021 年版，第 23 页。

者整合成并列关系的概念,分别对"情""理""法"进行研究。尽管对"情理法"定义的表述有所不同,但多数学者都将其视为司法实践中建构判决合理性的一种动态活动,强调司法判决的合情合理合法。

最早对"情理法"进行研究的应当属学贯中西的清末修律大臣沈家本,他认为"情"、"理"与"法"不能割舍,三者的融会贯通是旧学、新学的共同追求,提出"无论旧学、新学,不能舍情理而别为法也,所贵融会而贯通之"①。

1949年后曾任最高人民法院院长的谢觉哉提出了古代的"天理、国法、人情""合情合理即是好法"②的观点,并对天理、国法与人情的关系进行了一定的论证,他认为判定法律好坏的标准就是看法律是否"合情合理","合乎情的未必合理,合乎理的定合乎情……理是经过了洗练的情"。③ "天理、人情、国法"这句中国古话中"天理"是在社会实际生活中民众通过长期经验的积累逐渐总结出的一个共同遵守的道理,不是所谓的人们想象中的上帝制造出来的。封建时代的"天理"是"天、地、君、亲、师"。近现代社会的无产阶级和资产阶级两大阶级也都有自己共同认同的道理,无产阶级认同的道理就是集体主义。在每个阶级社会里的"人情"也不同。人类社会的全部问题不可能单用理、情解决,还需要法律进行治理,"法"就是根据情和理制定而行使的。④ 制作的案件判词"要剖析隐微,合情合理,使败诉者不能不心服"。⑤

改革开放后,学术界最早提出"情理法"这一整体概念并进行系统研究的当属范忠信、郑定、詹学农等人,他们于1992年出版专著《情理法与中国人——中国传统法律文化探微》,他们认为中国传统法律制度自汉代开始逐渐儒家化之后,经过魏晋南北朝的进一步发展,到唐朝逐

① 沈家本:《寄簃文存》,商务印书馆2015年版,第210页。

② 参见《谢觉哉日记》(上卷),人民出版社1984年版,第469页。

③ 参见《谢觉哉日记》(上卷),人民出版社1984年版,第679页。

④ 参见谢觉哉:《谈审判工作中的几个问题(一九六三年五月八日)》,载《谢觉哉文集》,人民出版社1989年版。

⑤ 《谢觉哉日记》(上卷),人民出版社1984年版,第397页。

渐完备，儒家所倡导的道德伦理观念与国家的法律制度不断融合、相互渗透，“礼法合一”，道德法律化，法律道德化，形成了“天理、国法、人情”融于一体的中国传统法律的基本特征，并认为中国古代的法律是富有中国特色的“自然法”，是具有实在内容的“天理”，而“天理”的核心则体现为儒家倡导的纲常伦理，传统司法强调“情”“理”“法”的融合，案件审判应“合情合理合法”。[①] 尽管1992年提出古代“情理法”的概念，但因20世纪90年代初期，中国社会市场经济快速发展，学术界更多地将目光转向当代社会，对范忠信等人提出的中华优秀传统法律文化“情理法”没有足够重视，研究者寥寥无几，只有1997年张晋藩先生出版专著《中国法律的传统与近代转型》，初步阐述了“情理法”的发展历程及其相互关系，认为夏商时期国法与天理开始融合，一直到汉武帝时期董仲舒“天人感应”理论体系形成，“天”的内容逐渐趋向于儒家的伦理纲常，违背三纲五常便是“反天之道”，宋代程朱理学将“三纲五常”进一步上升为“天理”，明清时期扩充了“天理”的内容，将严刑峻法与纲常礼教均视为“天理”，“天理愈是法律化”。[②]

此后的“情理法”仍未引起学界的重视，直到2001年霍存福教授在《法制与社会发展》上发表论文，认为“法与情、理之间，确实有一种令中国人剪不断、理还乱的特殊东西”“中国人似乎也有一种理解法律必得牵扯上情理的特殊情愫”。[③] 中国古代传统法律文化的主要特征就是“情理法”，古人对法律价值、法律精神的文化追求就是法律应具有情理性。

此后学术界纷纷展开了对“情理法”的研究，相关成果不断涌现。对“情”“理”“法”的内涵，学者从不同的角度分别进行了界定。

---

① 参见范忠信、郑定、詹学农：《情理法与中国人——中国传统法律文化探微》，中国人民大学出版社1992年版，第1、28页。

② 参见张晋藩：《中国法律的传统与近代转型》，法律出版社1997年版，第35~39页。

③ 参见霍存福：《中国传统法文化的文化性状与文化追寻——情理法的发生、发展及其命运》，载《法制与社会发展》2001年第3期。

（一）关于“情”的内涵

每个学者根据自己的标准，对“情”的内涵进行了不同的界定。多数学者认为既包括客观之情，也包括主观之情（如个人之情和众人之情）。

张晋藩先生认为，每个人所处的时代、阶级、阶层不同，人情的内涵也不同，但都具有正常状态下共性反映的“人之常情”，因此，人情具有伦理性、社会性、时代性，它是民众普遍具有的“爱恨情仇”和社会绝大多数成员的心理行为价值趋向。①

有些学者认为“人情”是一种主观之情，如梁治平先生认为“人情”就是一种主观上的感觉，既体现人的本性，又体现民众共有的习俗，内涵十分丰富，就是最详尽的法律也不能与之相比。② 汪习根教授等人强调“情理法”中的“情”应侧重社会公众之情，认为“‘情’包含‘公众情感’和‘公共直觉’”，法理学上的“情”指社会公众意志的“情意”和公共法律意识的“情感”，并不包含个人意志和个别意识。③

陈亚平教授认为“情”就是人们常说的“人情”，它既包括与审判有关的客观情况、实情，也包括特定场合下当事人主观上的内心感受、感情、心情，还包括在具体场景中人们之间相互交往中的“面子”“情面”。④ 林端教授认为，“情”包含客观上的事情、情况、情节和主观上的感情、心情、常情及伦理亲情。⑤

杨秋生博士认为“情”包括客观之情和主观之情，客观之情是指某一段历史时期的基本“情境”“实情”“情况”“情节”“案情”；主观之情就是“人情”，是人的本性，包括公（私）的“情意（意志）”与“情感（直觉）”，可分为个人之常情和公众之情。喜、怒、哀、惧、爱、恶、欲都是个

---

① 参见张晋藩：《中国法律的传统与近代转型》，法律出版社1997年版，第40页。

② 参见梁治平：《法意与人情》，中国法制出版社2004年版，第234页。

③ 参见汪习根、王康敏：《论情理法关系的理性定位》，载《河南社会科学》2012年第2期。

④ 参见陈亚平：《情·理·法：礼治秩序》，载《读书》2002年第1期。

⑤ 参见林端：《韦伯论中国传统法律——韦伯比较社会学的批判》，中国政法大学出版社2014年版，第87~89页。

人之常情。公众之情是基于某一种临时的、偶然的事件显现出来的情感，也就是民情。[1] 法治视野下的“情”指公众意志的体现和公众对法律感性认识的“众情”，公众意志的体现是一种潜在的共同“合意”，是一定氏族、民族、社会共同体内部针对普遍现象所凝结出的界定和处理的普遍做法。[2]

有些学者更细致地划分了“情”的内涵，如范愉教授认为，“情”除客观的案件具体情节、情况外，从个人到社会到人际关系中依次表现为人之常情—民情—情面，“人之常情”指人之为人的本性、本能，“民情”包括民众共同遵守的社会风俗习惯、基本的社会现实状况、被普遍认为天经地义的一些权利以及对具体事件作出反应后的社会舆论等，“情面”是社会关系、人际交往关系中对人的一种表面上的尊重。[3] 董长春将“情”概括为社会的客观情况、事件的事实情节、人与人交往的感情以及人们自然的生理活动、心理活动和行为方式等四种含义。[4]

除区分客观之情、主观之情外，有些学者还增加了主观上功利价值判断之情，如汪雄涛教授认为，“情”有案件的客观情况和情节、人与人之间的普遍感情、基于功利假定的性情或人性。[5] 王静认为，“情”除客观事实之“情”、人际关系之“情”、“血缘伦理亲情”外，还包括州县官审断案件时对其起价值判断作用的心情、感情、常情、私情等心理活动。[6]

有的学者还专门从司法书判的角度对“情”进行研究，如胡月明对

---

① 参见杨秋生：《当代中国法学学者情理法观的文化思考》，吉林大学 2018 年博士学位论文，第 3、39 ~ 40 页。

② 参见杨秋生：《法治的骨架、灵魂与神经——对汪习根情理法关系理性定位的理解与思考》，载《学术探索》2016 年第 10 期。

③ 参见范愉：《情理法的冲突》，载豆丁网 2008 年 9 月 20 日，https://www.docin.com/p-1162780.html。

④ 参见董长春：《中国传统司法中“情理”的概念分析》，载陈金全、汪世荣主编：《中国传统司法与司法传统》(上)，陕西师范大学出版社 2009 年版。

⑤ 参见汪雄涛：《明清判牍中的“情理”》，载《法学评论》2010 年第 1 期。

⑥ 参见王静：《清代州县官的民事审判——一个法律文化视角的考察》，吉林大学 2005 年博士学位论文，第 72 页。

“书判”进行研究后认为，“情”应排除个人好恶之私情，主要包括事实真相、为社会所公认的特定社会原因或自然因素形成的影响人行为的现实国情、个人出身与社会地位之情、界定为人的喜好与习性的人的感情、民间习俗、人伦关系等。[①]

崔明石博士对《名公书判清明集》中的“情”进行了区分和界定，认为《名公书判清明集》中的“情”有“事情”和“人情”之意。“事情”主要指案件的实际情况，如情节、情况等事实关系；“人情”因具体语境不同，可以区分为人际关系（人伦）、公序良俗、事实情节和普通情感，是“情之四维”，[②]具有宗族和邻里之间的人际关系、习俗和普遍情感的公序良俗、人之常情、与法官平允之心相对的偏私之情等含义。[③]

个别学者则认为，“情”的内涵并不固定，因所处环境、背景和案件不同而有所不同，如苏亦工教授认为，“情”指“实情”时略似英美法上所说的事实；指“情感”时是指大家具有的普遍性情感，不是个体的特殊感受；指案件中的“人情关系”时，往往与请托走后门有关。[④] 邓勇也认为，“情理法”视域下的“人情”更多的是一种人之常情的世情、民情，而非私情。[⑤] 刘笃才先生从法的角度出发，认为“情理法”中的“情”应包括“法（律）中之情”和“法外之情”，包括案件实情、当事人的感情动机、心理状态的“事急而情切”之“情”以及司法者“可恶者欲其速死，可矜者欲其得活”的同情。[⑥] 江必新先生则从司法实践的角度分析，认为情

① 参见胡月明：《从〈名公书判清明集〉看南宋的情理法》，吉林大学2007年硕士学位论文，第35页。

② 参见崔明石：《话语与叙事：文化视域下的情理法》，吉林大学2011年博士学位论文，第19、44页。

③ 参见崔明石：《话语与叙事：文化视域下的情理法》，吉林大学2011年博士学位论文，第145页。

④ 参见苏亦工：《清代“情理”听讼的文化意蕴——兼评滋贺秀三的中西诉讼观》，载《法商研究》2019年第3期。

⑤ 参见邓勇：《试论中华法系的核心文化精神及其历史运行：兼析古人法律生活中的“情理”模式》，法律出版社2010年版，第110～111页。

⑥ 参见刘笃才：《情法与律例——中国古代司法制度的几个关键词》，载陈金全、汪世荣主编：《中国传统司法与司法传统》（上），陕西师范大学出版社2009年版。

的内涵可分为三个方面：一是客观的情势，二是人情，三是情感和需求。①

日本学者佐立治人则侧重对“情”的评价，认为“情”包含事实关系，对事实关系的评价，事实关系基础上文理意义的使用以及与公法、法度对立的、予以否定性评价的“人情”四种含义。②

以上学者对“情”的内涵界定，既有客观之情，也有主观之情，还包括价值判断之情、法律之情，但是，没有对客观之情外的主观之情从人的角度进行细分，因此，有必要进一步区分案中个人之情、案外众人之情以及承担审判职责的法官之情，以便在刑事审判中更好地融情于法，使案内、案外之情与法官价值判断之情更好地衔接、案件的审判结果为案内之人和案外众人所接受。

（二）关于“理”的内涵

学术界多数学者认为“天理”就是“情理法”中的“理”，是“天下至理”。学者首先对“天”的概念进行了界定。冯友兰先生从文字学的角度将“天”概括为物质之天、主宰之天、命运之天、自然之天、义理之天五层含义。③ 任继愈先生将“天”概括为自然之天、义理之天、主宰之天、命运之天以及人格之天。④ 范忠信教授亦指出“天”具有神灵主宰之天、天国之天、自然之天、道理之天等四重含义。⑤

在对“天”的概念进行研究的基础上，学者更多关注对“理”的研究，多数学者认为“理”包括客观事物运行的天道之理、人际交往的通用伦理以及社会运行的公德公理等。

陈亚平教授侧重于民俗中的道理和儒家的纲常礼教之伦理，认为

---

① 参见江必新：《坚持法理情的统一　切实让人民群众感受到公平正义》，载《人民司法》2019 年第 19 期。

② 参见［日］佐立治人：《清明集的法意与人情》，载杨一凡、［日］寺田浩明主编：《日本学者中国法制史论著选》（宋辽金元卷），中华书局 2016 年版。

③ 参见冯友兰：《中国哲学史新编》（上），人民出版社 1998 年版，第 103 页。

④ 参见任继愈：《试论“天人合一”》，载《传统文化与现代化》1996 年第 1 期。

⑤ 参见范忠信：《中国传统法律文化的哲学基础》，载《现代法学》1999 年第 2 期。

中国式的理智(良知)就是"理"与"情"相互连接补充形成的"情理",在多数情况下"理"与"礼"的内涵相重合,既包括儒家所倡导的纲常伦理,也包括蕴藏在民间风俗习惯中的大量道理、条理、规律。[①] 崔明石侧重于人们思考问题时普遍遵循的道理,认为通常情况下"理"是客观事物运行过程中普遍遵循的规律以及人们思考问题、解决问题时普遍遵循的、对同类事务普遍适用的道理。[②] 顾元则认为,"理"主要指自然规律和纲常礼教的基本原则,主要包括天道、惯例或逻辑。[③]

范愉教授认为,"理"不仅包含"天理",还包含"公共道德"和"公理"。天理是不以人的意志为转移的"天道",是人类社会与自然界应该共同遵循的普遍规律,"公共道德"即是与公序良俗存在一定程度的契合的"公共利益","公理"则是人类社会应共同遵守的传统习惯、共同规则等行为规范。[④] 王静博士也持此种观点,但对三种含义的界定稍有不同,她认为"天理"中还包含三纲五常,第三层含义是公共道德、公共利益以及我们思考问题时所遵循的、对同类事物普遍适用的道理。[⑤] 认同此观点的还有龚胜华,他认为"理"的含义包括天理、公理和道理。[⑥] 而林端教授认为,"理"就是我们思考问题时所遵循的普遍适用同类事务的道理。[⑦]

邓勇、康建胜认为,"理"除当时人们认识到的各种规律外,还包括

① 参见陈亚平:《情·理·法:礼治秩序》,载《读书》2002 年第 1 期。

② 参见崔明石:《话语·意指·权力——结构主义理论进路下的传统情理法文化》,载《太原理工大学学报(社会科学版)》2010 年第 4 期。

③ 参见顾元:《衡平司法与中国传统法律秩序——以清代诉讼案例为主要素材兼与英国法相比较》,中国政法大学 2002 年博士学位论文,第 34 页。

④ 参见范愉:《情理法的冲突》,载豆丁网 2008 年 9 月 20 日,https://www.docin.com/p-1162780.html。

⑤ 参见王静:《清代州县官的民事审判——一个法律文化视角的考察》,吉林大学 2005 年博士学位论文,第 72 页。

⑥ 参见龚胜华:《清代民事审判的依据》,载《法制与社会》2007 年第 11 期。

⑦ 参见林端:《韦伯论中国传统法律:韦伯比较社会学的批判》,中国政法大学出版社 2014 年版,第 74~75 页。

长久形成的关于天地宇宙的整体看法。① 汪雄涛认为,"理"是一种事理,即普遍性的道理,又有人伦之理。②

汪习根教授等人从价值、来源、效力、论证程序等角度进行考察,认为"理"是任何国家和族群都应普遍分享的基础价值范准,是普适性的人际准则,包含法源经验的"定理"、政治结论的"原理"、公共意识的"公理"、根据理由的"道理"四个方面。③ 江必新先生也认为"理"至少包含法的基本原理、定理、公理、内在道理四层含义。④ 柳婧在这种观点的基础上将"理"的内涵从价值、来源、效力、论证程序四个维度进行了细化,"理"既是国家法律和国家政治背后所暗含的基本原理道理,又是特定场域内根据本土经验和实际情况所孕育的定理,还是事情发生前预设完成的、内蕴高决断力的公理和反映法律论证过程的内在理据。⑤

杨秋生博士则将"理"划分为政治预设的"原理"、法源经验的"定理"、公共意识的"公理"、根据理由的"道理"四部分。⑥

安庞靖博士从人向善的本性出发,认为天理、国法、人情均围绕着人的善性本质,"理"是传统司法中"向善"的本性,人的善性本身是理性还是情感并无区别,只要动机符合自然本质就是合理的,儒家将人情既有自然的状态和规律化的部分看作"向善"的能力。这种"普遍向善"的能力本身就是"理",其外在的表现形式就是"礼"。⑦

---

① 参见邓勇:《论中国古代法律生活中的"情理场"——从〈名公书判清明集〉出发》,载《法制与社会发展》2004 年第 5 期;康建胜:《情理法与传统司法实践》,载《青海社会科学》2011 年第 2 期。

② 参见汪雄涛:《明清判牍中的"情理"》,载《法学评论》2010 年第 1 期。

③ 参见汪习根、王康敏:《论情理法关系的理性定位》,载《河南社会科学》2012 年第 2 期。

④ 参见江必新:《坚持法理情的统一　切实让人民群众感受到公平正义》,载《人民司法》2019 年第 19 期。

⑤ 参见柳婧:《法理与情理的辩证关系及冲突解决——以张扣扣案件为视角》,河北经贸大学 2020 年硕士学位论文,第 13 ~ 14 页。

⑥ 参见杨秋生:《法治的骨架、灵魂与神经——对汪习根情理法关系理性定位的理解与思考》,载《学术探索》2016 年第 10 期。

⑦ 参见安庞靖:《中国传统司法的形式化追求——基于李觏法制思想为个案的研究》,中国政法大学 2019 年博士学位论文,第 20 页。

以上研究角度虽有区别,但基本上将“理”的内涵界定为客观事物运行规律之理、人际交往普遍遵循之理、价值评判之理,尚未对司法审判中所应用的“理”进行研究,或者研究的广度或深度不够,有待进一步明确刑事审判中的“理”的内涵。

(三)关于“法”的内涵

学术界多数人认为“法”有广义和狭义之分,其概念和内涵均有不同。张晋藩先生从国家治理的角度分析,认为中华法系中的“法”始终是统治者治理国家的工具,是驱动国家前进的鞭策,是控制国家活动的框架,是衡量是非曲直的客观尺度。①

凡是区别广义与狭义“法”的学者基本认同狭义的“法”即是国家基本法律。张卫国教授认为,狭义的“法”是以国家机器作为后盾的、强制调节社会各种关系的、在通常情况下所使用的统治方式和手段。“广义的‘法’是指任何情况下一切带有强制性质的调节社会关系的手段和方法,既包括狭义的法,也包括所有主要依靠外在规范力量所管理的各种制度、规范等方式。”②苏亦工教授认为,“情理法”中的“法”就是“国法”,是指国家机关通过立法程序制定的法,在明清时表现为律、例。③

张中秋教授从广义上对“法”内涵进行了界定,认为中国传统的“法”是“大法”,除包括清末变法修律以来直接照搬照抄西方的具有实证主义特征的法理学意义上的“国法”外,还包括代表了传统习俗的人情和代表了自然法则的天理,因此,“中国的法不仅具有自然法学,而且同时具有实证主义法律观和法社会学的影子”④。

范忠信教授等人认为,“法”从抽象上是一定社会中是非善恶的判

① 参见张晋藩:《重塑中华法系的几点思考——三论中华法系》,载《南京大学法律评论》1999 年第 1 期。

② 张卫国:《德性人格与情;理;法》,载《益阳师专学报》2002 年第 1 期。

③ 参见苏亦工:《清代“情理”听讼的文化意蕴——兼评滋贺秀三的中西诉讼观》,载《法商研究》2019 年第 3 期。

④ 张中秋:《概括的传统中国的法理观——以中国法律传统对建构中国法理学的意义为视点》,载《法学家》2010 年第 2 期。

断标准或原则的表现形式之一，从作用或功能上是鼓励、承认、许可、禁止、惩罚等及其所使用的工具或手段，从客观形态上是一定的具有强制性的规范、规则，[①]因此，中国传统的“法”是一个复合的、多元的观念体系，包含“天理”“礼”的“法上之法”，“律条”“律例”的“法中之法”，“伦常”“人情”的“法外之法”。[②]

学者的以上研究成果仅将“法”视为中国传统观念中的法，仍然没有对司法审判过程中法官所援用的“法”与百姓所认同的“法”进行区别，除无所不包的最广义的法和狭义的国家基本立法的律例外，还应包含二者之间事实存在的大量的令、事类、刑案成例等，对此类“法”的研究尚需进一步深入。

（四）关于“情”“理”“法”三者之间的关系

张晋藩先生认为，从汉代董仲舒对先秦儒家思想进行改造后一直到程朱理学对儒家思想进一步完善的过程中，国法与天理、人情逐渐融合，三者之间，以国法为中枢，天理体现为国法，并赋予国法不可抗拒的神秘性。执法以顺民情，又使国法增添了伦理色彩，使国法在政权的推行之外，还获得了神权、族权和社会舆论的支撑，因而更具有强制力。[③]

1.“情”与“理”的关系

古人常常将“情”“理”合用为“情理”，因之，学者在研究“情理法”关系时，常常将“情理”结合在一起进行研究。何勤华教授从法律渊源的角度将“情理”融合在一起进行研究，认为“情理”既包含了自然界和人类社会客观发展的内在逻辑和道理规律，也包含了国家大法、民间风俗习惯、儒家经义、家庭美德、职业道德、社会公德等各种习俗和道德规

① 参见范忠信、郑定、詹学农：《情理法与中国人——中国传统法律文化探微》，中国人民大学出版社 1992 年版，第 5 ~ 6 页。

② 参见范忠信、郑定、詹学农：《情理法与中国人——中国传统法律文化探微》，中国人民大学出版社 1992 年版，第 8 页。

③ 参见张晋藩：《中国法律的传统与近代转型》，法律出版社 1997 年版，第 51 页。

范，还包含了民众普遍共有的内心情感、价值取向、生活态度、法律观念，甚至包括案件的实情和判决书中的用词和逻辑关系，“情理”的核心就是“至公”“至当”。① 陈亚平先生认为：“情、理结合，构成了传统中国最普遍的审判基准。”②范忠信教授等人认为，“情理”是摆到桌面上讲的日常道理，不必躲躲闪闪，是舆论、社会习俗和“百善孝为先”等共识的内在秩序化。③

蒙培元教授称“情与理的关系”是“情感与理性的关系”，认为情感孕育了理性，与西方的抽象理性、形式理性不同，它是一种“具体理性”，不是纯粹的理智、智性。④

董长春先生对“情理”的理解类似于前述多数学者界定的“理”的内涵，将“情理”等同于“理”，分为天理、人们共同遵守的道德信仰、行为规范、评判是非的标准以及事物和事情发展变化的规律等层次。⑤

安庞靖博士认为，“情理”是指在理的梳理和调控下的“人情和道理”，包括人之常情和事物的一般道理，情理连用后，“情”不再是“欲”之“情”，而是人之“常情”，传统司法中情与理共同作用于审判依据，“情”是“理”的基础；“理”离不开“情”，规定着“情”的内容，“是‘情理’的上位性概念”，还是调整“情”的依据。“‘理’具有能动的规范作用，儒家审理案件只有‘合理之情’才是审理的依据。”⑥

研究中国传统情理法的、著名的日本学者滋贺秀三认为，“情理”的“概念中含有充分注意和尊重各地不同风俗习惯的要求”，就是指“常识

① 参见何勤华：《清代法律渊源考》，载《中国社会科学》2001 年第 2 期。

② 陈亚平：《情·理·法：礼治秩序》，载《读书》2002 年第 1 期。

③ 参见范忠信、郑定、詹学农：《情理法与中国人——中国传统法律文化探微》，中国人民大学出版社 1992 年版，第 27 页。

④ 参见蒙培元：《情感与理性》，中国社会科学出版社 2002 年版，“序言”第 17 页。

⑤ 参见董长春：《中国传统司法中“情理”的概念分析》，载陈金全、汪世荣主编：《中国传统司法与司法传统》（上），陕西师范大学出版社 2009 年版。

⑥ 安庞靖：《中国传统司法的形式化追求——基于李觏法制思想为个案的研究》，中国政法大学 2019 年博士学位论文，第 27～28 页。

性的正义衡平感”,“是作为习惯的价值判断标准”。① “情”“理”连用时,“理”指对同类事务普遍适用的、思考事物时所应遵循的道理,“情”在特别说到“人情”时,通常是指活生生的平凡人之心,还包括人和人之间的友好关系的“情面”。②

2.“法”与“情理”的关系

多数学者认为法含情理,法体现情理,法不悖情理。梁治平先生认为:“中国文化的精神特质,正包括了缘情设教这一项。法律自然不应与人情相悖。”③张晋藩先生认为,国法是天理的化身,也是人情的集中反映,“法合人情则兴,法逆人情则竭”。如果“情能入于法,使法与伦理结合”,“法”就容易被人接受,“法”顺应“人情”,才会冲淡其僵硬与冷酷的外貌,更易于推行。④

俞荣根教授认为,“天理”“国法”“人情”三者之间不断冲突又不断融合,逐渐形成保持基本动态平衡的三角形,使自汉代以来的封建社会的治理模式,既不全是儒家所倡导的“为政以德”“为国以礼”,也不全是法家所倡导的“以法治国,垂法而治”,因此,制定法律和执行法律都要“明天理,顺人情”,这就使“天理”“国法”“人情”成为中国古代政治、法律、生活中频繁使用的词,中国古代官吏和普通百姓在评价事件或人物时看重的就是三者之间的关系是否摆得平、摆得合理。⑤

“情理”与“法”的结合运用主要体现在司法审判领域。霍存福教授认为,“情理是法理的基础,法理是情理的升华”,“情理”始于断狱,断狱必先弄清案情、得到实情,在法律规定的前提下,再据其情理斟酌

---

① [日]滋贺秀三:《中国法文化的考察——以诉讼的形态为素材》,载[日]滋贺秀三等:《明清时期的民事审判与民间契约》,王亚新、梁治平编,法律出版社1998年版。

② 参见[日]滋贺秀三:《清代诉讼制度之民事法源的概括性考察——情、理、法》,载[日]滋贺秀三等:《明清时期的民事审判与民间契约》,王亚新、梁治平编,法律出版社1998年版。

③ 梁治平:《法意与人情》,海天出版社1992年版,第153~154页。

④ 参见张晋藩:《中国法律的传统与近代转型》,法律出版社1997年版,第53页。

⑤ 参见俞荣根:《天理、国法、人情的冲突与整合——儒家之法的内在精神及现代法治的传统资源》,载《中华文化论坛》1998年第4期。

是否可以减免处罚，即“原情论罪”，“自春秋决狱直至清朝，甚至形成了《情有可原例》”“铺陈情理就是挖掘法律的精神”①。

郭建教授认为，唐宋以后中国古代的法官习惯于在司法审判中参酌“天理、人情、国法”以作出适当的判决。“天理”指三纲五常之类的礼教伦理，有时称“理”，有时称“情理”。“国法”在“情理法”三位一体的规范体系中占第三位。判决与其说是判断是非、求得公正、实现权利，不如说是求得双方相安、实现和谐相处而已。②

柏桦、崔永生从司法审判实践的角度研究明代州县官对“情理法”的运用，认为明代州县官在审理民、刑案件过程中“情”“理”“法”兼用，在不违反国法情况下重视情理因素，把握好运用的分寸，三者的巧妙结合成为考核州县官是否“清明”的重要标准。③

江必新先生也从司法审判的实践出发，认为“情”“理”“法”三者之间是有机统一的整体，“情”侧重人的主观认知和需求，“理”体现社会最大公约数，侧重社会共同体认可的规则和逻辑，“法”则侧重国家对“情”“理”难以调控领域制定的规则，从“情”到“理”再到“法”，实际是一个制约性、强制性逐步增强的过程。④

“法合情理”是古今通用之准则。崔明石博士强调立法要合乎情理，合乎人心，应将情理融于法律之中并将其实体化为具体的法律规则。⑤ 汪习根教授等人认为，“情”“理”“法”三者的关系中，“情理是法律优化之基，法律是情理实现之道”，“情理”合理性存在的前提必须将其置于法治实现的视野之下，法治不仅是一套形式理性规则的堆砌，还

① 霍存福：《中国传统法文化的文化性状与文化追寻——情理法的发生、发展及其命运》，载《法制与社会发展》2001 年第 3 期。

② 参见郭建：《师爷当家：明清官场幕后规则》，中国言实出版社 2007 年版，第 125 页。

③ 参见柏桦、崔永生：《“情理法”与明代州县司法审判》，载《学习与探索》2006 年第 1 期。

④ 参见江必新：《坚持法理情的统一　切实让人民群众感受到公平正义》，载《人民司法》2019 年第 19 期。

⑤ 参见崔明石：《话语·意指·权力——结构主义理论进路下的传统情理法文化》，载《太原理工大学学报(社会科学版)》2010 年第 4 期。

是承载了公意性情理的制度文明。①

胡学瑾博士认为,“情理”通过不同的“共识”塑造法律,并对一般化、规范化的法律进行具体的展开、解读,而“法”则对不同的情理做规范化、一般化处理。②

“法合情理”也是中外通用之准则。舒国滢教授在对中外之“理”的产生、发展及内涵的演变进行梳理比较后,认为“法理”就是“法律规定之理”,是根据法律的规定对发生的事件类型与构成进行分析判定,以法律规定为依据,作出最后的裁判。③

日本学者滋贺秀三对清代的司法案件进行分析时指出,清代人士“在处理公务之际或者考虑作出自己判断的时候,时常在用语中将‘情’‘理’‘法’三者相提并论。如果在这三个字之前各冠一字以阐明其含义的话,就成为‘国法’(或‘国家律法’‘国法王章’等)、‘天理’和‘人情’”④。中国古代的法律是“情理的大海上时而可见的漂浮的冰山”,由情理所界定,是情理的部分实定化,其条文需要通过情理加以解释并变通适用,而情理通过法律发挥作用。⑤

美国学者 D. 布迪和 C. 莫里斯认为儒家文化中的礼就是人情、习俗、权威的概括,儒家将它上升成为内涵更丰富、更具体的道德规范、人情天理,礼与情理密不可分,“天理”以“礼”为指导,处于情理中的核心地位,统治者为了维护封建统治秩序,将礼与法结合,使法律与儒家伦理道德结合起来,最体现中国法律特色的便是“法律儒家化”。“儒家所

---

① 参见汪习根、王康敏:《论情理法关系的理性定位》,载《河南社会科学》2012 年第 2 期。

② 参见胡学瑾:《论传统文化中的裁量精神》,载《云南大学学报(社会科学版)》2019 年第 5 期。

③ 参见舒国滢:《“法理”:概念与词义辨正》,载《中国政法大学学报》2019 年第 6 期。

④ [日]滋贺秀三:《清代诉讼制度之民事法源的概括性考察——情、理、法》,载[日]滋贺秀三等:《明清时期的民事审判与民间契约》,王亚新、梁治平编,法律出版社 1998 年版。

⑤ 参见[日]滋贺秀三:《清代诉讼制度之民事法源的概括性考察——情、理、法》,载[日]滋贺秀三等:《明清时期的民事审判与民间契约》,王亚新、梁治平编,法律出版社 1998 年版。

倡导的礼的精神和有时是礼的具体规范，被直接写入法典，与法律融合于一”。① 德国学者马克斯·韦伯认为：“法律制定者或适用者自觉地遵循某种一般的原则，这些原则可能是宗教原则，或伦理思想的体系，或理性的观念，或清晰的政策。”②

以上研究主要从法律渊源、立法规范以及司法审判实践三个方面论证“情”“理”“法”三者之间的关系，认为情理不分、法合情理，司法实践应兼顾三者。但是，尚未从刑事审判的角度对情理融合、法合情理、“情理法”兼顾进行研究，或者研究的深度不够，因此，需要从刑事审判的角度对三者之间的关系深入探讨，为现代刑事审判中三者的有效结合提供理论基础。

二、“情理法”在古代刑事审判中的应用实践研究

随着对中国传统优秀文化的重视，国内开始重视情理在古代刑事判决书中的应用研究，刑事判决书不仅要有惩罚犯罪、彰显公平正义之目的，还要有能达到对受罚者的说服教育、使其接受裁判之目的，更要具有警示他人勿犯罪、建立和谐社会秩序的目的，因此，挖掘中国古代刑事判决书中的情理因素就成为刑事判决书中“情理法”兼容的一个重要参照。

学术界主要从司法实践的角度研究古代刑事审判的依据。

（一）关于“依法判决”的观点

学术界在对传统司法中的情理法进行研究时，将司法案件区分为州县自理的细故类案件和不能自理的刑事案件，大多数学者关注的是州县自理的细故类案件。尽管黄宗智认为州县自理的细故类案件是依法判决，但滋贺秀三等多数学者认为是以情判决。绝大多数学者认为对

① ［美］D. 布迪、［美］C. 莫里斯：《中华帝国的法律》，朱勇译，江苏人民出版社 2003 年版，第 17 页。

② ［德］马克斯·韦伯：《论经济与社会中的法律》，张乃根译，中国大百科全书出版社 1998 年版，第 23 页。

类似现代刑事案件的传统重大刑事案件的审判，仍然以依法判决为主流。

张从容将刑事案件区分为一般刑事案件和审转刑事案件，认为在一般刑事案件中，司法官仍然依法定罪，但在审转刑事案件中，初次审理的州县官希望尽可能快速破案，但翻异别勘制度的存在需要考虑当事人，特别是嫌犯对判决的接受程度，为了避免审转时被驳回，只有在人命疑难案件嫌犯久系难决、年代久远已无查清可能的情况下，州县官才可能更倾向考虑以情理定罪，对嫌犯作出一些变通性的宽大处理。①

徐忠明认为，古代司法官员对普通刑事案件普遍"依法判决"，对疑难案件也都非常重视法律推理和法律论证，"依法判决"是维护皇权、体现统治者慎刑恤刑的政策以及案件公正的需要，也是司法官员强化自身利益与所掌握的司法权力的有效工具，但参照成案、比附律例、从律例中推导出适用案件的规则，甚至移情就法的现象仍普遍存在。②

王志强教授则认为，清代只有命盗重大刑事案件才依法判决，制定法更受重视，他对现存的清代中央司法档案"刑科题本"和中央司法文书选编的《刑案汇览》等文献进行研究后，认为清代几乎每一案件的裁断都明确援引律例的规定。③

郭建教授认为，州县自理案件既不必事事具引律例条文，也不必照搬儒家经典原文，只要"提一句'例载禁条'或'律条可据'就算交代了判词在法律上的依据"，"或援引经义，只用一句'准理酌情'来概括"。由于州县初审逐级审转案件要在初审后将人犯、干证、卷宗逐级审转给府、司、省巡抚、总督等上级，确认无误后连同卷宗上报刑部复核方算终审。审转时要将案件处理经过、拟定的判决意见等制成一种专门的司

① 参见张从容：《疑案·存案·结案——从春阿氏案看清代疑案了结技术》，载《法制与社会发展》2006年第4期。

② 参见徐忠明：《明清刑事诉讼"依法判决"之辨正》，载《法商研究》2005年第4期。

③ 参见王志强：《制定法在中国古代司法判决中的适用》，载《法学研究》2006年第5期。

法公文,称“审详”,也叫“招解”,递送上级衙门。为尽可能地避免当事人向上级衙门上控或“翻控”或审转后发现较大漏洞、承担判决不利的后果,各级司法官判决案件才兼顾情理法,确保判决“稳妥可行,在礼教上、民俗舆论上、法律上能够站得住脚”“足以使双方心服口服,或者至少没有出现较大的漏洞”①。

日本学者滋贺秀三则认为,明清时期司法官对徒刑以上刑罚案件的判决是“严格依据法律、参照先例作出的。如果必要,还可依皇帝的权威对其加以微小的修正”②。

学者的以上观点因研究的侧重点不同,得出的结论也不同,甚至截然相反,需要进一步区分刑事案件依法判决的一般情况和例外情形。

(二)关于“依情理判决”的观点

主张古代完全“依情理判决”刑事案件的学者并不多,此方面的研究成果较少。即使依据情理判决,也多数为州县自理的轻微刑事案件。

胡月明以南宋的《名公书判清明集》为研究对象,认为虽然南宋时法律仍是当时审判者审判刑事案件的首选,但实际判决中名公们除引用法条之外,还可能直接以礼、情、理甚至是乡例等作出判决,甚至仅从具体的案件事实和相关道德、人们的日常观念出发,作出与法律规定不同甚至相反的判决,却能够为双方当事人和社会接受。③

张正印在分析清代州县自理刑事案件后,认为情理因素在此类刑事审判中占主导地位,因为法官在这类判决中的压力主要来自当事人的上控。只有在刑事审转案件中,国法才受到重视,而且法官为了减轻判决后当事人不服并上控所带来的上司对案件进一步审查的压力,在

① 郭建:《师爷当家:明清官场幕后规则》,中国言实出版社2004年版,第189、191页。

② [日]滋贺秀三:《清代诉讼制度之民事法源的概括性考察——情、理、法》,载[日]滋贺秀三等:《明清时期的民事审判与民间契约》,王亚新、梁治平编,法律出版社1998年版。

③ 参见胡月明:《从〈名公书判清明集〉看南宋的情理法》,吉林大学2007年硕士学位论文,第5~6页。

一定程度上注意吸纳情理因素。①

即使是人命重案，当依法判决和依情理判决结果出现冲突时，有的法官会屈法申情、舍法求情。如霍存福教授从宋代傅隆审理的“继子杀继母为父复仇案”和“赵氏打杀媳王氏遇赦徙两千里外孙通行案”中分析法律虽然禁止复仇杀人，但可因人情伦理而屈法申情。②

(三)关于“情理法兼顾判决”的观点

持这种观点的学者认为，古代司法官在判决案件时，会尽可能做到“情理法”兼顾。梁治平先生认为：“古人书判清明者，既具引法条，照例行事，又不拘泥于条文字句，而能够体察法意，调和人情，其所为之判决，因事而异，极尽曲折委婉，这绝不是一味地抱持常经所能够做到的。”③

孙季萍教授认为：“情理法兼顾，是法官断案的理想境界。”“情”就是“人情”，也即人间之常情；“理”就是“天理”，是自然之大法；“法”就是“国法”，是朝廷之纲纪；“情理法兼顾是法官断案的理想境界”。④ 吴斌从传统中国刑事司法的角度进行研究后，也认为“天理”“国法”“人情”是老百姓判断是非曲直的一种朴素的直观标准。⑤

王志强教授认为，法律本身已经体现了情理的要求，情理的价值目标在法官严格依法书判中得以自然实现，从唐代确立“德本刑用”的原则、强调“德礼为政教之本，刑罚为政教之用”，到立足于以“尊尊”“亲亲”为核心的礼治原则的各项规定，再到法律授权司法官可以依据自由处断的“不应为”条，情理的各项原则要素都蕴含其中，因此，有些法律

① 参见张正印：《还原与反思：清代情理法判案实践的“民、刑”差异》，载《甘肃政法学院学报》2011 年第 2 期。

② 参见霍存福：《汉武帝对问与傅隆议迁徙两案的“情理法”》，载《法律适用(司法案例)》2017 年第 6 期。

③ 梁治平：《法意与人情》，中国法制出版社 2004 年版，第 249 页。

④ 参见孙季萍：《传统司法与医道之契合》，载《人民法院报》2016 年 7 月 22 日，第 5 版。

⑤ 参见吴斌：《刑事司法中“情理法”兼顾的理论与实践——以传统法律经验为基础》，烟台大学 2019 年硕士学位论文，第 1 页。

条文本身就已体现了情理的要求,预先协调了各项原则关系,如县厅敢打公吏要处杖刑、交易多年实情难详案件不予受理、品官之家违禁准赎、杀人偿命、欠债还钱等。①

高洁以宋代《折狱龟鉴》为研究对象,认为作为宋代侦查类文集的集大成者,其中的审判案例能充分体现古代审判官员缘法断案、择法适案、情理察案,是融情理法一体而定刑裁判的司法源流。②

徐忠明对清代司法案例进行研究后,认为无论是奸非、命盗等重大刑事案件,还是田土、婚姻、钱债等民事案件,司法官都是在国家"律例"的前提下极力寻求涉案法律与"情理"之间的平衡,只是在"依据国法"或"准情理"的程度上不同,故案件有所差异。③ 但"司法裁决的关键,并不完全在于如何严格遵循法律,而是怎样细细地推敲天理、国法与人情之间的平衡"④。

范依畴、范忠信以清康熙年间于成龙审理的广西罗城"赵廖两姓械斗"引起的人命大案为例,分析情理法兼顾化解纠纷,同时对民众进行了生动有效的情理法的宣传教育。⑤ 杨鹏程甚至指出,中国古代司法审判实践中,司法官对刑名疑虑、情理法发生冲突如情理可悯、情轻法重、情重法轻的刑案,无法兼顾情理法时,可以采用逐级奏裁的方式解决。⑥

刘馨珺研究《名公书判清明集》后,认为南宋的"名公"们对所审判的案件持有"吾心如秤""酌情区处"等理性态度,"即详究案牍所载的

① 参见王志强:《南宋司法裁判中的价值取向——南宋书判初探》,载《中国社会科学》1998年第6期。

② 参见高洁:《"法术势"结构下中国传统司法审判的制度研判与启示——基于〈折狱龟鉴〉的反思》,载《中南财经政法大学研究生学报》2019年第6期。

③ 参见徐忠明:《清代中国司法裁判的形式化与实质化——以〈病榻梦痕录〉所载案件为中心的考察》,载《政法论坛》2007年第2期。

④ 徐忠明:《凡俗与神圣:解读"明镜高悬"的司法意义》,载《中国法学》2010年第2期。

⑤ 参见范依畴、范忠信:《从两姓械斗案妙判看于成龙巧用情理法》,载《法律适用(司法案例)》2017年第10期。

⑥ 参见杨鹏程:《宋代刑案奏裁制度研究》,安徽大学2020年硕士学位论文,第35页。

事'情',透过'理法'的行政程序,找出'道理',检查'法'令,通贯'天理',平衡'人情与法意',作出最合乎'情理法'的判决"①。

日本学者寺田浩明认为,"情理"是中国传统审判依据的规范要素,虽在具体个案中呈现的具体内容不同,但个案的判断结果却呈现出普遍理想主义的要求,"都是在填充着情理这样一个空的盒子"②。

上述学者有关"情理法三者之间关系"的研究成果基本都认可"情为理法的基础,理在情之上普遍存在、法含情理,既体现情理的内容,又在司法实践中为情理所补充"的观点,但是在具体司法实践中如何处理三者之间的关系仍需从深度和广度上进行研究。

三、"情理法"在古代刑事审判中的适用基础及价值理念研究

(一)"情理法"在古代刑事审判中的适用基础研究

学术界专门对"情理法"在古代刑事审判中的适用基础进行研究的较少,徐忠明教授认为,法官主要是基于"慎刑、公正、维护皇权"的司法目的,同时为了强化自身权力与利益,往往也会"依法判决"。③ 马小红教授认为,中国重视人情关系的传统是法官适用情理断案的重要原因,"尚情"可能会损害国家法律的尊严,会使国家法律在人情面前不再具有较高的权威性,但人们在受法律约束与惩罚之前,更愿意通过自我的情理约束实现与他人、社会的和睦相处,同时情与法的结合也让法律条文充满生机。④

康建胜教授认为,中国汉代以后法律的逐渐儒家化是中国古代司法实践出现大量依情理审断案件的根本原因,儒家思想中的"理"旨在

① 刘馨珺:《明镜高悬:南宋县衙的狱讼》,北京大学出版社2007年版,第215页。
② [日]寺田浩明:《权利与冤抑:寺田浩明中国法史论集》,王亚新等译,清华大学出版社2012年版,第371页。
③ 参见徐忠明:《明清刑事诉讼"依法判决"之辨正》,载《法商研究》2005年第4期。
④ 参见马小红:《中国古代社会的法律观》,大象出版社2009年版,第82~84页。

维护建立在宗法血亲关系之上的一整套人与人之间的程序格局性的社会结构。①

张晋藩先生提出法官受传统司法“执法原情”和“法情允协”的影响,认为司法原情可以在法律与情理之间达到允协,做到“情法两尽”,提高审理结果的可接受性,因此,法官既要严格执法,也应原情定罪,在考察社会广泛认同的情理、人情后作出判断。②

陈鹏认为,司法官儒家化的知识结构或知识系统为“情理法”的适用提供了必然性,熟读并深入领会儒家经典的州县官,在审理案件时会不自觉地倾向于自己的心理偏好,司法审判中适用情理是其知识运用、情趣伸展和抱负实现的过程,也是其习惯的思维模式的外化。③

陈小洁从中国古代的司法判例如何表达情理的方式出发,认为情理法结合主要有三大社会根源:一是高度专制的社会中皇权至上,权尊于法;二是宗法伦理的社会中尊亲优越,崇尚伦理;三是宗法服务于皇权的社会中国重于家,君高于父。④

滋贺秀三认为,古代法官具有衡平司法的理念,中国人思维方式具有相对性特点,倾向从对立双方都承受一点损失或痛苦、都分配些利益中找出平衡点来,“情理”就是“常识性的正义衡平感觉”⑤。

以上研究成果涉及法官的慎刑、执法原情、法情允协、衡平司法等理念,重视人情关系的传统,并从司法官的知识结构以及中国传统法律的儒家化等方面分析了司法实践中“情理法”适用的基础,但是都只从某一个角度进行分析,不能全方位地系统分析中国古代刑事审判中“情理法”适用的理论基础,需要进一步深入分析“情理法”适用的基础,从

---

① 参见康建胜:《情理法与传统司法实践》,载《青海社会科学》2011 年第 2 期。

② 参见张晋藩:《中国古代司法文明与当代意义》,载《法制与社会发展》2014 年第 2 期。

③ 参见陈鹏:《中国婚姻史稿》,中华书局 1990 年版,第 172 页。

④ 参见陈小洁:《中国传统司法判例中的情理表达——以清代〈刑案汇览〉为对象的分析》,南京师范大学 2014 年博士学位论文,第 141 ~ 143 页。

⑤ [日]滋贺秀三:《中国法文化的考察——以诉讼的形态为素材》,载[日]滋贺秀三等:《明清时期的民事审判与民间契约》,王亚新、梁治平编,法律出版社 1998 年版。

中学习借鉴并创造性应用于现代刑事审判中。

（二）“情理法”所蕴含的价值理念研究

学术界对“情理法”内含的价值理念或古今通用的价值进行深入研究的也比较少，主要包括以下方面。

杨天钥从传统文化的角度论证情理法的存在为我们提供了良好的立法借鉴、司法借鉴，并让“情”与“理”在法治社会绽放新的光彩。[①] 廖峻依据《名公书判清明集》中的书判，认为宋代司法官在司法审判过程中具有“中庸”的理念。[②]

顾培东教授和王人博教授均从公众的“主观情感”的角度对“舆论民情”和“公意情感”在法律运行中的当代社会价值进行了探讨。[③] 王聪从法的角度看古代判词的现代价值，认为情理法兼顾，要避免法律中心主义、提高司法审判者说理论证能力、完善合理的法官个人奖惩制度。[④]

四、“情理法”在现代刑事审判中的转化现状及困境研究

随着社会的进步、网络媒体等现代化技术的应用，人们越来越关注和重视涉及情理的刑事案件，最高人民法院2009年发布了《关于进一步加强民意沟通工作的意见》，强调加强民意沟通工作，对各级人民法院建立相关的民意沟通、收集、协调、转化与反馈机制提出指导意见。此后，各级法院在审理刑事案件时都在尝试充分说理、考虑人情，学者也开始关注“情理法”在现代刑事审判中的实践应用。

① 参见杨天钥：《论传统“情理法”文化对当代法律研究的价值》，载《文化学刊》2020年第6期。

② 参见廖峻：《〈名公书判清明集〉中宋代司法审判的中庸理念及其方法》，载《贵州民族学院学报（哲学社会科学版）》2010年第1期。

③ 参见杨秋生：《当代中国法学学者情理法观的文化思考》，吉林大学2018年博士学位论文，第3页。

④ 参见王聪：《从情理法看我国古代判词的现代价值》，载《理论观察》2018年第9期。

（一）"情理法"在现代刑事审判中的转化现状研究

对"情理法"的新时代内涵进行研究的较少，较早提出新时代"情理"的是霍存福教授，他在2001年提出："新时代的'情理'，理所当然地剔除了伦常的内容，只包含了客观事理与人之常情。"①直到2007年陈忠林教授才系统提出了新时代的"常识、常情、常理"，探讨了"理"之"经验法则"在法运行中的当代价值，认为"常识""常理""常情"是现代法治的灵魂。② 胡云腾教授提出了"准确把握当代司法中天理国法人情的内涵"观点，并认为当代的"天理"价值规范主要包括以中国特色社会主义法治理论为主要内容的现代法理，以社会主义核心价值观为主要内容的中国价值、中国精神和中国理想，以及人民群众的公平正义观念三个方面，当代刑事司法"讲人情"主要体现为惩治罪恶之情、宽容小过无心之情、褒扬善良之情、关爱弱势群体之情、尊重当事人权利之情、社会公众和新闻舆论的互动之情。③

有些学者从审判的角度论证了酌情说理的重要性，如谭丽丽认为，"情理"在判决文书说理中具有极其重要的价值，"融情说理"是法官审判工作之结晶，是裁判的灵魂，是案件事实与审判结论连接的纽带，在说理环节情理与法相融可以提高判决文书的公正性、公信力与权威性。④

目前学界对"情理法"在现代刑事审判中的实践现状研究也比较少，主要有：凌斌对当代社会"情""理""法"三者之间的关系进行研究后，提出当前法治社会面临"法律违背情理"或"情理超越法律"两个法治困境，这是腐败高发不断的两大重要因素，应该坚持从我国的现实和

---

① 霍存福：《中国传统法文化的文化性状与文化追寻——情理法的发生、发展及其命运》，载《法制与社会发展》2001年第3期。

② 参见陈忠林：《"常识、常理、常情"：一种法治观与法学教育观》，载《太平洋学报》2007年第6期。

③ 参见胡云腾：《执法办案如何做到法理情兼顾》，载《法律适用》2020年第17期。

④ 参见谭丽丽：《作为一种民间资源的情理——其进入当代中国司法的途径与技术》，载《甘肃政法学院学报》2009年第3期。

历史情况出发认真对待情理。[①] 宋晓明等人认为，目前各级法院只是探索“情理法”在司法裁判中的结合工作机制，还没有形成统一适用情理的实体和程序法律规范。[②] 练崇潮认为，我国自古以来所注重的“情理”，是一种朴素人情社会的情感寄托，但是随着社会现代化进程的加快，原本具有朴素性特点的人情开始异化为情感与利益的结合，成为势力群体、权力寻租和利益回赠的工具。[③]

对于刑事审判依据的法律条文及司法解释仍缺少情理内容的观点，主要有：范忠信教授从“近亲属是否有义务出庭作证”着手，深入分析了古代社会的“亲属容隐制度”，认为现代社会“立法也须原情”，而现有法律规定，“凡是知道案件情况的人，都有作证的义务”，一旦涉及犯罪人的亲属拒绝作证或者违背法定义务，那就可能会构成犯罪。[④] 2012 年的《刑事诉讼法》第 188 条只是规定了不得强迫被告人的近亲属出庭作证，并没有明确禁止公检法机关在出庭以外的侦查阶段、检察阶段以及诉讼的其他阶段等其他场合强迫近亲属作证。[⑤] 苏怡教授也认为，我国 2012 年的《刑事诉讼法》第 188 条的规定没有对亲属间为使犯罪嫌疑人得利而作出的包庇行为作出相关规定，仅认可特定亲属间不出庭作证的合法性，未能体现古代亲亲相隐之中的情理与法的平衡适当。[⑥] 蔡延认为，刑事立法中个别条文空白罪状规定不合情理，司法解释惯用数量界定“情节严重”的情形，往往单纯考虑一种因素，且很少顾及社会成员的集体意识和共同意识。[⑦]

---

① 参见凌斌：《法律与情理：法治进程的情法矛盾与伦理选择》，载《中外法学》2012 年第 1 期。

② 参见宋晓明、雷继平、林海权：《自由裁量权的行使及其规制》(上)，载《人民法院报》2012 年 5 月 16 日，第 7 版。

③ 参见练崇潮：《人情社会、情感异化与现代人的安身立命》，载《江西社会科学》2015 年第 5 期。

④ 参见范忠信：《中西法律传统中的“亲亲相隐”》，载《中国社会科学》1997 年第 3 期。

⑤ 参见范忠信：《“期待之可能性”与我国刑事法的“法治圣贤定位”——从“亲亲相隐”的角度观察》，载《广东社会科学》2010 年第 2 期。

⑥ 参见苏怡：《亲亲相隐与中国当代法律制度》，载《法制与社会》2016 年第 14 期。

⑦ 参见蔡延：《多维角度看司法实践中情理法融合的缺失——赵春华持枪案为例的分析》，载《萍乡学院学报》2019 年第 2 期。

以上研究成果虽然涉及“情理法”的新时代内涵以及在现代刑事审判中的应用现状，但是，研究成果较少，能够将社会主义核心价值观与“情理法”结合在具体案例中进行研究的更少。

（二）“情理法”在现代刑事审判中的转化困境研究

目前此方面的研究成果较少，主要包含以下方面。

王贵东认为，裁判文书说理方法单一，既与法官文学涵养不高有关，也与其缺乏融合情理进行审判的技巧有关，在刑事判决中，习惯于直线式的思维、毫无修饰的语言、赤裸的表白，缺乏高度驾驭文字的技巧。[①] 陈金钊认为，在法律适用上法官没有将事实认定中的情理与最终适用的法律结合，未深究背后的法律精神与价值，只是照搬法律条文字面含义。[②]

一些学者认为，刑事审判容易受民意舆情的左右，虽然案件受关注后的审判更符合民众情理，但也影响了审判独立，如郑瑶、李建明对受网络舆论影响的“孙志刚案”“马加爵案”“赵作海案”等进行了分析，认为一个案件只要被公众关注，无论在哪一阶段，基于朴素人之常情和常理而形成的看法与意见，民众对其进行讨论，就会形成舆论。[③] 李奋飞认为，“大学生掏鸟获刑10年半案”“赵春华案”“于欢案”一审判决等引起“情理法”冲突的主要原因在于判决未能妥当地平衡人情和法理。虽然法院基于逻辑自洽得出了自以为周延的裁断，但民意却认为其忽视了基本的人情秩序，极力排斥裁判的正当性。[④] 徐阳认为，司法审判有时也会考虑民意舆论，如在“李昌奎案”中，各层级法院对被告人作出从死到不死再到死的截然相反的判决。[⑤] 周安平则从十大经典案例入

① 参见王贵东：《德国刑事判决书说理方法之考察及其启示——以Ks1/59诉布拉奇刑事判决书为视角》，载《法律适用》2010年第1期。

② 参见陈金钊：《实质法治思维路径的风险及其矫正》，载《清华法学》2012年第4期。

③ 参见郑瑶、李建明：《网络舆论对刑事审判的影响》，载《河南社会科学》2013年第4期。

④ 参见李奋飞：《论司法决策的社会期望模式——以“于欢案”为实证切入点》，载《法学》2019年第8期。

⑤ 参见徐阳：《“舆情再审”：司法决策的困境与出路》，载《中国法学》2012年第2期。

手分析，认为民情、民意往往带有对官员作风、对富人行为、对司法不公不满的“情绪化”，既给法官带来压力，也会让一些案件量刑之公正成色不足。①

学者还认为，在刑事审判中，立法、用法和守法均应反映民众情理。谢晖教授从中国人的“情法一元”的传统法思维模式入手，认为“立法”是社会主体“一般情感”的表达，“用法”是一切公民、法人或其他组织等社会主体的“个性情感”的表达，“守法”则是“个性情感”在“一般情感”范围内的规范交往，人们在行使言论自由权利时也是在社会“一般情感”规定的范围内通过著书立说、坊间热议、网络评论等方式自由表达“个性情感”，但无论何种方式，都不应使自己的“个性情感”与社会“一般情感”发生冲突，普通民众认可的社会一般情感具有高尚性，私人情感则部分体现为对非法需求的满足，法律就是通过强制手段取缔非法的私人情感满足，通过奖励手段鼓励见义勇为、扶贫济弱等高尚情感的实现，在刑事审判中，法官应该摒弃引起民众非议的私人情感，反映体现民众的高尚情感。②

周芳芳认为，我国的司法实践在裁判说理方面一直存在不足，刑事判决存在“缺乏个案特征，格式单一”的“填充式”说理，“事实说理长期被忽略”，且“缺乏从证据到事实之间的连接”，“对法官的考核中缺乏对说理的激励机制，或者权重较低”③。

张杰从刑事判决书的推理方式等角度分析了 749 份刑事判决书，指出法院适用“情理”进行判决时对被告人不利的情形占 86.96%、有利的情形占 13.04%，法官运用归纳推理和演绎推理的方式对证据和事实进行评价，或然性的情理推理也不可避免，这种情理的推理过程

---

① 参见周安平：《涉诉舆论的面相与本相：十大经典案例分析》，载《中国法学》2013 年第 1 期。

② 参见谢晖：《法治思维中的情理和法理》，载《重庆理工大学学报（社会科学版）》2015 年第 9 期。

③ 周芳芳：《我国刑事判决说理的场域视角研究》，吉林大学 2018 年博士学位论文，“摘要”第 38 页。

是法官将"私人良知"进一步上升为"公众良知"的过程,也是法官"内心确证"的过程,因此,"情理"运用模式的完善路径应是"安群情洽情理"。①

以上研究成果仅对"情理法"在现代刑事审判中的应用困境有所涉及,对部分存在的问题进行分析,但只涉及刑事审判中法官不愿适用情理、缺少情理论证的技巧问题以及刑事审判中的情理与民众情理冲突,不能全方位地系统分析目前刑事审判中"情理"融合于刑事审判实践所存在的问题,尚需从理论和实践的角度进一步调查分析刑事审判中"情理法"融合存在的困境及原因。

五、"情理法"在现代刑事审判中的实践路径研究

多数学者都从某个角度提出了刑事审判中"情理法"兼顾的实践路径。孙晓楼先生认为,学习和研究法律、从事法律职业的公民个人,必须具备丰富的社会常识和崇高的法律道德,即便有高深的法律学问,如果缺少社会常识,也不能适应时代环境。②

咸冠南、李玄文从"情""理""法"的理解角度出发,认为对"情",关键要做到懂情、知情和重情;对"理",应做到析理、评理和在理;对"法",要做到明法、敬法和善法。③

郭星华等人从立法和司法解释的角度出发,认为作为刑事审判依据的法律及立法、司法解释,在注重形式理性的同时,还应当注重实质理性,在立法中恰当吸收合理的情理,注重地方风俗习惯,重视完善法律规范之外的其他社会规范。④

---

① 参见张杰:《刑事审判中情理的运用模式与文化逻辑——以749份刑事判决书为例》,载《法制与社会发展》2023年第3期。

② 参见孙晓楼:《法律教育》(修订版),中国政法大学出版社2004年版,第26页。

③ 参见咸冠南、李玄文:《浅谈司法实践中"情、理、法"的应用》,载《法制与经济(下旬)》2012年第10期。

④ 参见郭星华、隋嘉滨:《徘徊在情理与法理之间——试论中国法律现代化所面临的困境》,载《中南民族大学学报(人文社会科学版)》2010年第2期。

范忠信教授则针对宪法、刑法、刑事诉讼法等法律文本提出了非常具体的法律改革建议:一是在宪法的"基本国策"中加上"国家重视和保障与本民族基本人伦价值相关的公民权益"条文;二是在刑法中增加"为近亲属开脱责任、逃避制裁,应从轻处罚"的条文;三是在刑事诉讼法中,应当将审判阶段"不得强迫被告人的近亲属作证"前延到侦查、检察阶段,强迫近亲属作证造成严重后果的,比照滥用职权罪处理。①

从法官应如何养成说理论情的自觉性的角度,江必新、王智锋均主张法官应当在严格依法审判的基础上,充分地阐发法律所蕴含的情理,把法律所允许的情理运用到具体个案中,当具体个案中的情理与法律条文发生冲突时,则应当在严格依法裁判的基础上,适当兼顾情理,尽最大可能做到"法理情"的有机统一,而决不能法外用情、法外说理。②

从情理论证的逻辑角度出发,陈林林、王云清主张法官在推理的每一个阶段都要做到符合逻辑的情理证成:"一阶证成"中要将法律规则作为依据,将情理作为辅助理由;"二阶证成"中只有外化为法律原则、宪法中的权利和社会性的命题的情理才能作为判决依据。③

从提高法官"情理法"适用技巧的角度出发,闫敏提出应提高法官的人文精神,并认为法官必须不断加强自身人文精神的培养,并将其内容转变为释法说理的依据,让民众从自己最熟知的角度和领域去理解判决和法律内容。④ 王贵东认为,法官的文学涵养非常重要,如果文学涵养较高,就会把法律当作文学,把判决书说理当作叙事,进而将纷繁复杂的案件事实和数以万计的法律条文表达清楚、准确,并使判决书说

① 参见范忠信:《"期待之可能性"与我国刑事法的"法治圣贤定位"——从"亲亲相隐"的角度观察》,载《广东社会科学》2010 年第 2 期。

② 参见江必新:《坚持法理情的统一　切实让人民群众感受到公平正义》,载《人民司法》2019 年第 19 期;王智锋:《情理法交融让司法更有温度》,载《人民法院报》2019 年 5 月 9 日,第 2 版。

③ 参见陈林林、王云清:《论情理裁判的可普遍化证成》,载《现代法学》2014 年第 1 期。

④ 参见闫敏:《论司法裁判中情理法结合的有效路径》,华东政法大学 2019 年硕士学位论文,第 53 页。

理更符合听众的需要,更具有说服力,如果“心中无墨,不可能写出那么多精美的文字,那么多与众不同的文字”,法官如果“缺乏较高的文学涵养,单凭技术性很强的法言法语,写出来的判决书必然干巴巴的,读起来必然索然无味”①。

以上研究成果从某一角度或针对现实中的问题论证法官在刑事审判中适用“情理法”必须具备的条件和适用技巧,为探索现代刑事审判中的“情理法”应用路径研究提供了较好的借鉴,但针对如何适用、适用后的风险评估及反馈、如何提升适用的积极性和主动性等问题进行研究的较少,甚至没有涉及,因此,必须构建一条切实可行、自觉适用“情理法”的有效路径,以期最终实现案结事了人和,政治效果、法律效果和社会效果的统一,为平安中国建设提供一份助力。

① 王贵东:《德国刑事判决书说理方法之考察及其启示——以Ks1/59诉布拉奇刑事判决书为视角》,载《法律适用》2010年第1期。

第二章　古代“情理法”的内涵及其相互关系

一个民族的法律情感构成了该民族法律精神最深沉的内核。“情”“理”“法”的和谐统一造就了辉煌灿烂的中国古代法制文明。“情理”二字不仅深藏于几千年来中华民族每个人的头脑中，而且影响着法律场域的一切活动，①“某之所为，有不合于理、有不便于俗者，亦愿意以告焉”②。为了维护封建统治的长治久安，古代著名的优秀法官对“天理”“人情”的价值追求不但贯穿于整个立法领域，而且在司法实践中得以更好地体现。在刑事审判领域，以国法为基础，以风俗、伦常、民情为补充，以天道、人伦之理为指导，寻求“情理法”兼顾、情罪允协的理想效果。因此，对“情理法”内涵及其相互关系的界定成为研究中国古代刑事审判中“情理法”应用及其蕴含的价值理念的必要前提。

---

① 参见黄岩：《“情理法”在清末的断裂与新生》，吉林大学 2011 年硕士学位论文，第 26 页。

② 《名公书判清明集》卷之一“官吏门”之“咨目呈两通判及职曹官”，中国社会科学院历史研究所宋辽金元史研究室点校，中华书局 1987 年版，第 1 ~3 页。

一、古代“情”的内涵

“情”是指维系人和人之间正常交往的纽带，是沟通与交流的情感桥梁。[①] 中国传统法律中的“情”，以单个人的私人情感为起点，通过对外交往逐渐外延扩展为一定社会群体之间的各种相互情感关系，不仅包括单纯的个人与个人之间的关系，还包括个人与集体、个人与社会、个人与国家之间的情感表达。

“情”的内涵具有多元性，根据古今中外众多学者的观点，笔者认为中国古代的“情”主要有客观事实之实情、个人本性之私情、与人交往之世情、众人同感之民情、司法审判之法情等五个方面的含义。

（一）客观事实之实情

客观事实之实情是一种客观意义上的事实，也被称为“客观层面的情境”，我们常说的案件实情、所涉情节、所涉情况等，简称“案情”“情节”“情况”。《论语》记载，鲁国的卿大夫孟氏委派阳膚担任掌管刑狱的士师，阳膚请教其师曾子应该如何做，曾子答曰：“上失其道，民散久矣，如得其情，则哀矜而勿喜。”[②]其中的“情”指案件的真相、实情。春秋时期鲁庄公七年（公元前687年）的《曹刿论战》中鲁庄公所言的“小大之狱，虽不能察，必以情”[③]中的“情”也是指案件实情。

断案之初所获案件实情最有价值，即所谓的“狱贵初情”，北宋刑官宋若谷尝曰：“狱贵初情，每有系狱者，一行若干人，即时分牢异处，亲往遍问……许以初问讯所得语，列疏姓名左方，其后结正，无能出初语者，盖人乍入狴犴，既仓卒又异处，不能相谋，此时可以得其情耳，狱贵初情

---

① 参见杨天钥：《论传统“情理法”文化对当代法律研究的价值》，载《文化学刊》2020年第6期。

② （南宋）朱熹集注：《四书》之《论语》卷之十“子张第十九”，顾美华标点，上海古籍出版社1995年版。

③ 杨伯峻编著：《春秋左传注》之“庄公十年春”，中华书局1990年版，第183页。

此要道也。”①

“狱事莫重于大辟，大辟莫重于初情。”②在弄清案情、狱情的基础上才可以进行审断刑事案件。南宋《名公书判清明集》中共有 17 处出现“事情”，44 处出现“人情”。③ 在多数情况下，“事情”指事件的起因、变化和发展过程，有时指案件具体的、客观的事实，可以具体化为情节或情状，以“推原事情”“灼见事情”“本末事情”为显例。④

反映社会状况及现实的案件实情是了解案件背景、影响判决的关键性因素，有时甚至是决定性因素。案件实情涉及事之起因或行为动机，可以根据客观现实之情推断犯罪人主观上的善恶，如南宋名公蔡久轩所云："决断大辟公事，要见行凶人起争之因，所谓原情定罪者是也。”⑤

中国民俗中“有心为善，虽善不赏；无心为恶，虽恶不罚”的说法，就是强调人的行为动机对行为结果的影响。“夫律法之设，诛意与诛事兼行也。以诛意者原情，故‘谋’‘故’者斩，所以诛犯者之凶心也；以诛事者揆法，故非杀讫不问‘谋’，非当时身死不问‘故’，所以防尸亲之图赖也。”⑥这强调主观上的故意犯罪应在律法中设定重罚条款。

元代张养浩在《牧民忠告》中也强调刑事案件中的犯罪情节及行为人的犯罪动机对案件发生后果的重要性，指出："狱问初情，人之常言也。盖狱之初发，犯者不暇藻饰，问者不暇锻炼，其情必真而易见。威以临之，虚心以诘之，十得七八矣。”⑦

① (南宋)张镃撰:《仕学规范》卷二四“涖官”，载《景印文渊阁四库全书》(第八七五册)，台北，台湾商务印书馆 1986 年版。

② (南宋)宋慈:《洗冤集录》，法律出版社 1958 年版。

③ 参见金民:《从〈名公书判清明集〉中的亲属间诉讼看家事诉讼方式改革》，苏州大学 2019 年硕士学位论文，第 8 页。

④ 参见崔明石:《事实与规范之间:情理法的再认识——以〈名公书判清明集〉为考察依据》，载《当代法学》2010 年第 6 期。

⑤ 《名公书判清明集》卷之九“户婚门 · 墓木”之“舍木与僧”，中国社会科学院历史研究所宋辽金元史研究室点校，中华书局 1987 年版，第 330 页。

⑥ 未了、文菡编著:《明清法官断案实录》(上册)，光明日报出版社 1999 年版，第 34 页。

⑦ (元)张养浩:《三事忠告》卷二《牧民忠告下》“慎狱第六”之“狱诘其初”，载《景印文渊阁四库全书》(第六〇二册)，台北，台湾商务印书馆 1986 年版。

古代法制中使用频率很高的词是“知情”,即知道案件的实情、情形、情况或情节。在敦煌法制文献第3608、3252页垂拱职制户婚厩库律残卷,第52行“主司知情,与同罪;不知者,勿论”、第92行“官人知情,与同罪;不知情者,各减家人罪五等”、第103行“若知情者,各同家长法”、第108行“知情与同罪”、第119行“主司知情,与同罪”、第154行“即奴婢私嫁女与良人为妻者,准盗论;知情者,与同罪”。①

(二)个人本性之私情

“情”由“心”和“青”构成,指个人之心情、私情,以人性为核心,发自心的本能,个人本性之私情,也可以称为个人本性之情感。是生而对事物具有的本能的、天然的、自发的欲望以及由潜在的欲望所决定的感情或情绪。正如英国著名哲学家休谟所言:“情感从世界开辟以来就是,而且现在仍是我们所见到的人类一切行为和企图的源泉。”②人之私情是个人的意志、个人的直觉,是外界客观事物影响个人产生的心理活动、心理状态,然后通过文字和语言载体来表达,即通常所说的七情六欲。

《说文解字·心部》云:“情,人之阴气有欲者。”“从心,青声。”段玉裁注曰:“董仲舒云:情者,人之欲也;人欲之谓情。情非制度不节。”人欲无止境,没有制度的约束,人欲就会无限膨胀。“《礼记》曰:何谓人情?喜怒哀惧爱恶欲。七者弗学而能。《左传》曰:民有好、恶、喜、怒、哀、乐,生于六气。《孝经援神契》谓:性生于阳以理执,情生于阴以系念。”③徐灏注笺曰:“戴氏侗曰,‘喜怒哀惧爱恶欲,七者情之所发,而未足以尽情也。好善而恶恶、好得而恶失、好富贵恶贫贱,有同欲焉,有同恶焉,是人情也。所欲斯爱之矣,所恶斯怒之矣。得其所欲则喜,失其所爱则哀,是人情也。’发于本心谓情,伪貌矫饰谓之不情。故易曰:‘设

---

① 参见王斐弘:《敦煌法制文献中的情理法辨析》,载《兰州学刊》2009年第9期。
② [英]休谟:《人性的断裂》,冯援译,光明日报出版社1996年版,第84页。
③ (汉)许慎撰,(清)段玉裁注:《说文解字注》十篇下“心部”,上海古籍出版社1981年版,第502页。

卦以尽情伪’。……孔子曰:‘上好信,则民莫敢不用情会’。子曰:‘自吾母而不得用吾情,吾恶乎用吾情’。古之言情概如此。灏按发于本心谓之情,情犹诚也。故不诚谓之不情。诚与实同义。故孟子曰:‘声闻过情,言过其实也。’”①

《康熙字典》对“情”的解释也体现了“人之本性”之意。“朱子曰:古人制字,先制得心字,性与情皆从心。性即心之理,情即心之用。”②正如民间谚语所言:“人非草木,孰能无情。”汉代晁错在《论贵粟疏》中指出人情的基本内涵为:“一日不再食则饥,终岁不制衣则寒。夫腹饥不得食,肤寒不得衣,虽慈母不能保其子,君安能以有其民哉。”③因此,生命、健康、吃饱、穿暖、趋利、避害等即为人之本性之情。社会中的个人对自身一切行为活动的考量,以自身的生存为出发点,对自己的生活路线和轨迹进行设计,选择利于自己的人生之路,最后付诸实施,在自身生存的基础上囊括其他的全部利益。生死之好恶更是人之为人的本性,即孟子所言,“生亦我所欲……死亦我所恶”。④

南宋朱熹将个人本性之私情区分为“情”和“性”,认为“喜、怒、哀、乐”就是个人之本“情”。在其未外发时,则是性。“无所偏倚,故谓之中。发皆中节,情之正也;无所乖戾,故谓之和。”⑤“欲”则为“情”之恶,如朱子云:“心之未动则为性,已动则为情,所谓‘心统性情’也。欲是情发出来底。心如水,性犹水之静,情则水之流,欲则水之波澜,但波澜有好底,有不好底。欲之好底,如‘我欲仁’之类;不好底则一向奔驰出去,若波涛翻浪;大段不好底欲则灭却天理,如水之壅决,无所不害。孟子

① (清)徐灏:《说文解字注笺·心部》卷一〇下,载《续修四库全书编委会》编:《续修四库全书》(第二二六册),“经部·小学类”,上海古籍出版社2002年版。

② (清)张玉书等纂:《康熙字典》“卯集上·心字部”,清康熙五十五年内府刊本,第34页。

③ (汉)班固撰,(唐)颜师古注:《汉书》卷二四上之《食货志》,中华书局1962年版,第1131页。

④ 参见焦循:《孟子正义》之《告子章句上》,载国学整理社辑:《诸子集成》(第一册),中华书局1954年版。

⑤ (南宋)朱熹集注:《中庸》第一章,顾美华标点,上海古籍出版社1995年版,第28页。

谓情可以为善,是说那情之正,从性中流出来者,元无不好也。"①

个人本性之私情有善恶之分。管仲认为,民之本性之私情为民恶忧劳、恶贫贱、恶危坠、恶灭绝,民好佚乐、好富贵,好存安、好生育。② 孟子云:"人性之善也,犹水之就下也。人无有不善,水无有不下。"③"心之官则思,思则得之,不思则不得也。"朱子云:"性、情、心,惟孟子横渠说得好。仁是性,恻隐是情,须从心上发出来。'心统性情者'也。性只是合如此底,只是理,非有个物事。若是有底物事,则既有善,亦必有恶。惟其无此物,只有理,故无不善。"④

商鞅认为,人之本性在于知好恶,民众好爵禄、恶刑罚的本性是君主进行奖赏和刑罚的根本,君主利用其好恶而设刑罚,云:"人情而有好恶,故民可治也。人君不可以不审好恶;好恶者,赏罚之本也。夫人情好爵禄而恶刑罚,人君设二者,以御民之志而立所欲焉。"⑤

韩非认为:"凡治天下,必因人情。人情者有好恶,故赏罚可用。赏罚可用则禁令可立,而治道具矣……赏莫如厚。使民利之;誉莫如美,使民荣之;诛莫如重,使民畏之;毁莫如恶,使民耻之。"⑥"死力者,民之所有者也,情莫不出其死力以致其所欲。而好恶者,上之所制也,民者好利禄而恶刑罚。……发奸之密,告过者免罪受赏,失奸者必诛连刑。如此,则奸类发矣。奸不容细,私告任坐使然也。"⑦君主赏罚从民之所

① (南宋)黎靖德编:《朱子语类》第一册·卷五之"性理二",王星贤点校,中华书局1986年版,第93~94页。

② 参见尹知章注,戴望校正:《管子校正》之"牧民第一",载国学整理社辑:《诸子集成》(第五册),中华书局1954年版。

③ 焦循:《孟子正义》之《告子章句上》,载国学整理社辑:《诸子集成》(第一册),中华书局1954年版。

④ (南宋)黎靖德编:《朱子语类》第一册·卷五之"性理二",王星贤点校,中华书局1986年版,第93页。

⑤ 《商君书》之"错法第九",严万里点校,载国学整理社辑:《诸子集成》(第五册),中华书局1954年版。

⑥ (战国)韩非撰:《韩非子》之"八经第四十八",姜俊俊标校,上海古籍出版社1996年版,第254~255页。

⑦ (战国)韩非撰:《韩非子》之"制分第五十五",姜俊俊标校,上海古籍出版社1996年版,第282~283页。

好、制其所恶，实施告奸连坐法正符合人之趋利避害的本性。正是因人情有好恶，才能利用赏与罚的功能达到禁令可行、治道才具的治国目标。西汉晁错认为，人情莫不欲寿、莫不欲富、莫不欲安、莫不欲逸，因此，"安天下，莫不本于人情"①。

即使身处乱世、不择手段为乱为盗贼，亦是因"人情欲寿""人情欲安"，"人情莫不欲寿，虽衰贫至骨，濒于饿隶，其与受僇而死有间矣。乌有不为畏者哉？自古以来，时运俶扰，至于空天下而为盗贼，及夷考其故，乱之始生，民未尝有不靖之心也"②。

个人本性私情中的善即个人本性所具有的好的品质，如孟子所言，人皆有恻隐之心、羞恶之心、恭敬之心、是非之心。③"今人乍见孺子将入于井，皆有怵惕恻隐之心，非所以内交于孺子之父母也，非所以要誉于乡党朋友也，非恶其声而然也。"④面对处于危急状态的陌生人，人们常常也会施予援手，并不是因其在乡党朋友中的声誉美恶，而是处于紧迫情境下的人之本能之善。

"恶"即个人本性中"坏"的品质、恶的本性。个人具有贪利本性。自婴孩始就本能喜欢做对自己有利的事情。个人过度追求己利就形成了"贪婪"和自私的本性，没有限制时就会危害他人和社会的利益，发生抢劫、强盗、伤人、杀人案件。"富者多怀贪图之私……贫者每有屈抑之事……"⑤《名公书判清明集》判词云，"争继之事大多与争财有关"⑥。很多纠纷皆由贪利本性而起。

① （汉）班固撰，（唐）颜师古注：《汉书》卷四九之《袁盎晁错传》，中华书局1962年版，第2293～2294页。

② （南宋）洪迈：《容斋随笔》续笔·卷十之"民不畏死"，吉林大学出版社2009年版，第288页。

③ 参见焦循：《孟子正义》之《告子章句上》，载国学整理社辑：《诸子集成》（第一册），中华书局1954年版。

④ 焦循：《孟子正义》之《公孙丑章句上》，载国学整理社辑：《诸子集成》（第一册），中华书局1954年版。

⑤ 《名公书判清明集》卷之六"户婚门·抵当"之"以卖为抵当而取赎"，中国社会科学院历史研究所宋辽金元史研究室点校，中华书局1987年版，第169页。

⑥ 梁治平：《清代习惯法：社会与国家》，中国政法大学出版社1996年版，第77页。

为了人类的发展、国家和社会秩序的和谐稳定，就需要运用国家强制力压制、打击人性中的恶。正如于游所说，人皆有贪婪和自私的天性，故社会中常出现抢劫、盗窃等行为，要营造稳定和谐的社会秩序，就必须制定强制性的规则限制打击人性中的恶，人有生存和发展的本能需求，需要用共同的强制性规则约束日常的生产、分配和交换行为，法律就是以保护人的基本权利和正当诉求为宗旨，处处体现"人情"。[①]

南宋名公真西山称：在刑事案件的审理中"是非有理，轻重有法，不可以己私而拂公理，亦不可骫公法以徇人情。……殊不思是非之不可易者，天理也，轻重之不可踰者，国法也。以是为非，以非为是，则逆乎天理矣！以轻为重，以重为轻，则违乎国法矣！居官临民，而逆天理，违国法，于心安乎？"[②]此处人情即人之本性之私情。人具有爱钱财、爱美色、爱权势，计较个人利害得失的私情，其产生的根本原因很大程度上在于人具有贪婪的本性。

（三）与人交往之世情

情是动物的一种血缘本能，是来自血缘亲情的"自觉"，动物界的母犊之间都有忘我的亲情，而人情随着生产力的发展和个人的成长逐渐由个人之间交往向社会扩充、延伸，"情"也由个人本性之私情逐渐发展为与人交往之世情，除血亲之情、夫妻爱情外，逐渐发展到了邻里之情、友谊之情、民族之情、国家之情等。[③] 因此，"世情"可以理解成个人与他人之间不断交往所产生的一种复杂情感，以个人为中心，随着个人社交范围的逐渐拓展从深厚逐渐淡薄。这种"私情"最初产生于家庭，具有一定的伦理道德思想，即"爱有差等"，包括以血缘关系为纽带的血亲之情（如父母子女之间慈孝之情、兄弟姊妹之间的手足之情等）和以地缘关系为核心的人际之情（如夫妻情、朋友情、师生情、睦邻情、民族情、爱国情等）。

① 参见于游：《传统法律文化中"情理法"融合的当代价值》，载《经济师》2019 年第 12 期。

② 《名公书判清明集》卷之一"官吏门 · 申儆"之"谕州县官僚"，中国社会科学院历史研究所宋辽金元史研究室点校，中华书局 1987 年版，第 6 页。

③ 参见张卫国：《德性人格与情；理；法》，载《益阳师专学报》2002 年第 1 期。

1. 以血缘关系为纽带的血亲之情

孔子云:“仁者,人也,亲亲为大。”[①]《汉书》云,“人情莫亲父母”。[②]父母子女之间的慈孝之情乃是人之至情,“父母之于子,天下至情之所在也”[③]。“天地之性,人为贵。人之行,莫大于孝。”[④]“人生天地之间,所以异于禽兽者,谓其知有礼义也。所谓礼义者,无他,只是孝于父母,友于兄弟而已。若于父母则不孝,于兄弟则不友,是亦禽兽而已矣。”[⑤]在中国人看来,“孝敬父母”“友爱兄弟”如同“杀人偿命、欠债还钱”一样天经地义。

手足之情是指兄弟姊妹基于同胞相互依存所产生之情。南宋名公刘后村认为:“凡今之人,莫如兄弟,岂非天伦之至爱,举天下无越于此乎!”[⑥]胡石壁认为:“兄弟叔侄交争兴讼,此风俗大不美也……委曲劝谕,导以天理,今若沔、若泾,若庸赍到兄弟连押了办祥葬合同文字及无争状赴司,则其兄弟之间,退省静思,良心善性固未泯没也。”[⑦]蔡久轩认为:“兄弟之身,其初只父母之身也……当思同气连枝之义,绝彼疆此界之心,周恤其二弟,使兄弟和气复合,不然,则父母在,无私财,索契送狱,自有条法在。”[⑧]胡石壁认为,兄弟之间应“出入相友,有无相资,缓急相倚,患难相救,疾病相扶持,锥刀之利,务相推逊,唇吻细姑,务为涵容”[⑨]。对兄不恭,直呼兄恶名者,是“有伤风教之举”,应“杖一百,枷项

---

① (南宋)朱熹集注:《四书》之《中庸》,顾美华标点,上海古籍出版社 1995 年版,第 39 页。

② (汉)班固撰,(唐)颜师古注:《汉书》卷六四下“贾捐之传”,中华书局 1987 年版,第 2833 页。

③ 《名公书判清明集》卷之四“户婚门 · 争业上”之“子不能孝养父母而依栖婿家则财产当归之婿”,中国社会科学院历史研究所宋辽金元史研究室点校,中华书局 1987 年版,第 126 页。

④ 汪受宽撰:《孝经译注》之“圣治章第九”,上海古籍出版社 1998 年版,第 42 页。

⑤ 《名公书判清明集》卷之十“人伦门 · 母子”之“因争财而悖其母与兄姑从恕如不悛即追断”,中国社会科学院历史研究所宋辽金元史研究室点校,中华书局 1987 年版,第 362 页。

⑥ 《名公书判清明集》卷之十“人伦门 · 兄弟”之“兄弟争财”,中国社会科学院历史研究所宋辽金元史研究室点校,中华书局 1987 年版,第 375 页。

⑦ 《名公书判清明集》卷之十“人伦门 · 兄弟”之“兄弟之争”,中国社会科学院历史研究所宋辽金元史研究室点校,中华书局 1987 年版,第 367 ~ 368 页。

⑧ 《名公书判清明集》卷之十“人伦门 · 兄弟”之“兄弟之争”,中国社会科学院历史研究所宋辽金元史研究室点校,中华书局 1987 年版,第 367 页。

⑨ 《名公书判清明集》卷之十“人伦门 · 兄弟”之“兄弟侵夺之争教之以和睦”,中国社会科学院历史研究所宋辽金元史研究室点校,中华书局 1987 年版,第 370 页。

令众半月”[①]。

中国古代家庭中以父系宗亲为主体,维系父系家庭持续存在的凝聚力和向心力的主要是父子兄弟之间的孝悌亲情,因此,在聚族而居的复杂的宗亲关系中,最亲近之人莫过于父子兄弟。

中国古代的家庭以血缘亲情为纽带,建立在亲情关系中的伦理规范成为家庭成员必须遵守的权利义务,当亲情逐渐扩展到国家社会,不受限于家庭、家族后,便成为社会关系浓缩的世情。[②]

中国古代从夏朝开始就强调,“五刑之属三千,而罪莫大于不孝”。经过长期的发展,隋唐时期的法律将“不孝罪”列为重大犯罪的“十恶”之一,在刑事审判中自汉律确立“亲亲得相首匿”制后,也逐渐扩展了亲属容隐的范围,并禁止亲属之间的相告等,无不体现了对血亲之情的保护。

2. 以地缘关系为核心的人际之情

体现在与他人交往过程中所生之情,除家庭内的夫妻情外,主要表现是朋友情、宗族情、睦邻情、同事情、同学情、师生情、爱国情等。

夫妻情是家庭存在的核心。南宋名公胡石壁认为:“夫妇,人伦之首,礼经所重。”[③]如敦煌文书残卷第93行的“金石之情弥固”、第146行的“阿宋夫妻义重,伉俪情深”、第189行的“不顾同穴之情,俄作参商之路”[④]。“伉俪情深,夫妇义重,幽怀合卺之欢”,“夫妇之缘,恩深义重,论谈共被之因”。[⑤]

朋友情是指有共同语言、经常交流、情谊深厚的人。“朋”字始见于

---

① 《名公书判清明集》卷之十“人伦门 · 兄弟”之“弟以恶名叱兄”,中国社会科学院历史研究所宋辽金元史研究室点校,中华书局1987年版,第372页。

② 参见马小红:《中国古代社会的法律观》,大象出版社2009年版,第39页。

③ 《名公书判清明集》卷之十“人伦门 · 夫妇”之“夫欲弃其妻诬以暧昧之事”,中国社会科学院历史研究所宋辽金元史研究室点校,中华书局1987年版,第381页。

④ 王斐弘:《敦煌法制文献中的情理法辨析》,载《兰州学刊》2009年第9期。

⑤ 参见陈冬雪、巴图:《从敦煌“放妻书”浅议唐代和离制度》,载《青年文学家》2020年第12期。

商代甲骨文及商代金文，其古字形像两串“贝”连在一起，而古代用“贝”做货币，因此“朋”本义指一种货币单位。后因“贝币”系在一起的状态，引申出关系亲密的人，即朋友。朋友之间讲“信”，无信则失朋友情。“不信乎朋友，孚获乎上。”[①]“‘朋友信之’，孔子之志也；‘车马衣裘，与朋友共’，子路之志也；‘与朋友交而信’，曾子之至也；《周礼》六行，五曰任，谓信于友也。汉、唐以来，犹有范张、陈雷、元白、刘柳之徒，始终相与，不以死生贵贱易其心。”[②]

睦邻情是指和睦乡邻之情，可以包含聚族而居的宗族情。和睦宗族乡邻是稳定小农经济社会的润滑剂，宗族和睦则家业兴旺。南宋名公胡石壁认为，祖宗生育后代子孙，必希望其能和睦相处，共保家业，若相攻相克，就会疾痛病患不断，祖宗必不能瞑目九泉之下：“大凡宗族之间，最要和睦，自古及今，未有宗族和睦而不兴，未有乖争而不败。盖叔伯兄弟，皆是祖先子孙，血气骨脉，自呼一源。若是叔伯兄弟自相欺凌，自相争斗，则是一身血气骨脉自相攻相克……则疾痛病患，中外交作，其死可立而待矣。故圣贤教人，皆以睦族为第一事，盖以此也。……祖先养育子孙，只望代代孝顺，人人爱友，以共保家业，以共立门户。而一旦为路人，为寇仇，死者有知，其能瞑目于九泉之下乎？”[③]胡石壁还认为，乡曲邻里之间也应和睦，只有乡邻之间团结和睦，才会“有无相通”“缓急相助”“疾病相扶持”，彼此皆受其利，否则便会“彼此皆受其害”，如要保得一生平安，无横逆之事发生，诸事顺遂，必是“平日有人情在乡里”，一旦突发事故，自会“众共相与遮盖，大事也成小事，既是与乡邻仇隙，他便来寻针觅线，掀风作浪，小事也成大事矣”[④]。

和睦乡邻最好的教化方式应是官员定期举办乡饮酒礼，其目的是

① （南宋）朱熹集注：《四书》之《中庸》，顾美华标点，上海古籍出版社 1995 年版，第 42 页。

② （南宋）洪迈：《容斋随笔》卷九之“朋友之义”，吉林大学出版社 2009 年版，第 100 页。

③ 《名公书判清明集》卷之十“人伦门 · 兄弟”之“兄弟侵夺之争教之以和睦”，中国社会科学院历史研究所宋辽金元史研究室点校，中华书局 1987 年版，第 369 页。

④ 《名公书判清明集》卷之十“人伦门 · 乡里”之“乡邻之争劝以和睦”，中国社会科学院历史研究所宋辽金元史研究室点校，中华书局 1987 年版，第 393 页。

教化民众孝悌尊贵懂礼仪:“观其致尊逊以教不争,致洁净以教不慢,父坐子立以教孝,老坐少立以教悌,序宾以贤以贵德,序僎以爵以贵贵,饮食必祭以示不忘本,工歌必献以示不忘工,燕及沃洗以示不忘贱,凡登降辞受献酬之义,籩豆鼎俎之器,升降合乐之节,无非教也。”①

与人交往之“世情”以个人为中心,在不同的情境下表现为亲情、爱情、朋友情、家乡情、同事情、爱国情等。处于社会中的人类个体,在与人交往的实践中,要将自己的“所需”向亲人、他人及社会表达,这种“需”就是人类的“情感”。因自己需求与他人交往所产生的世情就是“情面”或者“人情”或者“面子”。在中国人的传统意识里,人与人交往中很多情况下更注重个人的尊严,“是否给面子”要远比给金子和银子重要得多,“给面子”意味着尊重,能够正常维持二者之间的正常社会交往。

(四)众人同感之民情

“众人同感之民情”又称“众人之常情”,是人类正当情感诉求,是社会群体一致认可的一种情感,世情与通常所讲的“民情”内涵相重合。② 这种“情”应是得到大多数人认同的思想情感,并非个人的好恶情绪,它以芸芸众生为核心,是众人在社会中交往所产生之情。交往是利用其他个体的“同理心”——相互之间能够理解并设身处地将该个体的“人情”进行充分考虑后给予理解尊崇,即“人同此心,情同此理”,对别人的遭遇产生感情上的共鸣或对别人的行为表示赞成。

这种“民情”具有一定程度的普遍性,是大家公认的习俗、社会习惯、社会基本现实状况、社会舆论以及普遍被认为是天经地义的一些情理。具体包括公众意志和公众情感两个方面。

---

① 《名公书判清明集》卷之十“人伦门·乡里”之“勉寓公举行乡饮酒礼为乡闾倡”,中国社会科学院历史研究所宋辽金元史研究室点校,中华书局1987年版,第395页。

② 参见刘道纪:《法律内的天理人情》,载《政法论坛》2011年第5期。

1. 公众意志之民情

公众意志之民情即我们经常用到的“常识之情”“常情”。常识是公众在日常生活与交往中所获取的群体意识、社会心理和公共经验的总称；[①]是成文法颁布前，一个民族和社会所凝结成的、对生活中所遇到的普遍现象。应该如何处理所达成的普遍共识，[②]它符合大多数人的想法和意愿，抛开了衣食等物质因素，是根植于普通百姓心中的道德规范，有时也称顺乎民意应乎天道的“民心”，就像“杀人者死”“欠债还钱”“孕妇不被判处死刑”等一些常识、习惯就是“公众情意和情感”的“常情”，只要法律条文中没有其他规定，不违反社会的公序良俗，行为人所实施的习惯行为就行之有效，就是习惯法。[③]

古代中国并没有大众传播媒体，公众意志之民情往往不是通过自由言论的形式表现，而是通过当地绅士的言论体现。古代绅士是封建政权向乡土社会延伸的重要桥梁，既是官僚的后备军，也是民众的代言人，又是文化传播者和输出者。大体包括田连阡陌的大地主、通过科举或捐纳等获取功名的读书人、赋闲在家的官僚及其亲戚。

绅士可以平礼见地方长官，还可以向地方长官表达自己的意见从而影响地方长官的看法。其中考取低级功名的秀才等读书人，往往家境并不宽裕，但与民间联系较为紧密，能够反映一些民间的愿望。

作为“齐民之首，乡民之望”的绅士，家境较为丰厚、政治素养较高，见多识广，对本地民众视听舆论具有较强的号召力。尤其是退休赋闲在家的绅士，俗称“乡宦”，往往与上级地方长官或朝廷京官有师生、同乡、同事之类的关系，如果州县长官判案办事“有违舆论”，一意孤行，绅士们就会号召民众反抗，或者向上级机关请愿。这一反映公众意志之

① 参见崔明石：《话语与叙事：文化视域下的情理法》，吉林大学 2011 年博士学位论文，第 33 页。

② 参见丁敢洋：《以情理法为切入点的中国传统综合法思维》，中国人民公安大学 2020 年硕士学位论文，第 2 页。

③ 参见范忠信等编校：《中国文化与中国法系——陈顾远法律史论集》，中国政法大学出版社 2006 年版，第 275 页。

“民情”力量，将直接影响州县官的仕宦前途，所以他们在审判刑事案件时必须参酌人情，凡涉及地方大族的案件，一定要考虑判决能否被当地绅士及民众接受。

法治视域下的“人情”正是体现公众意志的民情，而非儿女情长之类的私情。这种“情”是凝结了较大范围集体意识的经验。①

2. 公众情感之民情

公众情感之民情是在特定民族土壤的基础上自发形成的、社会公众普遍选择的、能够反映人之本性的内在规律和特点的情感。它是基于某一种临时的、偶然的事件显现出来的“公众直觉”，是社会民众对法律的感性认识和对法律的内心直接判断，不需要具备相关的法律知识，②如年节或庆贺吊唁的礼物及赠品行为就是公众情感的一种表现。这种“情”是一般人认为的自然感觉、想法和习惯，或是应该尽量使良好的人际关系得以维持或恢复的价值观念。③

“天下之所共恶、天下之所共恕”中的天下人共同的痛恨和宽恕即为公众情感。北宋张耒认为，施行法律常常受到阻碍的原因就在于一些法律体现了“非人之情”，即法律对天下人都痛恨的行为规定了轻罪轻罚，对天下人认为可宽恕的行为规定了重罪重罚：“立法常至于沮而不行者何也？是其立法非人之情故也。何为非人之情？夫天下之所共恶而时轻之，天下之所共恕而时重之。”④

公众情感之民情凝结于一定范围内的氏族、民族、社会共同体的习惯法和经验法则中，与当地人认同的善良情感相当，成为积极向上的公

---

① 参见张杰：《现代法治视野下情理法传统的重拾与反思》，吉林大学 2020 年博士学位论文，第 22 页。

② 参见陈忠林：《“常识、常理、常情”：一种法治观与法学教育观》，载《太平洋学报》2007 年第 6 期。

③ 参见［日］寺田浩明：《日本的清代司法制度研究与对“法”的理解》，载［日］滋贺秀三等：《明清时期的民事审判与民间契约》，王亚新、梁治平编，法律出版社 1998 年版。

④ （北宋）张耒撰：《张右史文集》“卷十・悯刑论下”，载张元济辑：《四部丛刊本》卷五三，商务印书馆（景上海涵芬楼藏旧钞本）1929 年重印。

序良俗,有时被称为"善良的习惯风俗"。

但"十里不同风,百里不同俗",不同国家、不同地区以及不同民族间,语言文字、生活习惯、人文风情都存在较大差异,人们对事务认知及处理方式也有较大的差异,即使是同一国家同一民族间,居住地域不同,习惯风俗等也会不同,一个地域的善良情感风俗转移到另一地域可能会成为一种恶俗。"人类不同族群有各自对美好生活追求的不同方式,从而形成了丰富多彩的情理民俗,从这个意义上说,法治绝不仅仅是一套形式理性规则的堆砌,还是因承载了公意性情理而呈现的制度文明。"①

如"亲亲相隐"是中国封建社会普遍认知的情理,考虑了中国传统的孝道以及感情,并上升到国家制度方面,即亲人犯罪后除了严重威胁到皇权安全的犯罪外,都可以相互隐瞒亲人所犯的罪行,不承担隐瞒行为的法律责任。《名公书判清明集》记载的"假伪遗嘱以伐丧"一案中,在族人范朝奉去世后,范瑜手持范朝奉的遗嘱登门伐丧想占有范朝奉的遗物,后经司法官蔡久轩鞫问审查,确认范瑜所持遗嘱是范瑜因生活窘迫为骗取钱物伪造的,趁族人尸骨未寒产生吞并其钱财之心就是"风俗之大恶,人情所同恶"②,违背了"礼不伐丧"的公众道德,这种"风俗之大恶""人情所同恶"即为社会普遍认同的不能容忍的公众情感。

(五)司法审判之法情

司法审判中的法情指法律事实性的"情"及在此基础上产生的经验性的"民情""世情",但案情会千变万化,人情也各有不同,若无枉纵,全在"谳狱者视其所犯情节斟酌引断"③。乾隆时期曾为宁远知县的汪

---

① 汪习根、王康敏:《论情理法关系的理性定位》,载《河南社会科学》2012 年第 2 期。

② 《名公书判清明集》卷之八"户婚门·遗嘱"之"假伪遗嘱以伐丧",中国社会科学院历史研究所宋辽金元史研究室点校,中华书局 1987 年版,第 289～290 页。

③ (清)祝庆祺等编:《刑案汇览三编》第三册·卷四四"殴祖父母父母"之"草堆失火赶救不及致母烧毙",北京古籍出版社 2004 年版,第 1611 页。

辉祖对刑事案件中的“情”应如何获得进行了介绍：“人情风俗尚各处不同，入国问禁，为吏亦然。初到官时，不可私心判事，盖所判不协舆情，即滋议论。持之于后，用力较难，每听一事，须于堂下稠人广众中，择传老成数人，体问风俗，然后折中剖断，自然情法兼到。”①

“法情”除分析犯罪动机所考虑的人之本性之私情外，一般指案件实情、与人交往之世情和公众情感之民情，即公意情感，与人之常理相通，合称“法情”或“情理”，刑事审判中侧重于案件所体现的世情与民情，是社会整体中一般民众均具有的基本价值认同的“民心”或“民情”，其外在表现形式为风俗习惯、传统等。② 有时又指“平凡人之心”，是社会公认的情感、人情，而非法官个人的好恶需求之私情。故真西山提出：“愿同僚各以哀矜恻怛为心，而以残忍掊尅为戒……以公心持公道，而不汩于私情，不挠于私情，庶几枉直适宜，而无怨抑不平之叹。”③ 不挠私情、斟酌民情成为古代官员调解邻里矛盾、解决社会纠纷的司法技术，④这使“法情”具有了一种普遍化、超越于个人的情感，并成为判断是非曲直的标准和尺度。

当然，法情有时也指法官在具体情况下所具有的衡平心、内心判断及自身所具有的良知、同情心，在刑事审判中，表现为法官的个人意志和个人直觉的“内心确信”，“司法者的同情心理，可恶者欲其速死，可矜者欲其得活，古代户婚田土类案件中就有‘弃法顺情’”。⑤

法官的“同情心”有时还包括对违法者身份的认同之心，例如，宋代名公蔡久轩审断的“胡大发案”：胡大发横行乡里，依照宋律的规定本

① （清）汪辉祖：《学治臆说》卷上（三）“礼士”之“初任须体问风俗”，载《续修四库全书编委会》编：《续修四库全书》（第七五五册）“史部・职官类”，上海古籍出版社 2002 年版。

② 参见陈亦欣：《浅析刑事审判中应坚持情理法的统一为审判依据》，载《法制与经济（中旬）》2012 年第 2 期。

③ 《名公书判清明集》卷之一“官吏门・申儆”之“谕州县官僚”，中国社会科学院历史研究所宋辽金元史研究室点校，中华书局 1987 年版，第 6～7 页。

④ 参见康建胜：《情理法与传统司法实践》，载《青海社会科学》2011 年第 2 期。

⑤ 参见刘笃才：《情法与律例》，载陈金全、汪世荣主编：《中国传统司法与司法传统》（上），陕西师范大学出版社 2009 年版。

应处杖打一百并编管邻州的刑罚，但在将要断决案件时，胡大发自称“士人”，懂诗赋，蔡久轩遂命其在公堂之上当即赋诗一首。胡大发对曰：“天与水违讼，分明万象重。始焉微不审，终也遂成凶。有事须求直，无瑕不可攻。昏迷弗知返，悔吝乃相从。中吉当能悟，大贤何不容。圣行使无讼，今日幸遭逢。”蔡久轩感其与己同是文化人，粗通诗赋，便奉台判，从轻处罚，免于勘断杖打，仅对其竹篦二十。[①] 再如，刑事案件中被家暴的妻子杀夫案，因丈夫长期家暴、愈演愈烈，妻子为保护年幼的孩子在绝望下杀夫，该案中的妻子选择杀夫会获得人们的同情。[②]

法官在审断案件时除分析世情、民情外，还应考虑特定案件所体现的普遍“人情”。如清人黄六鸿《福惠全书》卷十二所言：“凡拟人之罪最贵原情……如强盗行劫不分得财与未得财皆斩，亦律之无可议矣。然有贫难小民为饥寒所迫，无知乡愚为匪类所引，计所得之赃，衣不过数件，银不过数两，而遽令骈颈就戮，不亦惨乎！”清代循吏刘衡在《庸吏庸言》也言称：“擅摘瓜果，律有专条，不得谓之为贼，此乡邻习见之事，情既可原，所当加以矜恤者。”

刑事审判的“法情”应尽可能摒弃法官和民众的个人私情，根据杨秋生博士的统计，《名公书判清明集》的援法裁判案件中没有一例适用的是人之私情。[③] 在刑事审判中，如果法官“发一残忍心，斯民立遭荼毒之害，发一掊尅心，斯民立被诛剥之殃。盍亦反己而思之，针芒刺手，茨棘伤足，举体凛然，谓之痛楚，刑威之惨，百倍于此，其可以喜怒施之乎？虎豹在前，坑穽在后，号呼求救，微控不免，狱犴之苦，何异于此，岂可使

① 参见《名公书判清明集》卷之十一“人品门·士人”之“引试”，中国社会科学院历史研究所宋辽金元史研究室点校，中华书局1987年版，第402～404页。

② 参见安庞靖：《中国传统司法的形式化追求——基于李觏法制思想为个案的研究》，中国政法大学2019年博士学位论文，第22页。

③ 参见杨秋生：《当代中国法学学者情理法观的文化思考》，吉林大学2018年博士学位论文，第41页。

无辜者坐之乎？”[①]。

法官在对所涉案件进行情理法的分析时应考虑：犯罪者的行为是否符合人之常情？是否因人之贪婪本性手段残忍？或乘被害人生老病死之时？是否有父子之伦常、爱子之情真、子幼之事实等世情因素？是否因自身能力所限而不是主观故意？是否违背日常的伦理规范？被害人自身是否具有违反礼的行为？等等。所有这些都应成为解决案件要考虑的情理因素。例如，《名公书判清明集》记载的“郭应龙告侄服内生子案”，郭百三服内生子，其罪固不可逃。本应对其进行教育的叔父郭应龙却告发“其服内生子”，父子之间尚有“责善不祥之懼，何况叔姪？”更何况“暴扬其恶而讼之于官乎？”郭应龙的目的并不是“爱兄之道”，而是“见其家稍厚，不甘归之于螟蛉之子”，最终行“骗胁之计”。再者，讼其“服内生子”也可，在其兄死后一年却称疑告姪“以药毒父”的弑逆大恶，其目的不言而喻。[②] 郭应龙的行为既违背人伦亲情，又反映其贪利本性。

又如，清代“叠次诬告灭母重情未便轻减案”：嘉庆十三年（1808年），两江总督上报刑部案件，称嵇层云告发的两起案件中，“告施鉴远衿监充牙，系属得实”，“告张荣魁贱役朦捐及灭母改贱两款为重”，也查无实据，系属诬告，两个案件均是嵇层云故意“挟嫌架诬”，“应照诬告人死罪未决拟流加徒”，但后来嵇层云又供称告发张荣魁“灭母改贱”并非自己凭空捏造，是出于误会，因此，此案“尚属情出有因”，应拟减一等处罚，杖打一百，两案应处嵇层云总徒四年。刑部对此案进行复核时认为嵇层云只是因房屋之争的“微嫌”便用“蔑伦”罪名诬告张荣魁，心术狡险，用心不良，使用手段及所产生的社会影响都极为恶劣，“使人负十恶

① 《名公书判清明集》卷之一“官吏门·申儆”之“谕州县官僚”，中国社会科学院历史研究所宋辽金元史研究室点校，中华书局1987年版，第6页。

② 参见《名公书判清明集》卷之十三“惩恶门·告讦”之“叔告其姪服内生子及以药毒父”，中国社会科学院历史研究所宋辽金元史研究室点校，中华书局1987年版，第493页。

不赦之名，立心最为狡险”，况且此人“讦讼七年之久，旋结旋翻，罗织多人，挟制官长，更属刁健”，因此，刑部根据嘉庆十三年（1808 年）上谕“嗣后架词诬告，或诬轻为重，轻实重虚者，均照本律加等治罪，不得托词开脱”，“将嵇层云改依诬告人死罪未决，本律拟杖一百、流三千里，加徒役三年”。①

法官只有对具体案件中的“情”准确把握，才能正确判断案情，作出公平允当的判决。当然，在具体个案中，如果所援引的法律具体条文滞后僵化，不能适应人情的变化，就需要司法官用新的人情折中法意，使法律适用的准确性和案件的特殊性相一致，实现案件结果的实质正义。

二、古代“理”的内涵

“理”等同于“天理”，要理解“理”的内涵，首先要理解中国古代对“天”的理解。

（一）“天”的内涵

“天”通常包括自然之天、天道之天、人格神之天，在中国传统文化中具有最高的地位。

1. 自然之天

自然之天即指客观存在之天，它是不以人的意志为转移、单靠人的力量无法抗拒的客观世界，它能造天设地，以成四时，化生万物，即孔子所说：“天何言哉？四时行焉，百物生焉，天何言哉！”②荀子云：“天行有常，不为尧存，不为桀亡，应之以治则吉，应之以乱则凶。”③顺应天运行

① 参见（清）祝庆祺等编：《刑案汇览三编》第三册 · 卷四七“诬告”之“叠次诬告灭母重情未便轻减”，北京古籍出版社 2004 年版，第 1726 ~ 1727 页。

② （清）刘宝楠：《论语正义》之“阳货第十七”，载国学整理社辑：《诸子集成》（第一册），中华书局 1954 年版。

③ （清）王先谦：《荀子集解》之“天论第十七”，载国学整理社辑：《诸子集成》（第二册），中华书局 1954 年版。

的规律治理国家就会“吉”，违背天运行的规律治理国家就会“凶”。此“自然之天”包含冯友兰先生所说的与地相对应的“物质之天”。

2. 天道之天

天道之天即反映自然界变化规律的自然法则之天，包含冯友兰先生所说的宇宙最高原理的“义理之天”。老子认为“天”就是“天道”，曰“人法地，地法天，天法道，道法自然”，[①]“天之道，其犹张弓欤？高者抑之，下者举之；有余者损之，不足者补之。天之道，损有余而补不足。人之道则不然，损不足以奉有余”。[②] 庄子认为天地及世间万物都有自己的存在及运行的规律，如天地按照自己固有的运行规律存在，日月原本就发光，星辰原本就有各自的运行序列，禽兽原本就有各自的群体，树木原本就直立于地面：“天地固有常矣，日月固有明矣，星辰固有列矣，禽兽固有群矣，树木固有立矣。”[③]冯友兰先生所说的“义理之天”就是强调天是人类道德生活的终极价值，[④]是“中国固有法系源于天意而有自然法精神”，[⑤]此“天”即是中国人通常具有的“天意”观念，具体表现为阴阳变化的自然规律。

3. 人格神之天

人格神之天是人间正义的最高仲裁者、是道德的体现者，即中国老百姓口中常说的“老天爷”。“天”是居于百神之上的神秘存在，具有至高无上的主宰地位和权威。“天者，百神之大君也。”[⑥]在中国古人的观念中，“有一个称作‘天’或‘上帝’的主宰神支配着整个自然界与人间，

① 参见（晋）王弼注：《老子注》之“老子道德经上篇第二十五章”，载国学整理社辑：《诸子集成》（第三册），中华书局1954年版。

② 参见（晋）王弼注：《老子注》之“老子道德经上篇第二十五章”，载国学整理社辑：《诸子集成》（第三册），中华书局1954年版。

③ （清）王先谦：《庄子集解》之“天道第十三”，载国学整理社辑：《诸子集成》（第三册），中华书局1954年版。

④ 参见程帆主编：《我听冯友兰讲中国哲学》，中国致公出版社2002年版，第48～49页。

⑤ 参见陈顾远：《中国法制史概要》，商务印书馆2017年版，第52页。

⑥ （清）苏舆撰：《春秋繁露义证》卷第十四“郊语第六十五”，钟哲点校，中华书局1992年版，第398页。

因而,以人事解释天界,再用这个人事化的天界作为人间的模式便成为中华民族的传统”。[1] 人格神之天包括任继愈先生所说的“主宰之天”“天命之天”“人格之天”,可以主宰自然界、人类社会和个人的命运,有喜怒哀乐,能进行赏罚。

中国原始先民在生产力水平低下、对自然界发生的各种现象无法解释时,便逐渐抽象出一个虚无缥缈的“天”。夏朝时期的“天”已经成为有意志的、具有宗教性的、能主持正义和赏罚的人格神。商朝更是将万物之灵通归“天”或“上帝”统领。商汤宣称“有夏多罪,天命殛之……尔尚辅予一人,致天之罚”,[2]“天”可以对人的行为和道德进行评价和惩罚。西周时期的“天”更具有正义感,认为自然之天不变,但“天命靡常,惟德是辅”,[3]上帝赋予的天命不是固定不变的,上帝只辅助有德行的人。周文王、周武王的德行高尚,天命其取代商纣王统治天下。周武王云:“天视自我民视,天听自我民听。”[4]《诗经》反映了春秋时期的社会生活,“有一百十八个天字,其中有意志的宗教性的天,约有八十余处”。[5]

(二)“理”的历史发展

西周的统治者强调“敬天保民”,要求君主修养自身道德,从夏商时期的单纯敬天敬宗开始向重视民众的“人事”转变。经过几百年的发展,春秋时期以孔子为代表的儒家学派在继承了周人“敬天”传统的同时,还将关注“敬天”转向关注“人事”的学问中,使抽象化的“天”演化为具体的礼仪、仪式,开始向着“理”的方向发展。汉武帝以后,经董仲舒改造后的神学化的儒家思想,强调“天人合一”、皇权神圣,并被逐渐确立为占国家主导地位的正统思想,在法律制度层面,将儒家所推崇的

① 参见郭成伟、孟庆超:《论“天道”观对中国传统法律的影响》,载《政法论坛》2003 年第 5 期。
② 参见王世舜译注:《尚书译注》之“汤誓”,中华书局 1979 年版,第 125 页。
③ 参见王世舜译注:《尚书译注》之“多士”,中华书局 1979 年版,第 299 页。
④ 王世舜译注:《尚书译注》之“泰誓”,中华书局 1979 年版,第 436 页。
⑤ 参见徐复观:《中国人性论史 · 先秦篇》,上海三联书店 2001 年版,第 32 页。

"仁义忠孝""三纲五常"等以法律条文的形式予以规范,经过长时间的发展,唐代甚至将"礼"的许多内容直接写入法律。宋明理学更是直接将儒家倡导的"三纲五常"尊奉为天理,一直延续到清末,以修律大臣沈家本为首的法理派与以张之洞为首的礼教派展开了激烈的"礼法之争",最终法理派妥协,将体现儒家纲常伦理的"干名犯义""存留养亲"等内容保留在了《大清新刑律》的附录中。

中国传统法律文化中的"理"是古代儒家思想客观唯心主义的核心"天理"和代表社会公共礼仪的"公理"结合的产物。① 绝大多数的民众认为,"天理"就是中国人内心深处中最早最大最高的道德,在一定意义上就是公道、普遍公认的道德准则,包括社会的风俗习惯、规则禁止、共同行为准则以及社会发展的客观规律等,人们在日常生活中,无论是从事社会活动还是进行市场交易,都要遵循公序良俗的准则。② 因此,"理"比"情"要抽象得多,主要指当时人们认识到的各种规律和长久形成的关于天地宇宙的整体看法。③

金观涛先生曾对先秦文献中的"理"进行统计和梳理,认为春秋及以前的儒家"五经"文献中,除《孟子》提到 7 次"理"外,其他"四经"均没用过"理",说明春秋时期"理"还没有进入掌握一定文化知识水平者的道德论证视野,道德还没进入其研究讨论的范畴。战国时期的《荀子》中使用了 105 次"理"字,只有 13 次同伦理道德有关,但《吕氏春秋》中和伦理道德有关的"理"多达 20 次,且"理"具有越来越明确的正当含义,汉代儒家文献中频繁出现的"理"字,虽仍具有沟通、物质纹路、秩序等含义,但越来越多地指涉道理和伦理道德,"理"从一个代表沟通

① 参见王利、王一卒:《论传统情理法观念在我国现代法治社会中的适用》,载《南昌师范学院学报》2017 年第 3 期。

② 参见刘烨:《论情、理、法的结合在中国传统法律文化中的价值》,载《湖北经济学院学报(人文社会科学版)》2016 年第 2 期。

③ 参见康建胜:《情理法与传统司法实践》,载《青海社会科学》2011 年第 2 期。

的字演变成社会秩序合法性论证中与道德相关的字。①

金观涛先生对朱熹《四书章句集注》的“理”字及其含义进行了统计和梳理，“理”字在其中出现了299次，用于表达纹理、条理、秩序等具体事物方面的用法已极少，“理”具有了超越道德意识形态的合理性最终标准意义，是道德意识形态正当性的根据，指涉常识、合理。② 崔明石博士统计的《名公书判清明集》言及“天理”的判词有19篇，有17篇集中出现在“人伦门”和“户婚门”之中，可见，“天理”观念已经进入当时的人们日常生活中。③

(三)“理”的内涵

从“理”的历史发展看，中国传统法律中的“理”大概包括自然之理、天道之理、人伦之理。

1. 自然之理

自然之理包括自然界万事万物自身所具有的特有属性以及自身发展的运行规律和自然界中的人与万物立足于社会生活所应共同遵循的客观规律、真理、道理。

(1)万事万物自身特性及自身发展规律

这可以称为自身事理。“理”原本指玉石自身所具有的纹路、层次。清朝学者段玉裁在《说文解字》的注解中，解释为：“理，治玉也。……郑人谓玉之未理者为璞。是理为剖析也。玉虽至坚，而治之得其鰓理以成器不难，谓之理。凡天下一事一物，必推其情至于无憾而后即安，是之谓天理，是之谓善治，此引伸之义也。戴先生孟子字义疏证曰：理者，察之而几微必区以别之名也，是故谓之分理。在物之质曰肌理，曰腠

① 参见金观涛、刘青峰：《观念史研究：中国现代重要政治术语的形成》，法律出版社2009年版，第37页。

② 参见金观涛、刘青峰：《观念史研究：中国现代重要政治术语的形成》，法律出版社2009年版，第41~42页。

③ 参见崔明石：《话语与叙事：文化视域下的情理法》，吉林大学2011年博士学位论文，第43页。

理,曰文理。得其分则有条而不紊,谓之条理。郑注乐记曰:理者,分也。许叔重曰:知分理之可相别异也。古人之言天理何谓也,曰理也者,情之不爽失也,未有情不得而理得者也。天理云者,言乎自然之分理也。自然之分理,以我之情系人之情,而无不得其平是也。"[①]

自先秦起,学者就强调万事万物应遵循自身发展的规律,道家的代表人物庄子就特别强调要遵循万事万物自行运转的规律,认为最快乐的是"先应之以人事,顺之以天理,行之以五德,应之以自然。然后调理四时,太和万物,流光其声,蛰虫始作……一盛一衰……一清一浊……一死一生"[②]等自然规律。后期法家的代表人物韩非认为古代全大体的人无不遵循自然界运行规律,顺自然而治,曰:"古之全大体者,望天地,观江海,因山谷,日月所照,四时所行,云布风动……不逆天理,不伤情性;不吹毛而求疵,不洗垢而察难知。"[③]《名公书判清明集》中的"妄讼者断罪枷项令众候犯人替"和"争地界"两篇判词所表明的道理即是以"事实"和"真"为基础的是非之理。[④]

在刑事审判中则表现为案犯作案的心理,如西周时期司法官审断案件时运用"五听"的审理方式推断犯罪的心理。其中的"目听"即是通过观察犯人说话时的眼神推断其证言的真伪。"孟氏一断以眸子,其言曰:'存乎人者,莫良于眸子。眸子不能掩其恶,胸中正,则眸子瞭焉,胸中不正,则眸子眊焉。听其言也,观其眸子,人焉瘦哉!'说者谓:'人与物接之时,其神在目。故胸中正,则神精而明。不正,则神散而昏。心之所发,并此而观,则人之邪正不可匿矣。言犹可以伪为,眸子则有

---

① (汉)许慎撰,(清)段玉裁注:《说文解字注》一篇上"玉部",上海古籍出版社 1981 年版,第 15 ~ 16 页。

② (清)王先谦:《庄子集解》卷四之"天运",载国学整理社辑:《诸子集成》(第三册),中华书局 1954 年版。

③ (清)王先慎:《韩非子集解》卷八之"大体第二十九",上海古籍出版社 1996 年版,第 118 页。

④ 参见崔明石:《话语与叙事:文化视域下的情理法》,吉林大学 2011 年博士学位论文,第 42 页。

不容伪者。孔圣既已发之于前，孟子知言之要，续为之说，故简亮如此。’”①

(2) 万事万物共同遵守的规律

万事万物共同遵守的规律可以称为“万物之事理”，即常识性的道理，②指自然界与人类社会生存与发展过程中长期经验积累的被广泛认可和共同遵守的公理、原则、基本规律、相处规律等。南宋朱熹云：“大而天地万物，小而起居食息，皆太极阴阳之理也。”③明朝时期的王阳明曾提出：“吾心之良知，即所谓天理也。致吾心良知之天理于事物，则事事物物皆得其理矣。致吾心之良知者，致知也；事事物物各得其理者，格物也。”④清代王夫之在《张子正蒙注》阐释曰：“理者，物之固然，事之所以然也。”⑤万枫江在《幕学举要》中所举夜盗之理，认为一般夜盗来去不会超过二十里，但也有一些“强悍之徒”临时起意作案，完事后连夜出走四五十里路。故缉查时也要注意沿路百里以内第二天是否有可疑人物经过。有些平时游手好闲、一无生计但却锦衣玉食，或竟日聚赌，或白昼酣睡，必非善良，就有可能是夜盗案犯。⑥

例如，人们常说的“有借有还、再借不难”“杀人偿命、借债还钱”，“父在子不得自专”“有理走遍天下，无理寸步难行”等就是被人们广泛承认的“自然之理”。

这种自然之理有时又称“义理”。“既为士人，当晓义理，岂不知人之疾病，或因起居之失节，或因饮食之过伤，或因血气之衰，或因风邪之袭，但当唯医药之是急，不当于鬼神而致疑。”⑦

---

① (南宋)洪迈：《容斋随笔》四笔·卷七之“人焉瘦哉”，吉林大学出版社2009年版，第594页。

② 参见崔明石：《话语与叙事：文化视域下的情理法》，吉林大学2011年博士学位论文，第41页。

③ (南宋)黎靖德编：《朱子语类》卷第六“性理三”，王星贤点校，中华书局1986年版，第104页。

④ 《传习录》之“答顾东桥书”，陆永胜译注，中华书局2021年版，第230页。

⑤ (清)王夫之：《张子正蒙注》，中华书局1975年版，第168页。

⑥ 参见郭建：《师爷当家：明清官场幕后规则》，中国言实出版社2004年版，第171～172页。

⑦ 《名公书判清明集》卷之十四“惩恶门”之“巫觋以左道疑众者当治士人疑惑于异者亦可责”，中国社会科学院历史研究所宋辽金元史研究室点校，中华书局1987年版，第548页。

2. 天道之理

"天道之理"指宇宙中存在一种不以人的意志为转移的客观真理、正义或神灵,[①]与西方的自然法观念相似。原始先民受自身认知能力的限制,认为万物有灵,在自然规律或客观真理无法解释的情况下,产生了对自然神灵的本能崇拜,因此,"天道"成为不证自明、普遍适用的最高的、永恒的规范和自然法则,恒存于万事万物之中,在法律上是正义的体现。[②]

"理"是规范事物本性、社会秩序以及宇宙运行的本体。北宋程颢认为"万物皆只是一个天理",[③]南宋朱熹认为天道、天理其实就是"理","万事皆出于理","有理则有气",理气统一,理直才能气壮,天理设定了现行社会秩序,遵循它便合天理,扰乱和违背社会秩序就是逆天理。

南宋名公真德秀认为,天理就是审判中不能改变的客观真相和是非曲直,如果不明真相、不分是非就是悖逆天理:"是非之不可易者,天理也,轻重之不可踰者,国法也。以是为非,以非为是,则逆乎天理矣!"[④]

在刑事审判的事实和法律论证过程中,案件审判的具体根据和理由也应该被视为天道之理。"天理主要讲的就是'事理',也就是争讼案件的来龙去脉、事实真相和是非曲直……即具体案件中的正义。"[⑤]"有理走遍天下""无理寸步难行"的"理"就是事理和天理。

"天理"体现着我们每个人与生俱来的善性、[⑥]一种普遍正义或价

---

① 参见范忠信、郑定、詹学农:《情理法与中国人——中国传统法律文化探微》,中国人民大学出版社1992年版,第279页。

② 参见张中秋:《传统中国法的精神及其哲学》,载《中国法学》2014年第2期。

③ 参见(北宋)程颐、(北宋)程颢撰:《二程遗书》,上海古籍出版社2000年版,第89页。

④ 《名公书判清明集》卷之一"官吏门·申儆"之"谕州县官僚",中国社会科学院历史研究所宋辽金元史研究室点校,中华书局1987年版,第6页。

⑤ 胡云腾:《执法办案如何做到法理情兼顾》,载《法律适用》2020年第17期。

⑥ 参见邓勇:《试论中华法系的核心文化精神及其历史运行——兼析古人法律生活中的"情理"模式》,法律出版社2010年版,第91页。

值要求,代表着一种抽象的、神圣而崇高的公道和秩序。当我们面对社会中出现的不公正之事却又无能为力时,常常会发出“天理何在”的哀叹;当恶人犯下滔天罪行却得不到法律的惩罚时就会诅咒其“天理难容”;当罪犯逃脱法律的惩罚却不得好死时,就会心中畅快,相信“天网恢恢疏而不漏”;当某人做了亏心事或做了不该做的事时,我们就会祈求老天对其进行惩罚,相信“善恶终有报,天道好轮回。不信抬头看,苍天饶过谁”;当无罪之人受到冤枉、最终被平反、正义得到伸张时就会感慨“天理昭昭”。因此,天理弥漫于冥冥之中,存于人人之心。①

在中国古代,“情理”和“天理”两个概念常常混在一起难以区分,“情理”来自情感,又区别于情感,恰合于中国哲学中的“天理”,与西方人的理性相反,因为“中国人在认识自然之理——天理时,并不从语言和逻辑上予以把握和认识,而将天理视为贯通自然与社会的普遍原理,和人心相联系”。②

3. 人伦之理

人伦之理是处理人际关系的道德准则,发轫于亲情,扩展于人情,是体现儒家纲常礼教的天理。《周易》曰:“有天地然后有万物,有万物然后有男女,有男女然后有夫妇,有夫妇然后有父子,有父子然后有君臣,有君臣然后有上下,有上下然后礼义有所错。”③春秋时期郑国开明政治家子产认为:“夫礼,天之经也,地之义也,民之行也,天地之经而民实则之。”④“礼”就是“天经地义”,就是“夫妇”“父子”“兄弟”“君臣”等伦常关系中每个人应该做的本分和义务。

汉代统治者之后所提倡的“三纲五常”之理,与先秦时期强调“君惠臣忠”“父慈子孝”“夫和妻柔”“兄友弟恭”等双方之间对等的权利义务不同,汉代董仲舒为适应统治阶级的需要,对其进行了改造,侧重强调

① 参见刘道纪:《法律内的天理人情》,载《政法论坛》2011 年第 5 期。

② 参见郭忠:《法理和情理》,载《法律科学(西北政法学院学报)》2007 年第 2 期。

③ 《周易》之“序卦”,郭彧译注,中华经典藏书,中华书局 2006 年版,第 416 页。

④ 杨伯峻编著:《春秋左传注》之“昭公二十五年”,中华书局 1990 年版,第 1457 页。

尊者的权力和卑者的义务，提出了“君臣、父子、夫妇之义，皆取诸阴阳之道”的“三纲”，其中的“阴阳之道”，指的便是“自然之理”或“自然法则”，在自然之理基础上产生人伦之三纲，“王道之三纲，可求于天”①。天道的具体内容就是“三纲”，就是君臣、父子、夫妇等伦常关系。班固提出了“三纲六纪”：“三纲者，何谓也？谓君臣、父子、夫妇也。六纪者，谓诸父、兄弟、族人、诸舅、师长、朋友也。故《含文嘉》曰：‘君为臣纲，父为子纲，夫为妻纲。’又曰：‘敬诸父兄，六纪道行，诸舅有义、族人有序、昆弟有亲，师长有尊，朋友有旧。’”②求之于天的人伦“三纲”上升为“天理”，“君惠臣忠”的对等关系演变成“君成为臣的主宰，臣应绝对服从君”，“父慈子孝”的双边义务演变成“父可以不慈、子不能不孝”，“夫和妻柔”平等关系演变成夫成为妻的“天”，妻应绝对服从夫。

人伦之理成为天理的一部分，泛指自然界和人类共同遵守的规则。朱熹明确提出：“盖三纲五常，天理民彝之大节而治道之本根也。”③古人认为，伦常与理相通，天理即是人伦，天理也即是伦理。“人伦”包括父子、母子、兄弟、夫妇、叔侄、宗族及乡邻等各类等级尊卑关系及其相应的道德规范。④

(1)家庭范围中的人伦之理为慈孝友悌和柔

家庭中的人伦关系在先秦时期强调家庭成员间相对的权利义务，“父慈子孝”“兄友弟恭”“夫和妻柔”。汉代以后，逐渐侧重于卑幼对尊长的义务，其中以“孝悌”为先，在家庭范围内首先卑幼应该孝敬父母，恭敬兄长。宋太祖赵匡胤曾诏令全国，强调：“人伦以孝慈为先，家道以敦睦为美。矧犬马而有养，岂父子之异居？伤败风化，莫此为甚。应百

① (清)苏舆撰：《春秋繁露义证》之“基义”，钟哲点校，中华书局1992年版，第350～351页。

② (清)陈立撰：《白虎通疏证》卷八之“三纲六纪”，吴则虞点校，中华书局1994年版，第373～374页。

③ (南宋)朱熹：《晦庵先生朱文公文集》卷十四之“戊申延和奏札”，载朱杰人、严佐之、刘永翔：《朱子全书》(第二〇册)，上海古籍出版社、安徽教育出版社2002年版。

④ 参见《名公书判清明集》卷之十“人伦门”，中国社会科学院历史研究所宋辽金元史研究室点校，中华书局1987年版，第17～19页。

姓祖父母、父母在者，子孙无得别籍异财，长吏其申戒之。”[①]南宋名公真西山言：“人道所先，莫如孝弟。或身居子职，有阙侍养，或父母在堂，则蓄私财，或犯分陵忽，不顾长幼之伦，或因利分争，遽兴骨肉之讼，凡若此者，皆有常刑。”[②]

“悖逆父母、凌犯尊长”是严重违背伦理纲常的行为，应以伦常之义教化，如不听教化、冥顽不灵则施以惩罚。“宜以至恩大义谆谆劝晓，苟能悔过，姑许自新，教之不从，即加惩治。”[③]南宋名公胡石壁在“子妄以奸妻事诬父”一案中，并未审理其父与妻通奸的事实是否存在，而是直接对养子说：“父有不慈，子不可以不孝。黄石为黄乙之子，纵使果有新臺之事，在黄石亦当为父隐恶……况使属暧昧乎！”此事“天理人伦，灭绝尽矣”。因此，从轻判决，杖打黄石一百，编管邻州，并勒令回归本宗，黄石之妻因悖慢公婆而被判杖打六十。[④]

“天理”经过几千年的发展，已嵌入人们的内心深处，并成为评判是非善恶的标准，如果不孝、不友、违背人伦，则同禽兽无异。“不爱其亲而爱他人者，谓之悖德；不敬其亲而敬他人者，谓之悖礼……李克义舍己之祖，而以他人为祖，岂不以吾祖为穷，而慕他人之显欤！如此则是以子孙而鄙薄其祖先矣，悖德悖礼，罪孰甚矣。本合重行科断，以正风俗而厚人伦，且近以斗殴遭杖责，特免收坐。”[⑤]

人伦之理以夫妇之义为大节，体现夫和妻柔、妻顺夫君的伦理要

① （南宋）李焘撰：《续资治通鉴长编》卷九“太祖·开宝元年”之“六月癸丑”，上海师范大学古籍整理研究所、华东师范大学古籍整理研究所等点校，中华书局1995年版，第203页。

② 《名公书判清明集》卷之一“官吏门·劝谕事件于后”之“崇风教”，中国社会科学院历史研究所宋辽金元史研究室点校，中华书局1987年版，第9页。

③ 《名公书判清明集》卷之一“官吏门·劝谕事件于后”之“崇风教”，中国社会科学院历史研究所宋辽金元史研究室点校，中华书局1987年版，第9~10页。

④ 参见《名公书判清明集》卷之十“人伦门·乱伦”之“子妄以奸妻事诬父”，中国社会科学院历史研究所宋辽金元史研究室点校，中华书局1987年版，第388页。

⑤ 《名公书判清明集》卷之一“官吏门·澄汰”之“顶冒”，中国社会科学院历史研究所宋辽金元史研究室点校，中华书局1987年版，第44页。

求："男女婚姻，人伦之大，风化之源，所以修身齐家，为治立教，皆本于此。"①"天地设位，圣人则之，制礼立法，妇人从之，亦犹臣之事君也。贞女不从二夫，忠臣不事二君，信天地之宏义，人伦之大节也。"②《颜氏家训》也强调家庭中夫妇、父子、兄弟之间人伦关系的重要性，云："夫有人民而后有夫妇，有夫妇而后有父子，有父子而后有兄弟：一家之亲，此三而已矣。自兹以往，至于九族，皆本于三亲焉，故于人伦为重者也，不可不笃。"③

（2）社会层面的人伦之理为仁义礼智信等五常要求

朱熹宣称"礼"是"天理之节文，人事之仪则"，④"天理只是仁义礼智之总名，仁、义、礼、智便是天理之件数"⑤，"天理"要求民众的一言一行一举一动都应做到"仁义礼智"，符合"三纲五常"的伦理规范，强调"三纲五常，礼之大体。三代相继，皆因之而不能变"。⑥ "凡有狱讼，必先论其尊卑、上下、长幼、亲疏之分，而后听其曲直之辞。凡以下犯上，以卑凌尊者，虽直不右；其不直者，罪加凡人之坐。"⑦自朱熹以后以"三纲五常"为核心的纲常伦理道德规范便成为中国古代人心中"理"的核心内容，构成了"情理法"意义上天理的主体内容。⑧

"仁"即"爱人"，爱的程度由近及远，关系越近，爱之越深，关系越远，爱之越浅，由对父母的至爱逐渐推延到兄弟姐妹之间的手足之爱，

① （明）淩川：《淩川公移驳稿》。转引自《明清公牍秘本五种》，郭成伟、田涛点校整理，中国政法大学出版社1999年版，第54页。

② 《名公书判清明集》卷之七"户婚门"之"双立母命之子与同宗之子"，中国社会科学院历史研究所宋辽金元史研究室点校，中华书局1987年版，第217～218页。

③ （北齐）颜之推：《颜氏家训》卷一"兄弟第三"，檀作文译注，中华书局2007年版，第17页。

④ （南宋）朱熹：《晦庵先生朱文公文集》之"答何叔京"，载朱杰人、严佐之、刘永翔：《朱子全书》第二三册·卷四十，上海古籍出版社、安徽教育出版社2002年版。

⑤ （南宋）朱熹：《论语集注》之"学而"，载朱杰人、严佐之、刘永翔：《朱子全书》第六册·卷一，上海古籍出版社、安徽教育出版社2002年版，第72页。

⑥ （南宋）朱熹集注：《四书》，顾美华标点，上海古籍出版社1995年版，第75页。

⑦ （南宋）朱熹：《晦庵先生朱文公文集》之"戊申延和奏札一"，载朱杰人、严佐之、刘永翔：《朱子全书》第二〇册·卷一四，上海古籍出版社、安徽教育出版社2002年版。

⑧ 参见杨鹏程：《中国古代社会的情理法》，载《皖西学院学报》2018年第6期。

进而扩延为对他人的泛爱。《礼记》曰："上下相亲谓之仁。"孟子所说的"恻隐之心""不忍之心"则体现了对同类生命的基本同情和关怀。"仁者,其为人之本与!""仁"要求以人为本,把人当人看待,在确定自己为人的同时,也确定他人是人,应该平等对待,"仁"是个人道德修养的最高境界,"爱"是个人道德的根本要求,"天下归仁"则成为最高的社会道德理想。①

"义"即"義","義者,宜也"。因时、因地、因人制宜,是社会公众认为适宜的、应该的道德行为准则,当做就做,不该做就不做,见得思义。根据《说文解字》:"義"从羊从我,"羊"表祭牲,"从羊"表示祭祀用品为"羊","从我"表示自己出手,强调自身辨别是非,在别人需要时,及时帮忙,"義"就有了自我牺牲的意思。为了"取义"可以舍生,只要符合道德就可以献出自己生命帮助他人。孔子曰:"富与贵,是人之所欲也,不以其道得之,不处也;贫与贱,是人之所恶也,不以其道得之,不去也。君子去仁,恶乎成名?君子无终食之间违仁,造次必于是,颠沛必于是。"②

虽然君子小人均"好荣恶辱、好利恶害",但富贵财富的取得应经过公正、合法途径,滥取即为不义。"义"是人生的责任和奉献。有"义"在,不会出卖朋友,丈夫也不会抛妻弃子。

"礼"是事神致福的仪式和规则,是人区别于动物的标志,只有人在与他人相处时能够注重礼仪、懂得尊重他人。"凡人之所以为人者,礼义也。礼义之始,在于正容体、齐颜色、顺辞令。"③"礼"也是治国安邦的根本,恭敬尊重,礼仪文明。因此,"礼"也包括国家的礼仪典章制度。从广义上说,"明礼"就是讲文明;从狭义上说,是指"礼仪""礼节""礼

---

① 参见云南省大理市司法局银桥司法所:《传统文化中的处世哲理》,载《人民调解》2014年第2期。

② (南宋)朱熹集注:《四书》,顾美华标点,上海古籍出版社1995年版,第86页。

③ 《礼记》之"冠义第四十三",胡平生、陈美兰译注,中华书局2007年版,第205页。

制”,是“文明礼貌”“礼让待人”。“重礼”是素有“礼仪之邦”之称的中国所具有的重要传统美德,有礼、好礼、注重礼仪已经成为一个人、一个社会、一个国家文明程度的表征和直观展现。① 如果人人有礼,言谈举止文明礼貌,则能促进人对人的恭敬与尊重,协调人际关系和睦,维护社会秩序的稳定与和谐。

“智”指智慧、聪明、才能、智谋,古字是“知”,根据《说文解字》:“知,从口从矢。”②矢的本义是箭,引申为正直、端正以及通晓天地之道、深明人世之理的才能,也就是“知”。③ 孔子曰:“知之为知之,不知为不知,是知也。”④智就是睿智、智慧,“是非之心,智也”,⑤能够明辨是非、曲直、邪正、真妄。而且,真正的知、智,一定不会偏离道德仁义。“智”是实现最高道德原则“仁”的重要条件之一。“五常”需要“智”贯穿其中,否则即使有“仁、义、礼、信”加持于身,也不可能通达无碍。⑥

“信”指诚实信用、相互信任。《说文解字》讲,“人言为信”,从人,从言。“信”的本意是指真心诚意、专一不移,“人无信不立”,只有讲信誉才能在社会中立得住脚。讲诚信是人类社会长期以来逐渐养成的约定俗成的社会交往准则,为人处世、兴业治国均应讲信。“见未真,勿轻言,知未的,勿轻传。”⑦正因“信”是立身、兴业、治世之道,孔子才在教学中将其作为对学生进行教育的四大科目(“文、行、忠、信”)之一和五大道德规范(“恭、宽、信、敏、惠”)之一,强调要“以信取人”

---

① 参见阳洋:《传统儒家文化与体育道德失范的思考》,湖南师范大学 2013 年硕士学位论文,第 25 页。

② (汉)许慎撰:《说文解字》,中华书局 2012 年版,第 105 页上。

③ 参见《仁义礼智信》,载 360 文库 2024 年 3 月 28 日,www.360doc.com/content/14/0815/08/385169_402054581.shtml。

④ (南宋)朱熹集注:《四书》,顾美华标点,上海古籍出版社 1995 年版,第 73 页。

⑤ 参见(南宋)朱熹集注:《四书》,顾美华标点,上海古籍出版社 1995 年版,第 380 页。

⑥ 参见《仁义礼智信》,载 360 文库 2024 年 3 月 28 日,www.360doc.com/content/14/0815/08/385169_402054581.shtml。

⑦ (清)李毓秀撰,郑永安编著:《弟子规》之五“守信”,云南人民出版社 2013 年版,第 136 页。

"信则人任焉"，自身要"言而有信"，对他人要"一诺千金""以诚待人"。[①]

两宋时期的理学的形成和发展使人们在思想观念中开始构建"理"的人伦、道德意义，人伦道德的"理"逐渐成为人们判断事实合理性和行为正当性的依据。[②] 王阳明认为："此心无私欲之弊，即是天理，不须外面添一分；以此纯乎天理之心，发之事父便是孝，发之事君便是忠，发之交友、治民便是信与仁。"[③]

梁漱溟先生认为，中国传统社会强调伦理本位，社会中人与人之间的伦理关系即为情谊关系、义务关系。"'人要不断自觉地向上实践他所看到的理'，大致不外是看到此情义，实践此情义。"[④]

综上所述，天理是中华族群位阶非常高的"理"，最初指万事万物运行的客观规律的自然之理，逐渐发展成为不证自明的道家所提倡的最高的、永恒的自然法则，进而包含了人们对事物规律性的认识和对天地宇宙的看法，成为普遍适用的法律和永恒的规范。宋明理学家将其进一步发展成处理人际关系的儒家纲常礼教的人伦之理。自然之理是天道之理的基础与来源，天道之理又是人伦之理所遵循的最高自然法则，人间君主是"天之子"，是"天"在人间的代表，应该秉承天的意志，在家庭中推行孝悌友爱之教，在社会上推行仁义礼智信之教，为使社会正常有序地运转，君主应该根据天子、诸侯、大夫、庶人等不同人群在国家和社会中的地位分别制定不同场合下的服装、礼仪和工作制度。自然之理、天道之理、人伦之理的结合，使"理"既具有客观性，又具有主观性，宇宙的自然法则与人间的道德法则相通，理（礼）……具有至上性、权威

---

① 参见邓声国：《五德：忠孝节勇和——中国传统伦理道德的规范》，载搜狐网2017年11月20日，https://www.sohu.com/a/205528938_488249。

② 参见崔明石：《话语与叙事：文化视域下的情理法》，吉林大学2011年博士学位论文，第39页。

③ （明）王阳明撰，陆永胜译注：《传习录》之"徐爱录"，中华书局2021年版，第16页。

④ 梁漱溟：《中国文化要义》，上海人民出版社2005年版，第121页。

性和普遍性。①

宋代以后,“天理”成为中国人法律信仰的源泉,是弥漫于整个宇宙的支配法则和自然与社会发展的规律,既高于一切人类社会立法的权威,又代表了古代中国人对公平、正义的理解,还体现了人们积极向善的价值追求。②

古代司法官审理案件时所考量的“情理法”中的“理”,除案件本身所具有的自然之理、体现民众普遍认为的公平与正义的天道之理外,大多体现为人伦之理,法官分析案情多从君臣、父子、夫妇等具体的社会关系以及仁义礼智信等抽象的人伦关系进行论证。

三、古代“法”的内涵

“法”古写“灋”,由“氵”“廌”“去”三部分构成:左半部分的“氵”(水),象征着“平之如水”,代表着法律的公平,即我们常说的“一碗水端平”的公平;右上半部分的“廌”,是传说中尧舜时期的最高司法官皋陶的独角神兽,善于判断是非曲直,对疑难复杂案件,作为司法官的皋陶不能决断案件时,便牵出神兽“廌”,对“不直者”则“以角触之”;右下半部分的“去”,是离开、驱逐的意思,对违背氏族规则的人,惩罚其离开本氏族。许慎曾说:“廌,所以触不直者去之,(故)从去。”③“灋”综合理解即为公平、刑罚、法度、规则。

国法就是国之法律。古代中国,国即君之国,君者,王也。故“国法即王法”。④ 在中国古代,“法”的内涵较为广泛,有广义、狭义、更狭义的法之分。

---

① 参见崔永东:《中西法律文化比较》,北京大学出版社 2004 年版,“绪论”第 5 页。

② 参见杨秋生、施光磊:《天理于中国传统法律文化观念的源本性》,载《社会科学辑刊》2013 年第 6 期。

③ (汉)许慎撰,(清)段玉裁注:《说文解字注》十篇上之“廌部”,上海古籍出版社 1981 年版,第 469 页。

④ 参见范忠信、郑定、詹学农:《情理法与中国人——中国传统法律文化探微》,中国人民大学出版社 1992 年版,第 34 页。

（一）各王朝的基本法律

这是更狭义的法，是由各王朝的中枢重臣制定上奏皇帝颁布实施、一旦违反将会受到刑罚处罚的法律规范，又被普通民众称为王法、王朝的典章制度，完全体现统治阶级的意志，是普通民众必须遵守的行为准则。在古代早期奴隶制国家，“法即刑”，是惩罚犯罪的工具或手段，“法即刑”的观念一直延续至今。①

“法”的内容具有限定性，主要是国家正式的立法机关根据一定的立法程序制定并颁布实施的、对全国民众具有普遍约束力的行为规范，包括秦汉时期就有的“律”“令”以及宋代及以后的“例”等，如北宋崇宁元年（1102 年），有官员在谈及断案的依据时云：“有司所守者法，法所不载，然后用例。今引例破法，非理也。乃令各曹取前后所用例，以类编修，与法妨者去之。”②由此可以看出，司法审判中断案的主要依据应当是法（律），例作为法（律）的补充亦可以成为审断案件的依据。③

（二）各王朝编纂公布的其他法律

这是狭义的法，一般指王朝基本法律之外的、国家立法机关经过严格的立法程序制定或认可并公布实施的以国家强制力保障其实施的法律规范。“法者，编著之图籍，设之于官府，而布之于百姓者也。”④这种狭义的法在各个朝代的表现不同，除都具备的最基本的律外，还包括秦朝的各种令、法律答问、廷行事、封诊式等，汉代的令、科、比，唐代的永令、永格、永式、唐六典等，宋代的编敕、编例、条法事类等，明代的大明令、明大诰、明会典、问刑条例等，清代的例、五朝会典等。

① 参见范忠信、郑定、詹学农：《情理法与中国人——中国传统法律文化探微》，中国人民大学出版社 1992 年版，第 6 ~ 9 页。

② （元）脱脱等撰：《宋史》卷一九九之“志一百五十二”“刑法一”，中华书局 1977 年版，第 4964 页。

③ 参见《历代刑法志》，群众出版社 1988 年版，第 334 页。

④ （战国）韩非撰：《韩非子》之“难三第三十八”，姜俊俊标校，上海古籍出版社 1996 年版，第 224 页。

（三）家法族规乡约等

这是广义上的法，除各个王朝的基本法律和编纂公布实施的其他法律外，还包括调整普通民事纠纷和轻微刑事案件的家法、族规、乡约、习俗等，甚至有时候还包括内含的天理、人情。综合考虑天理、人情与国法的关系，在中国数千年来普通民众的法意识中，中国的“法”不单单指国法，而是天理、国法、人情的混合产物。①

中国传统“情理法”中的“法”在刑事审判实践中一般应为更狭义的法，即国家的基本法律，包括律、令和宋代以后的例，具有最高的权威，由统治集团中的上层精英经过一系列严格的立法程序——起草、封驳、审议、皇帝签署发布，由国家机关强制实施。在刑事审判中，是法官在查明事实、证据的基础上定罪量刑的主要依据，刑事审判中的“法”更侧重于具备刑罚功能的国家基本法，除对违法犯罪行为进行惩罚外，还要震慑民众、警示他人，以维护统治的长治久安。

四、“情”“理”“法”的关系

由“情”“理”“法”三者的内涵可以看出，三者之间相互交融、相互配合、相互兼顾与贯通，“三位一体”成为我国传统法律文化的基本特征。“法”是一定社会中是非善恶的判断标准，是一种强制性的规则、规范，它蕴含着人情，承载着公理、天理，遵循着从人情、天理至国法的演进路径，将人之“常情”与内含善良、正义、秩序与自然法则的“天理”外化为每个人生活行为基本准则的“国法”。②

北宋傅霖对“法”“理”“情”的逻辑关系进行了论证，认为“禁人为非”的是“法”，“法中之理”是“律”，“事之合宜”的是“义”。“律义虽远，人情可推。”“人情者，天理之当然也。可者，谓事之合理也。推者，

① 参见杨秋生：《当代中国法学学者情理法观的文化思考》，吉林大学 2018 年博士学位论文，第 25 页。

② 参见蔡延：《情理法融合视野下的刑事个案正义》，载《四川警察学院学报》2020 年第 2 期。

谓推穷事理之极也。是知律义虽宏远，即当以天然之理推穷至极，百合其义也。”[①]因此，先有人情，才能有逐渐形成体现“情”内容的法。情包含事情和人情，人情中关涉人伦关系和公序良俗的部分构成了法的内容，人伦更是法中应然之义。如果从理的一端看法的形成，则为：“理—天理—法”。[②]

在刑事审判中，“情”“理”均属于抽象的存在，唯有“法”有着具体实在的明文规定、能够让我们看得到并直接接受，因此，“国法”在三者之间处于核心地位，但法以情理为支撑，情理以法为保障。

中国古代优秀法官在刑事审判过程中，遵循着情、理、法的层级推断，刑事判决在符合法律规定的基础上，分析案件中所蕴含的情理，努力寻求情、理、法的最大的平衡与统一。

（一）“情”与“理”的关系——情理交融

“情”和“理”在古代口语及书面语中经常合用为“情理”。《后汉书》载：“明帝之引廉范，加怒以发其志，就戮更延其宠，闻义能徙，诚君道所尚，然情理之枢，亦有开塞之感焉。”[③]

古人认为凡天下之事都可以用“情理”解释，“天下事非合于理，当于情”，“人事尽则天理见”。[④] 王夫之将“情理”连称表达为儒家的推己及人以及内圣外王的道理：“忠，尽己也；恕，推己也。尽己之理而忠，则以贯天下之理。推己之情而恕，则以贯天下之情。推其所尽之‘己’而忠恕，则天下之情理无不贯也，斯‘一以贯之’矣。”[⑤]由此，尽自己之情、之理为忠、恕，则可以贯天下之情理。

---

① （北宋）傅霖撰，（元）东原郗韵释，（元）益都王亮增注：《刑统赋解》卷上“一韵”，载《续修四库全书编委会》编：《续修四库全书》（第九七二册）“子部”之“法家类”影印本，上海古籍出版社2022年版。

② 参见崔明石：《话语与叙事：文化视域下的情理法》，吉林大学2011年博士学位论文，第19页。

③ （南朝宋）范晔撰：《后汉书》卷三一之“张堪廉范传论”，中华书局1965年版，第1104页。

④ 参见《名公书判清明集》卷之九“户婚门”之“掌主与看库人互争”，中国社会科学院历史研究所宋辽金元史研究室点校，中华书局1987年版，第339页。

⑤ （清）王夫之：《读四书大全说》卷六“论语 · 卫灵公篇”，中华书局1975年版，第424页。

先有“情”后生“理”,“发乎情,止乎理”。[①] 但随着社会发展,二者逐渐融合,你中有我、我中有你,只是侧重点不同。社会存在的根本是“情”,在“情”的基础上逐渐确定的日常生活中的共同行为准则即是“理”,人们认知事物或断狱出发点在于“情”,落脚点在于“理”。“凡是合乎理性的东西都是现实的;凡是现实的东西都是合乎理性的。”[②]理虽然以情为基础,顺应了情,但又必须制约情,使情具有一定的限度。[③]

“情”与“理”属性不同。“情”具有单独性、私人性、个体性,在复杂的人类社会关系中,个人情感不可能无限制地得以宣泄,必须有一套规则规范人际之间的情感关系,而封建统治者为了自己政权的稳固,也必须向民众灌输一种适合于其统治的价值判断标准。于是符合人情和纲常的“理”便应运而生。“情产生了理,这种理又反过来约束指导着情,使情的表达完全遵循宗法社会伦理道德的规范。”[④]“理”自天设,具有公共性、集体性、共同性的特征,是去除了情中的具体性、对象性成分,经过社会认可和提炼的情,“情由人生”,在“理”与“情”的关系中,“理”出于“情”,以“情”为基础,“情”由“理”统御,受理节制指导,情理贯通一致,执理需适人情,徇情也要中天理。“理自天设,情由人生。以理制情,而礼乐之用行焉……执理者胶瑟聚讼,不适人情;徇情者梯稗绵绝,不中天理。”[⑤]只有通情才能达理,合情就会合理,“理”渗入“情”,创造为理性化的伦理关系、伦理感情,强调理渗透情、情理协调。[⑥]

“宋代以后,‘情理’一词逐渐地被‘天理’所代替。在涉及伦常时,

---

① 参见李帅、黄颖:《情理在法律裁判中的运用——以家事裁判为例》,载陈金钊、谢晖主编:《法律方法》第二十二卷,中国法制出版社 2017 年版。

② [德]黑格尔:《法哲学原理》,范扬、张企泰译,商务印书馆 1961 年版,第 11 页。

③ 参见刘永青:《情礼之间——论明清之际的礼学转向》,人民出版社 2014 年版,第 59 页。

④ 李德嘉:《传统司法中的人情及其现代意义》,载《沈阳工业大学学报(社会科学版)》2014 年第 5 期。

⑤ (元)脱脱等撰:《辽史》卷四九“志第十八”“礼志一”,中华书局 1974 年版,第 833 页。

⑥ 参见李泽厚:《实用理性与乐感文化》,生活·读书·新知三联书店 2005 年版,第 77 页。

尤其是这样。”[①]正所谓“天理无非人情”,“情理”精神成为儒家官员的自觉意识和民众的共识。在社会环境的“熔炉”下,人们正当的情感诉求逐步凝练成共同的伦理道德观,进而体现为社会群体的生活行为准则、规范、道理。[②]

西方国家虽然也论及情理,但多数是将二者区别开来,而中国经常将“情”“理”二字合为一词,但中西方对情理的态度不同,“西方重理,中国重情”。[③]

在中国,“情理就是作为习惯的价值判断标准”,[④]被称为“常识性的正义衡平感觉”。[⑤] 只有合情合理才被视为公平公正,狭隘的个人情感与个人理性不是公众情理,不能为社会公众所接受,只有长期为社会成员普遍认同且还没被证明是错误的“情理”,才能成为指导社会成员处理人与人之间、人与自然之间关系的最基本的经验与行为规则,即是一个社会最基本的善恶观、是非观、价值观。[⑥]

“情”与“理”很难截然分开,只有“通情”才能“达理”。“如果不知情而抽象地论理,难免会失于空谈玄想,未必能收实益。”[⑦]无论是“喜怒哀欲爱恶惧”的自然本性之情,还是“仁义礼智信”的伦理纲常之情,如果不对“情”加以限制,势必导致纵欲致恶,结果便是纲常伦理的混乱

① 霍存福:《中国传统法文化的文化性状与文化追寻——情理法的发生、发展及其命运》,载《法制与社会发展》2001 年第 3 期。

② 参见刘道纪:《法律内的天理人情》,载《政法论坛》2011 年第 5 期。

③ 参见蒙培元:《情感与理性》,中国社会科学出版社 2002 年版,“序言”第 16 页。

④ 参见[日]滋贺秀三:《中国法文化的考察——以诉讼的形态为素材》,载[日]滋贺秀三等:《明清时期的民事审判与民间契约》,王亚新、梁治平编,法律出版社 1998 年版。

⑤ 参见[日]滋贺秀三:《中国法文化的考察——以诉讼的形态为素材》,载[日]滋贺秀三等:《明清时期的民事审判与民间契约》,王亚新、梁治平编,法律出版社 1998 年版。

⑥ 参见陈亦欣:《浅析刑事审判中应坚持情理法的统一为审判依据》,载《法制与经济(中旬)》2012 年第 2 期。

⑦ 苏亦工:《清代“情理”听讼的文化意蕴——兼评滋贺秀三的中西诉讼观》,载《法商研究》2019 年第 3 期。

和丧失,“理”当然也就不复存在。[①]

(二)“情理”与“法”的关系——法含情理

古代的法律是道德化的法律,情理法融于一体。[②]“在中国传统民间社会的法律观念中,立法是一个总结‘人情’、整理并尊崇升华‘人情’的过程;司法是‘人情’在争论事件中的演练或操作过程;守法即是以法律化的‘人情’约束个人私欲的过程。”[③]法律具有维护国家统治、社会秩序以及惩奸除恶的功能,因此,古代统治者在制定和实施法律时必须因于情、基于理,充分考虑情理因素,使法与情理相通,符合社会民众的认知和认可,遵循社会民众的生活常识和经验。[④]

1. 准情理而立法

法律本身的制定和修订必须兼顾情理。中国古代立法至唐代以降对天理人情的预设已经自觉化,[⑤]在制定修改法律的过程中,统治阶层就已经重视人性之中共有的人情,自觉地将符合当时统治者价值观的情理明文规定或者隐含于立法之中,[⑥]在具体制定法律条文的过程中都会注意考虑当时的社会风俗习惯、经济社会实际情况等,使制定出来的“法”是符合“天理”、蕴含“人情”的善法、良法。

(1)法合人情

古代统治阶层重视人情,注意缘情设教。“中国文化的精神特质,

---

① 参见胡克明:《我国传统社会中的情理法特征——交互融合与互动共生》,载《浙江社会科学》2012 年第 3 期。

② 参见梁治平:《法辨:中国法的过去、现在与未来》,中国政法大学出版社 2002 年版,第 155 页。

③ 范忠信:《从明清市井小说看民间法律观念》,载公丕祥主编:《法制现代化研究》第 4 卷,南京师范大学出版社 1998 年版。

④ 参见郭栋:《中国古代司法裁判中的情理探究》,河南大学 2020 年硕士学位论文,第 6 页。

⑤ 参见王斐弘:《中国传统法文化中的情理法辨析——以敦煌吐鲁番唐代法制文献为例》,载范忠信、陈景良主编:《中西法律传统》第 7 卷,北京大学出版社 2009 年版。

⑥ 参见袁周斌、贾欣雨:《论行政法律规范更具可接受性的路径——基于陕西榆林“芹菜案”的思考》,载《湖北警官学院学报》2023 年第 2 期。

正包括了缘情设教这一项。法律自然不应与人情相悖。”[①]而“礼律”根本来源于自然情理。“礼律之兴，盖本之自然，求之情理，非从天坠，非从地出。”[②]《周礼·秋官·司刺》规定了矜老怜幼的“三赦之法”，对“幼弱”“老耄”“蠢愚”三类弱势群体犯罪后给予特殊照顾，一般免除其刑事责任，此种规定和做法为后世王朝的基本法律所继承。

“法不外乎人情”。管子提出：“政之所兴，在顺民心，政之所废，在逆民心。”[③]“下令如流水之原，令顺民心。”[④]慎子强调法应合乎人心，说：“法非从天下，非从地生，发于人间，合乎人心而已。”[⑤]战国时实施变法改革的秦国商鞅认为：“法不察民之情而立之则不成。”[⑥]“不察世俗，不观国本，则其法立而民乱，事俱而功寡。”[⑦]韩非也认为：“法重者得人情”“法通乎人情，关乎治理。”[⑧]“凡治天下，必因人情。”[⑨]汉代晁错认为，古圣王治天下“其为法也，合于人情而后行之”“情之所恶，不以强人；情之所欲，不以禁民。”[⑩]朱博也说：“三尺律令，人事出其中。”[⑪]《汉书·刑法志》记载：“圣人既躬明哲之性，必通天地之心，制礼作教，

---

① 梁治平：《法意与人情》，海天出版社 1992 年版，第 153 ~ 154 页。

② （梁）沈约：《宋书》卷五五“傅隆传”，中华书局 1974 年版，第 1550 页。

③ 尹知章注，戴望校正：《管子校正》之“牧民第一”，载国学整理社辑：《诸子集成》（第五册），中华书局 1954 年版。

④ （汉）司马迁撰：《史记》卷六一之“管晏列传”，中华书局 1982 年版，第 2132 页。

⑤ 钱熙祚校：《慎子》之“逸文”，载国学整理社辑：《诸子集成》（第五册），中华书局 1954 年版。

⑥ （战国）商鞅撰，严万里校：《商君书》之“壹言第八”，载国学整理社辑：《诸子集成》（第五册），中华书局 1954 年版。

⑦ （战国）商鞅撰，严万里校：《商君书》之“算地第六”，载国学整理社辑：《诸子集成》（第五册），中华书局 1954 年版。

⑧ （战国）韩非撰：《韩非子》之“制分第五十五”，姜俊俊标校，上海古籍出版社 1996 年版，第 282 ~ 283 页。

⑨ （战国）韩非撰：《韩非子》之“八经第四十八”，姜俊俊标校，上海古籍出版社 1996 年版，第 254 页。

⑩ （汉）班固撰，（唐）颜师古注：《汉书》卷四九“袁盎晁错传”，中华书局 1962 年版，第 2294 页。

⑪ （汉）班固撰，（唐）颜师古注：《汉书》卷八三“薛宣朱博传”，中华书局 1962 年版，第 3404 页。

立法设刑，动缘民情，而则天象地。”①

从夏代“五刑之属三千，而罪莫大于不孝”，到隋唐“十恶”重罪以及自汉代确立“亲亲得相首匿”后的亲属容隐等法律规定，都体现了法律对伦理亲情的保护，《唐律疏议》及之后的基本法律对“私和罪”的处罚体现了不能私自“从亲属受伤害中受益”的“情理”：“诸祖父母、父母及夫为人所杀，私和者，流二千里；期亲，徒二年半；大功以下，递减一等。受财重者，各准盗论。虽不私和，知杀期以上亲，经三十日不告者，各减二等。”对“私和者”处以重刑，原因就在于其情理上、法律上都是不共戴天之仇。对此疏议给出了重惩“私和者”的理由：“祖父母、父母及夫为人所杀，在法不可同天。其有忘大痛之心，舍枕戈之义，或有窥求财利，便即私和者，流二千里。若杀期亲，私和者徒二年半。”②

北宋《刑统赋》云，“律意深远，人情可推”。③ 南宋法官范西堂指出：“祖宗立法，参与情、理，无不曲尽其所有。倘拂乎情，违乎理，不可以为法于后世矣。”④真德秀认为：“夫法令之必本人情，犹政事之必因风俗也。为政而不因风俗，不足言善政；为法而不本人情，不可谓良法。”⑤如果制定颁行的国家法律不能充分地体现和褒扬民众心中的高尚道德情感，就会与民众的感情和信念发生冲突，蜕变为一种乖戾、专擅之物，实施过程中就会出现一种“法不责众”的现象，丧失法律的公信力。

可见，法律的本源合乎人心，合乎情理；法律如不合乎情、理的要

---

① （汉）班固撰，（唐）颜师古注：《汉书》卷二三“刑法志”，中华书局 1962 年版，第 1079 页。

② 刘俊文撰：《唐律疏议笺解》卷第七“贼盗”260 条“亲属为人杀私和”，中华书局 1996 年版，第 2287～2288 页。

③ （北宋）傅霖撰，（元）东原郗韵释，（元）益都王亮增注：《刑统赋解》卷上“一韵”，载《续修四库全书编委会》编：《续修四库全书》（第九七二册）“子部”之“法家类”影印本，上海古籍出版社 2002 年版。

④ 《名公书判清明集》卷之十二“惩恶门”之“因奸射射”，中国社会科学院历史研究所宋辽金元史研究室点校，中华书局 1987 年版，第 448 页。

⑤ （南宋）真德秀：《西山先生真文忠公文集》四部丛刊初编本，商务印书馆 1979 年版，第 82 页。

求，即非善法、良法。法律与人心、情理、人伦之间的关系可以简单概括为法律源于情理，情理源于人心、人情，情理融于法律之中，并实体化为具体的法律规则。①

“法意与人情相统一”是《名公书判清明集》中大部分判决集中体现的思想。判词中所云“原情定罪”“酌情据法”“因事求情”“情法两尽”都与“法当其情”密切相关，在事实与规范两个维度上建构了“情理法”的合理性。② 司法官在审断案件的实践中往往会根据自己对法意的理解对案件应然的法律条文中的情理进行一定的阐释，达到最后的案件判决结果与民众情理的判断相吻合的目的。

法合情则兴，法逆人情则竭；情入法，易于为人所接受；法顺人情，冲淡了法的僵硬与冷酷的外貌，更易于推行。③ 清末变法修律大臣沈家本针对西方法律所规定的“自杀重罪”进行了批评，称：“乐生恶死，人之常情也……自杀之事，根因种种不同，其为豪恶欺凌，凶徒讹诈，则必有捆缚、吊拷、关禁、勒索等项暴虐情形，死者樱难堪之侮辱，及多般之困苦，冤忿填胸，生不如死。究其致死之故，全系乎胁迫之人，而尚欲责死者以不应自杀而罪之，冤上加冤，情理何在……夫以有罪之人自杀而尚无罪之可加，乃以无罪之人而自死反有罪之难免，岂情也哉？岂理也哉？此西法之可议者也。”④情、理、法三者之间，“情”是源，是“理”存在的合法性根基，但两者又都需要依靠“法”去保障运行。⑤

乾隆皇帝命大臣制定大清律时，也要求依据天理和人情订定，御制《大清律例序》云：“朕……简命大臣取律文及递年奏定成例，详悉参定，

① 参见崔明石：《情理法的正当性：以“情”为核心的阐释——以〈名公书判清明集〉为考察依据》，载《吉林师范大学学报（人文社会科学版）》2011 年第 2 期。

② 参见崔明石：《情理法的正当性：以“情”为核心的阐释——以〈名公书判清明集〉为考察依据》，载《吉林师范大学学报（人文社会科学版）》2011 年第 2 期。

③ 参见张晋藩：《中国法律的传统与近代转型》，法律出版社 1997 年版，第 53 页。

④ （清）沈家本撰：《历代刑法考·寄簃文存卷二》“论威逼人致死”，邓经元、骈宇骞点校，中华书局 1985 年版，第 2092 页。

⑤ 参见张汉静、丁相顺：《“情法两尽”及其社会基础》，载《法学家》2000 年第 4 期。

重加编辑。揆诸天理,准诸人情,一本于至公而归于至当。”①只有揆诸天理、准诸人情的法律才是最公平、最合理的法律,实施后才能达到“至公”和“至当”的效果。

明末清初思想家黄宗羲在《明夷待访录·原法》中写道:“使先王之法而在,莫不有法外之意存乎其间;其人是也,则可以无不行之意;其人非也,亦不至深刻罗网,反害天下。”②这里的“法外之意”,实际上就是人情、天理。善法既合天理、人情,天理、人情又常常弥补法之不足,故用法之人,不可不察“法外之意”。③

滋贺秀三认为“律例本天理人情而定”,法律本身就是根据情理制定。“‘法’不过是得到了明确化和被赋予了强制性的‘情理’核心部分而已。如果把‘情理’比喻为水,则‘法’就是其中固定冻结成冰的部分,或换句话说,成文法不过就是漂浮在‘情理’大海中的一座冰山而已。”④

“人情所恶,国法难容”,古代中国人的一般共识便是法律与人情并不矛盾,“法合人情”合的并不是“私人之情”而是“众人之情”。一个优秀的立法者应当充分地考察民众人情、尊重民众普遍的愿望和需求,使所立之法至少不损害他人同样的利益需求,合乎伦理纲常,立法时应考虑一般民众能够做到的或所希望的,不应将绝大多数人不能做到的或不希望的写入法律,所立之法不强众人所难,才可以称得上合乎人情的“善法”“良法”,背离社会公众常识常情的法只能称为“恶法”。汉代“亲亲得相首匿”原则后的“亲属容隐”制度是“法合人情”最好的体现,立法者基于对亲情与法律的认知,除严重威胁皇权和政权稳定的“三谋”重罪和“恶逆”重罪外,允许亲属之间相互隐瞒、包庇犯罪,虽然短时

---

① 《大清律例》“上谕”之“御制序总目”,载《景印文渊阁四库全书》(第六七二册)“史部·政书类”,台北,台湾商务印书馆1986年版。

② (明·清)黄宗羲:《明夷待访录译注》之“原法”,李伟译注,岳麓书社2008年版,第22页。

③ 参见牟治伟:《为什么说法律不外乎人情》,载《人民法院报》2021年5月14日,第6版。

④ [日]寺田浩明:《日本的清代司法制度研究与对“法”的理解》,载[日]滋贺秀三等:《明清时期的民事审判与民间契约》,王亚新、梁治平编,法律出版社1998年版。

间内不利于国家法律秩序的建立，但历代相沿、经久不废，直到清末的变法修律，这体现了封建立法者充分考虑到民众所拥有的不愿意看到自己的亲属被法律制裁的共同情感。

（2）法合天理

人世间的法律部分来自天命和天意。“天生烝民，有物有则；民之秉彝，好是懿德。”①《尚书·皋陶谟》提到：“天叙有典，敕我五典五惇哉……天命有德，五服五章哉；天讨有罪，五刑五用哉！”②管仲强调礼“上下有义，贵贱有分，长幼有等，贫富有度”的“八经”即为人伦纲常之理。③ 朱熹提出：“法者，天下之理。”④“礼字、法字实理字，日月寒暑往来屈伸之常理，事务当然之理。”⑤“法者，天理之当然者也。”⑥人世间合于天理的行为规范应该成为法的内容。明代著名思想家薛瑄提出：“法者，因天理，顺人情，而为之防范禁制。”⑦经明太祖朱元璋钦定的明朝基本法律就是依据天理和人情酌定的“准绳”，刘惟谦等在《进明律表》说道：“陛下圣虑渊深，上稽天理，下揆人情，成此百代之准绳。”⑧

违背天理的君父人伦必然受到国家律法的严惩。清代著名小说家蒲松龄指出：“讼狱乃居官之首务，培阴骘（积阴德）、灭天理，皆在于此，不可不慎也。”⑨清人皮锡瑞也强调：“臣子之于君父，不当论是非曲直，

① 程俊英撰：《诗经译注》之“大雅·烝民”，上海古籍出版社1985年版，第591～592页。

② 《尚书·皋陶谟》，慕平译注，中华书局2009年版，第37页。

③ 参见戴望：《管子校正》卷三之“五辅第十”，载国学整理社辑：《诸子集成》（第五册），中华书局1962年版。

④ （南宋）朱熹：《晦庵先生朱文公文集》卷第六〇之“学校贡举私议”，载朱杰人、严佐之、刘永翔：《朱子全书》（第二〇册），上海古籍出版社、安徽教育出版社2010年版。

⑤ （南宋）朱熹：《晦庵先生朱文公文集》卷第四八之“答吕子约”，载朱杰人、严佐之、刘永翔：《朱子全书》（第二〇册），上海古籍出版社、安徽教育出版社2010年版。

⑥ 《孟子》卷七之“尽心章句下”。

⑦ （清）陈宏谋辑：《官箴：从政遗规》，党建读物出版社2015年版，第368页。

⑧ （清）薛允升撰：《唐明律合编》之《进明律表》，怀效锋、李鸣点校，法律出版社1999年版，第2页。

⑨ （清）蒲松龄：《聊斋志异》之“冤狱”，张式铭标点，岳麓书社2002年版，第332页。

亦不当分别有道无道，臣子既犯弑逆之罪，即人伦之大变，天理所不容。”[①]如果法官贯彻执行法律时能够合乎情理，便是为子孙后代造福，为自己积阴德，为祖宗所庇佑；如果徇私枉法、不顾情理，阳奉阴违，便是“灭天理”，会被祖宗抛弃，为自己种恶果，将会得到恶报。历代王朝的法律都将供养父母有缺、父母在别籍异财、诅詈祖父母父母等严重违背人伦之理的犯罪恶行视为不孝之罪，从唐至清皆列为“十恶”之罪，为常赦所不原。

在中国人的传统观念中，如果一个人“无法无天”，实施犯罪行为，是“冒天下之大不韪”之行，不仅是对国家法律的蔑视和践踏，更是“伤天害理”、蔑视“天理”。“冤痛之情，或伸或屈，天理存焉，法乃因而制之也。”[②]天理源于人情、国法源于天理、民意即天理，国法居于中间地位，但必须应天理，顺民情。“恶法非法”，违背天理、不符合“情理”精神的“恶法”，是恶政下的乱法、霸道下的酷法，必被民众抵制、排斥；符合并体现民众“情理”的“善法”“良法”，才为人们所乐意接受和遵守。[③]因此，立法应循天理、顺人情，人情、天理软化了国法，使国法不再是冰冷的法条，同时也韧化了国法，使三者组成的古代法律系统有着超乎寻常的稳定性。[④] 理想中的法律只有全盘考量“情”“理”“法”，相互融合、相互协调，消解彼此矛盾冲突之处，才能成为量度人之行为对错善恶、应否承担法律责任的准绳，三者之中如若缺失任何一者，都不能称其为完整意义上的法。[⑤]

沈家本认为旧学、新学“大要总不外‘情理’二字”，“不能舍情理而

---

① （清）皮锡瑞：《经学通论》之“春秋”，中华书局1954年版，第26页。

② （南宋）郑克撰：《折狱龟鉴》卷四“议罪”，载《景印文渊阁四库全书》（第七二九册），台北，台湾商务印书馆1986年版。

③ 参见张本顺：《“法意、人情，实同一体”：中国古代“情理法”整体性思维与一体化衡平艺术风格、成因及意义》，载《甘肃政法学院学报》2018年第5期。

④ 参见俞荣根：《天理、国法、人情的冲突与整合——儒家之法的内在精神及现代法治的传统资源》，载《中华文化论坛》1998年第4期。

⑤ 参见范忠信、郑定、詹学农：《情理法与中国人——中国传统法律文化探微》，中国人民大学出版社1992年版，第6、24页。

别为法也”。[①] 制定法本身不可能以文字化、条文化的方式将所有的“人情”“天理”确定下来，尚未完善的法律只是为维护伦常秩序而设立的一条最低的、最消极的、最后的防线，中国人心目中理想的法律就是“天理”“国法”“人情”三位一体。[②] 三者之中，天理地位最高、不能轻易违背，国法仅次于天理，只有体现和符合天理才是良法，人情则是充斥于社会中的“活着的法”，一般也体现并实践天理，与国法相辅相成、互为补充。[③]

情理与法相互促进、相互成就。“情理是法律的优化之基，法律是情理的实现之道。”[④]法律既是情理的一种保障，又能以条文或文本的固化方式加以强化，其内在实质内容是情理，而情理有助于法律本身的进步并促进法律条文的优化，其外在表现形式是法律。[⑤]

日本学者滋贺秀三概括了法律与情理的关系，认为法律就是情理被实定化的部分，也是情理发挥作用的一种媒介，法律本身依据情理进行解释，在实施中也可因情理被变通。[⑥] 正如李正斌教授所言：“天理是法律的生命，人情是法律的土壤，国法是公正与善良的艺术。”[⑦]

2. 参情理而补法

法律的实施必须兼顾情理。国家成文法律因其制定程序的复杂性不可避免地具有滞后性、不周延性、语言本身的模糊性等局限，社会和国家事务不断发展变化，面对纷繁复杂、变化多端的案件时，刻板的、

---

① 参见(清)沈家本撰：《历代刑法考》(第四册)，邓经元、骈宇骞点校，中华书局 1985 年版，第 2240 页。

② 参见范忠信、郑定、詹学农：《情理法与中国人——中国传统法律文化探微》，中国人民大学出版社 1992 年版，“引言”第 10 页。

③ 参见杨秋生、施光磊：《天理于中国传统法律文化观念的源本性》，载《社会科学辑刊》2013 年第 6 期。

④ 汪习根、王康敏：《论情理法关系的理性定位》，载《河南社会科学》2012 年第 2 期。

⑤ 参见吴斌：《刑事司法中“情理法”兼顾的理论与实践——以传统法律经验为基础》，烟台大学 2019 年硕士学位论文，第 12 页。

⑥ 参见［日］滋贺秀三：《清代诉讼制度之民事法源的考察》，载［日］滋贺秀三等：《明清时期的民事审判与民间契约》，王亚新、梁治平编，法律出版社 1998 年版。

⑦ 李正斌：《天理 · 国法 · 人情》，载《北京人大》2012 年第 8 期。

不够灵活的法律不能对不同案件触犯同一罪名的原因等各种情况进行全方位考虑。[①] 因此,中国古代在司法实践中注重以情理弥补法之不足。

魏晋时期的著名律学家张斐曾经明确指出,“情理”是司法审判中的重要环节:“夫刑者,司理之官;理者,求情之机;情者,心神之使。心感则情动于中,而形于言,畅于四支,发于事业。是故奸人心愧而面赤,内怖而色夺。论罪者,务本其心,审其情,精其事,近取诸身,远取诸物,然后乃可以正刑……夫理者,精玄之妙,不可以一方行也;律者,幽理之奥,不可以一体守也。”[②]

而司法中的情理因族群、地域、适用对象等不同而不同。西周时期的“明德慎罚”强调君主修养道德、节制自己的欲望、慎重施用刑罚;汉武帝时期董仲舒强调天人合一、引经释法、春秋决狱,将人之情理用于司法领域;唐朝时直接在法律文本中规定“一准乎礼”“礼法结合”,这成为“得古今之平”的封建法典型代表,其体现的都是上揆天理、下顺人情的兼顾情理的立法司法状态。梁漱溟先生对中国文化进行深入研究后指出,中国传统社会民间一旦发生民事纠纷或轻微刑事案件,一般民间自行了结,有的由亲友说和,有的采取“吃讲茶”方式,在各地市镇茶肆中随时当众人面评理公断。“其所评论者,总不外情理二字。”[③]“盖天下事,不外情与理而已。”[④]张本顺认为:“古代情理不是颠覆法律,而是起着填补法律漏洞与空白的功能,是一种无可替代的法的重要补充渊源。”[⑤]

虽然法律暗含了情理的精神,但情理仍能够填补法律本身的漏洞

---

① 参见陈娜:《中国古代司法中的情理探析》,吉林大学2007年硕士学位论文,第20页。

② (唐)房玄龄等撰:《晋书》卷三〇“志第二十刑法”,中华书局1974年版,第930页。

③ 梁漱溟:《中国文化要义》,上海人民出版社2005年版,第176页。

④ (清)李钧:《判语录存》“序”,载杨一凡、徐立志主编:《历代判例判牍》(第十册),俞鹿年、汪世荣、闫晓君等整理,中国社会科学出版社2005年版。

⑤ 张本顺:《“法意、人情,实同一体”:中国古代“情理法”整体性思维与一体化衡平艺术风格、成因及意义》,载《甘肃政法学院学报》2018年第5期。

与空白,因此,在实施法律时必然要“求之情理”。法曹刘昭远认为:“法者,礼之防也。其用之以当人情为得,刻者为之,则拘而少恩。前件官以通经举进士,始掾于此,若老于为法者,每抱具狱,必傅之经义然后处,故无一不当其情。”①法是礼的保证,执法应当顺乎人情,刻薄的人执法往往拘泥于法条而不顾情义。因通经被保举为进士而初为刑案官者,多拘泥于法律。一直负责刑案的老吏,每次处理具体刑狱,必在经义中查找伦理根据,然后判决案件,因之,所审判案件无不符合人情。清人汪辉祖在《佐治药言》中说:“律例运用之妙,犹在善体人情。盖各处风俗往往不同,必须虚心体问,就其俗尚所宜,随时调剂,然后传以律令,则上下相协,官声得著,幕望日隆。若一味我行我法,或且怨集谤生。”②

用人情来折中法意,是为了缓解和柔化法意的僵化性和刚性。“折狱之道,必先鞫情而后议罪。今情犹未尽,罪辄先断于理可乎?”③“是非之不可易者,天理也,轻重之不可踰也,国法也。”但“情有轻重,理分故失。”④如法之适用与理不相契合,势必有“情轻法重”或“情重法轻”之惑。“以是为非,以非为是,则逆乎天理矣!以轻为重,以重为轻,则违乎国法矣!”⑤正如刑部侍郎方滋言:“有司断罪,其间有情重法轻,情轻法重,情理可悯,刑名疑虑,命官犯罪,议亲议故之类,难以一切定断。”⑥

因此,在法律的实施过程中,法官应该参情理而补法,从客观事实出发、根究“两造之词”,为洞察案件的“情伪”寻求客观依据,同时了解

① (南宋)洪迈:《容斋随笔》四笔卷七之“考课之法废”,吉林大学出版社 2009 年版,第 601～602 页。

② (清)汪辉祖:《佐治药言》之“须体俗情”,载《续修四库全书编委会》编:《续修四库全书》(第七五五册)“史部·职官类”,上海古籍出版社 2002 年版。

③ (南宋)郑克撰:《折狱龟鉴》卷四“议罪”,载《景印文渊阁四库全书》(第七二九册),台北,台湾商务印书馆 1986 年版。

④ (元)脱脱等撰:《宋史》卷二百“刑法志二”,中华书局 1977 年版,第 4989 页。

⑤ 《名公书判清明集》卷之一“官吏门·申儆”之“谕州县官僚”,中国社会科学院历史研究所宋辽金元史研究室点校,中华书局 1987 年版,第 6 页。

⑥ (元)脱脱等撰:《宋史》卷二百一“刑法志三”,中华书局 1977 年版,第 5014 页。

风俗民情，做到“每听一事，须于堂下稠人广众中择传老成数人体闻风俗，然后折中剖断，自然情法兼到”。①

司法官在审判刑事案件时应将探究案件中的“实情”“人情”及其蕴含的“事理”和“天理”作为审问犯人的主要话题，使裁断结果更加合理和正当。“审判的公正性保障，存在于通过当事人的承认——即使是勉勉强强的也罢——而使案件了结的程序结构之中。当事人与法官之间通过交涉谈判、讨价还价，最终达到使案件在三方都觉得可以接受、或不得不接受的‘情理’范围内自然终结。”②

正因如此，清代官员将“情理法”兼顾视为裁判的最高境界：“揆之天理而安，推之人情而准，比之国家律法而无毫厘出入。吁，何其神也！”③

① （清）汪辉祖：《学治臆说》卷上（三）“礼士”之“初任须体问风俗”，载《续修四库全书编委会》编：《续修四库全书》（第七五五册）“史部·职官类”，上海古籍出版社2002年版。

② ［日］滋贺秀三：《清代诉讼制度之民事法源的概括性考察》，载［日］滋贺秀三等：《明清时期的民事审判与民间契约》，王亚新、梁治平编，法律出版社1998年版。

③ （清）徐士林撰：《徐雨峰中丞勘语》卷六“序”，载《明清法制史料辑刊》（第一编）（第十一册），国家图书馆出版社2008年版。

第三章　古代"情理法"的历史发展及适用效果

一、古代"情理法"的历史发展

在中国古代社会中,"天理""国法""人情"结合的法律文化是我国传统法律文化中最深沉的内核,也是中华民族最深厚的文化情感的反映,三者结合的发展历史也是一部伟大的民族文化发展史。

(一)"情理法"结合的萌芽时期

中国古代的法主要由刑与礼构成,其起源途径为"刑起于兵""礼源于祭祀"。中国古代的法从产生之日起,即与祖先崇拜和祭祀活动形成的礼难舍难分。春秋之前,礼法一体,法即刑,是礼的一部分,商朝时期的礼重视神意,西周时期的礼在重视神意的同时更重宗族亲情。[①] 战国时期,因铁犁牛耕技术的发明,生产力迅速发展,井田制遭到破坏,建立在井田制基础上的宗法等级制受到极大的冲击,王室衰微、"礼崩乐坏",礼法开始分离,儒家推崇"礼治",主张"仁政",将传统的习俗

---

① 参见马小红:《礼与法:法的历史连接》,北京大学出版社2004年版,第104页。

礼仪系统化、理论化,将忠、孝、节、义等伦理道德视为改变礼制、弘扬礼义的救世良方。法家则提倡“法治”,从“趋利避害”的人性出发,主张设法立制必须顺应人性、因势利导。儒法两家虽然治国的理念和方法截然不同,但都从人之本性、世情和统治秩序的需要出发,将自己的德治、法治的治国理念与人情结合,在立法和司法上,使法律体现“情理”或“情理”融入法律。

(二)“情理法”结合的形成时期

“情理法”结合的形成与中国法律的儒家化密不可分。秦商鞅变法富国强兵,迅速平定天下,统一后的秦朝继续以法家理论为指导,崇尚法治,轻罪重罚。这种严重违背人性的做法成为秦王朝二世而亡的重要原因。虽然汉初无为而治,迅速恢复了经济、稳定了社会秩序,但黄老思想的兴盛使汉中央王朝逐渐失去凝聚力,有被颠覆的危险。因此,汉武帝时,经过董仲舒改造过的主张“大一统”的儒家思想被推崇到至尊地位。“用儒家提倡的忠孝节义统治人们的思想、用秦王朝创立的完备的制度束缚人们的言行,就是所谓的‘霸王道杂之’。”①

“情理法”在刑事审判中的结合始于汉武帝时董仲舒的“春秋决狱”,他常以《春秋》《尚书》等儒家经典中的“微言大义”作为处理司法问题的依据。“故胶(东)相董仲舒老病致仕,朝廷每有政议,数遣廷尉张汤亲至陋巷,问其得失,于是作《春秋决狱》二百三十二事,动以经对,言之详矣。”②

春秋决狱的本质就是“原情定罪”“原心定罪”,要求法官断狱必先弄清案件实情,在案件实情基础上考察犯罪时的人情,定罪量刑时,不仅考虑其犯罪行为所造成的社会危害后果,更要从其犯罪动机、目的和心态上分析是否符合人情,是否符合天理。“《春秋》之听狱也,必本其

---

① 马小红:《礼与法:法的历史连接》,北京大学出版社 2004 年版,第 149 页。

② (南朝宋)范晔撰,(唐)李贤等注:《后汉书》卷四八之“应劭传”,中华书局 1965 年版,第 1612 页。

事而原其志。志邪者不待成,首恶者罪特重,本直者其论轻。”[①]只要行为人动机邪恶、目的不正、故意行凶作恶,即使犯罪未遂,也要进行严惩,对共同犯罪中的出谋划策者、组织领导者等首恶分子更要从重处罚。如果行为人动机、目的纯正,合乎道德人情,即使违反法律,犯罪已成,也可以减轻甚至免除处罚。[②]

东汉桓宽将董仲舒倡导的“原心定罪”解释为:“法者,缘人情而制,非设罪以陷人也。故《春秋》之治狱,论心定罪。志善而违于法者免。志恶而合于法者诛。”[③]桓宽的解释对《春秋决狱》有一定的误解,与董仲舒的原意不符。程树德《九朝律考》之“汉律考七”中关于春秋决狱案例有 30 个,董仲舒本人处理的有 6 个,动机纯正导致违法的给予免刑的有 5 个,动机邪恶缺合于法者进行“诛”的竟无一例,对动机邪恶违法犯罪进行诛杀的 15 个,[④]说明董仲舒的春秋决狱多数是在犯罪事实清楚的基础上考察行为人犯罪时是否有普通民众所认可的情理,是否有可以减轻或免刑的情理,这种“原情定罪”多予减免刑罚的做法在很大程度上矫正了汉武帝时期酷吏横行、“务求深文”的现象。

这种引经释法、注法的做法是儒家为适应统治者的需要、扩大其学说在法律方面的影响、在司法中修正法律条文的主动行为。“原心定罪”使“人情”渗入法律中,有效地平衡了情与法的冲突。[⑤] 情理渗入法律,使法律更顺应人情,审理的结果更得人心。“引经决狱”“引经注律”“引经入律”体现了“情理”是中国传统法的精神和原则。[⑥]

---

① (清)苏舆撰:《春秋繁露义证》之“精华第五”,钟哲点校,中华书局 1992 年版,第 92 页。

② 参见吕志兴:《“春秋决狱”新探》,载《西南师范大学学报(人文社会科学版)》2000 年第 5 期。

③ 王利器校注:《盐铁论校注》卷十之“刑德第五十五”,载《新编诸子集成》(第一辑),中华书局 1992 年版,第 567 页。

④ 参见程树德:《九朝律考》卷一“汉律考七”,中华书局 2003 年版,第 161 ~ 174 页。

⑤ 参见李楚楚:《原心定罪思想的文化内涵及现实价值》,载陈景良主编:《文化底蕴与传统法律》,湖北人民出版社 2014 年版。

⑥ 参见王静:《清代州县官的民事审判——一个法律文化视角的考察》,吉林大学 2005 年博士学位论文,第 44 页。

汉武帝时开始了中国法律的儒家化进程,儒家思想从秦时的禁忌一跃成为法律上的最高原则,与法理无异。[①] 魏晋南北朝期间,法律儒家化的进程进一步发展,曹魏新律的"八议"制度、晋律"准五服以致罪"制度以及北魏太平真君"以有司断法不平,诏诸疑狱皆付中书",仍然"依古经义论决之",[②]无不体现了儒家根据犯罪动机、血缘亲疏和社会的高低贵贱等亲情伦理及经义定罪量刑的主张。

隋唐时期,法律儒家化的进程完成,唐律"一准乎礼","礼"逐步成为法家思想中"法"的指导方式,礼法结合、礼法合一,使整体的法律条文皆呈现出一种伦理性。春秋决狱的司法实践做法到了隋唐时期逐渐上升为法律的基本原则,体现为法律规定的同居相隐、矜恤老幼、存留养亲、五服定罪[③]等原则。

随着唐律的不断完善,儒家所倡导的情理原则不断地渗透到国家基本法典内,使原情定罪的规范要求在法典所规定的条文中得以直接体现。如唐律规定:"诸不应得为而为之者,笞四十(谓律、令无条,理不可为者);事理重者,杖八十。"疏议曰:"临时处断,量情为罪,庶补遗阙,故立此条。情轻者,笞四十;事理重者,杖八十。"对"理不可为"而为之的犯罪,在司法官"临时处断"时斟酌"情""理","量情为罪",达到"补遗阙"的目的,情、理、法的密切交融在法律规范中得以完整体现。此后宋元明清时期的律典在立法时均沿用了唐律中的表述,[④]"自唐朝至清代,一直延续着礼法融合的传统"[⑤]。

(三)"情理法"结合的实践完善时期

唐朝时期兼理司法的行政官员在入选为官前必须经过"试判",确

① 参见瞿同祖:《中国法律与中国社会》,中华书局2003年版,第350页。

② (北齐)魏收撰:《魏书》志第十六"刑罚七",中华书局1974年版,第2875页。

③ 参见范忠信等编校:《中国文化与中国法系——陈顾远法律史论集》,中国政法大学出版社2006年版,第277页。

④ 参见霍存福:《中国传统法文化的文化性状与文化追寻——情理法的发生、发展及其命运》,载《法制与社会发展》2001年第3期。

⑤ 赵晓耕主编:《观念与制度:中国传统文化下的法律变迁》,湘潭大学出版社2012年版,第17页。

定具备司法官员的资格，其中有科举进士及第后吏部主持的“身”“言”“书”“判”的“关试”，第四即是“试判”：“四曰判，文理优长。凡试判登科谓之入等，甚拙者谓之蓝缕，选未满而试文三篇谓之宏辞，试判三条谓之拔萃。中者即授官。既以书为艺，故唐人无不工楷法，以判为贵，故无不习熟……自朝廷至县邑，莫不皆然，非读书善文不可也。”①唐朝的试判，除“关试”的进士及第后吏部面试外，还有“铨选制的平选常调、科目考中的‘书判拔萃科’与‘平判科’……正是因为唐人试判机会多，因此，相关习作范本也很多”。②

唐代的科举取士的试判制度在一定程度上引领了朝野上下的制判风尚，为了顺利登第，士人们纷纷学习并制作判词，因此催生了古代历史上第一次判词的繁荣，唐判中流传至今的主要有张族的《龙筋凤髓判》、白居易的《甲乙判》、敦煌《文明判集》残卷、《开元判集》残卷，北宋时期《文苑英华》虽是一部卷帙浩繁的文学类书，上起萧梁，下迄唐五代，其中的唐人判词多达1067道，作者中不乏诗人元稹、王维，书法家颜真卿这样的名家。③ 试判中对情理法的融合论证必然在司法实践中得以体现，只是留存至今的实践案例较少，无法窥见唐代刑事审判中“情理法”论证融合的全貌。

宋朝优秀的司法官们在审判实践中力求将“天理”“国法”“人情”视为一体。宋代《刑统赋》开宗明义：“律意虽远，人情可推？”实践中不能有机地融“情理”于法，该判决便不能被称为善判、良判。宋仁宗时期，对司法实践中“天理”和“人情”的应用提出了“情有轻重，理分故失”④的要求，负责审理案件的专职法官在刑事审判实践中作出的判决将皇帝的要求进一步细化。南宋《名公书判清明集》中著名法官的优秀

① （南宋）洪迈：《容斋随笔》壹卷十“唐书判”，吉林大学出版社2009年版，第106页。

② 陈登武：《再论白居易“百道判”——以法律推理为中心》，载《台湾师大历史学报》第45期（2011年）。

③ 参见李广宇：《科举与判词的繁荣——〈判词经典〉之五》，载《人民法院报》2020年7月31日，第7版。

④ （元）脱脱等撰：《宋史》卷二百“刑法二”，中华书局1977年版，第4989页。

判决书集中体现了宋代司法实践对“情理法”的有效融合和统一。

明朝继承了唐宋时期的法律传统,更重视立法和司法实践中“情理法”的融合,开国皇帝明太祖朱元璋在《大明律》的制定过程中,就要求大臣依据天理和人情拟定大明律,使其能够传承百世。刘惟谦等在《进明律表》言:“陛下圣虑渊深,上稽天理,下揆人情,成此百代之准绳。”①

清朝的统治者继承“上稽天理,下揆人情”的观念,进一步提出了“原情准法,务求平允”的司法目标,要求国家官吏在依据法律判决案件时应“原情”,务必做到公平允当,合情合理合法。从《刑案汇览》所记载的大量“可悯、可矜”案件中可以窥见清朝在重大刑事案件的判决中无不注重对情理的分析和运用。

清末变法修律过程中以张之洞、劳乃宣为代表的礼教派与以沈家本、杨度为代表的法理派之间所产生的激烈的“礼法之争”,导致中国几千年来养成的“情理法”结合审判案件的思维习惯受到冲击,“情理”与“法”一直处于游离状态,此后的一百多年,法律是显性的——情与理是隐性的;法律在前台——情与理在后台。②

民国时期移植了大量的西方法律制度和法律文本,虽然民事案件中主要依情理裁判,但刑事案件中仍依法律裁判居多。南京国民政府时期法律不断健全,建立了自己的六法体系,形成了以宪法、民法、刑法、商法、诉讼法和行政法及其相关关系法组成的六法全书,法官在刑事案件的审判过程中越来越严格依照法律的明确规定,忽视案件中的情理,导致民众情理与法律不断发生冲突。即便如此,潜隐在法律之下的情理,在中华民族社会秩序运转中仍或多或少地影响着法官对刑事案件的评判。

① (清)薛允升撰:《唐明律合编》之《进明律表》,怀效锋、李鸣点校,法律出版社 1999 年版,第 2 页。

② 参见杨秋生:《当代中国法学学者情理法观的文化思考》,吉林大学 2018 年博士学位论文,第 15 页。

二、古代“情理法”在刑事审判中的适用效果

（一）古代“情理法”在刑事审判中适用的积极效果

虽然“情理法”在中国古代刑事审判中的应用存在以上不足，但是仍然包含大量有益的因素，其积极作用仍不可忽视。当“人情”“天理”与“国法”能够兼顾，就会促进法律的完善，弥补法律的不足；提高判决结果的可接受性，增强司法的公信力；有利于化解纠纷、和睦乡里、稳定社会秩序。

1. 促进法律的完善，弥补法律的不足

任何时期法律的制定和实施，都离不开人的作用，立法和司法中“情理”与“法”的融合体现了人性的基本要求。人之本性之情在很多层面上影响甚至决定着法律的产生及其价值取向，历史上的每一次变法改革和法律的逐步完善都是人推动实现的。与人交往之世情、公众情感之民情为法律的产生提供了前提条件，并总体上决定着法律的价值设定；天道之理、人伦之理等更为法律的产生和完善提供了丰富的理论素养，没有人情味和只遵循自然规律、社会规律的法律条文不会得到民众的拥护和认可，司法官在刑事审判中融合情理，慎刑重生，对缓解法律的残酷有很大作用，弥补了法律条文的不足，使法律的实际施行不像其法条所表现的那般严酷，动辄体罚、砍头、凌迟处死。

2. 提高判决结果的可接受性，增强司法的公信力

“传统中国的律条，即是‘礼’和‘情’在法律领域的具体化”。[①] 刑事审判中礼法融合在司法领域中的体现就是“情理法”互为作用。《鼎锓法丛胜览》也云：“情贵推原，理当依据，法宜按定，三者缺一便失要道矣。”[②]在“情理法”的共同作用下，全社会共同关注的不再仅仅是判决

---

① 李启成：《“常识”与传统中国州县司法——从一个疑难案件（新会田坦案）展开的思考》，载《政法论坛》2007 年第 1 期。

② 《鼎锓法丛胜览》卷一，明刻本，北京图书馆藏。

结果否合法,更是是否合乎情理。“天地间,情理法三字,原并行不悖”,[①]在刑事审判的过程中,司法官更加注重判决的社会效果,力求伦理道德、风俗习惯和法律的协调统一,尽可能采用道德教化的手段,力求判决结果达到情、理、法的和谐统一,更容易为绝大多数民众所接受,通过刑事案件的审判指引实现社会秩序的稳定,提高刑事审判的公信力。

如果与情理相悖,僵化地遵守“依法判决”,很难被公众接受。唐朝时期,丁某在为郡守时遇到饥荒年,奏请朝廷赈灾,但在朝廷指令下达前,就擅自开仓赈灾,按察使要依律论罪。[②] 白居易所作的判词引用两个成案从情理上分析丁某私自开仓赈灾的合理性:一是汲黯在巡视河内时矫制发仓赈济百姓并没有获罪,二是郡守邓攸私自开仓赈灾被人弹劾被朝廷原谅。作为郡守的丁某虽然在朝廷指令未下时提前开仓,但目的却是赈灾、挽救百姓的性命,是为了治理好国家,因此丁某私自提前开仓赈灾的行为也应该被原谅。这种将“情”“理”与“法”融合于刑事审判的做法,既可以起到对裁判结果的解释作用,便于受众的理解,又能提升公众对法律的认同感,增强裁判结果的可接受性,促进公众自觉守法。

3. 有利于化解纠纷、和睦乡里,稳定社会秩序

在中国古代刑事审判中,司法与行政不分,行政官员兼理司法,执掌行政权的司法官员在案件审判过程中,除力求还原案情真相、查清案件事实及所涉及的基本法律外,考虑最多的是案件判决所引起的社会影响。在对重大刑事案件的公开审理过程中,充分论证所涉案件的情理与法,不仅教育和惩戒罪犯、化解大量的社会矛盾与纠纷,更是对旁听民众进行道德教化和法律宣传,引导民众遵守法律、警示违法犯罪后

---

① 参见[日]滋贺秀三:《清代诉讼制度之民事法源的概括性考察——情、理、法》,载[日]滋贺秀三等:《明清时期的民事审判与民间契约》,王亚新、梁治平编,法律出版社 1998 年版。

② 参见《白居易集》卷第六十六“判”,顾学颉校点,中华书局 1979 年版,第 1386~1387 页。

的严重后果,将蕴含道德、品德和美德的情理渗透到普通民众的观念中,缓和社会矛盾,在本辖区内树立良好的执政形象,凝聚民心,促进家庭和谐、乡邻和睦、社会和谐、国家稳定。

(二)古代“情理法”在刑事审判中适用的消极效果

中国古代“情理法”在刑事诉讼中的应用不可避免地产生一些弊端,如容易导致法官滥用“情理”、容易使民众不信任法律等。

1. 容易导致法官滥用“情理”

因每人心中对“人情”的理解不同,人又具有利己的本性,刑事审判中法官可以根据自己的理解大量使用“人情”,导致民众的“人情”逐渐被演绎理解为法官所用的“私情”。

司法官在审理刑事案件的过程中,重视自己作为官吏的权威,很容易掺杂“五过”中的“私情”,不反思自己所作的决定,有时对犯罪之人及其亲属具有回报的恩德之心,或者挟私报复,或受女色的干扰、收受贿赂的钱财,接受他人的请托等。①

“人情”融于刑事审判中,虽能使刑事审判活动更加灵活,但是很容易导致法官运用“私情”或出于“易于活人”的理念,出入人罪,导致犯罪之人逍遥法外,一些无辜的人被置于死地,这在一定程度上使法律丧失其应有的尊严。如南宋“州郡疑狱许奏谳,盖朝廷之深恩。然不问所犯重轻及情理蠹害,一切纵之,则为坏法。耿延年提点江东刑狱,专务全活死囚,其用心固善。然南康妇人,谋杀其夫甚明,曲贷其命”。②

虽然历朝历代的法律都严禁司法官在审理案件的过程中混杂个人私情,但仍有很多司法官员以积私人阴德的方式代替国家、社会公德和利益,在为国家、社会执法时怀着阴德福报观念,具体执行法律中放纵活着的罪犯,完全不考虑被害人的痛苦和所遭受的灾难。如纪昀在《阅

---

① 参见安庞靖:《中国传统司法的形式化追求——基于李觏法制思想为个案的研究》,中国政法大学2019年博士学位论文,第93页。

② 参见(南宋)洪迈:《容斋随笔》三笔·卷十六之“奏谳疑狱”,吉林大学出版社2009年版,第519页。

微草堂笔记》中借冥官之口讲述了"四救四不救":"救生不救死,救官不救民,救大不救小,救旧不救新。"[①]"救生不救死"指人死不能复生,如果判处杀人者死刑,就又多死一条人命,就尽量减轻杀人者罪责,不致使其抵命;"救官不救民"指在处理上控案件时,如果平反冤案,原审官员就要承担审断不利的后果,但如果维持原判,上控人诬告反坐,顶多是军流罪,所以尽量不昭雪冤案,不管上控人是否冤枉;"救大不救小"指处理涉及官员案件时,如果归罪于上司,官品越高,官级越大,其所受处罚越重,牵连入案人员就会越多,如果将罪责推给小官,小官职务低,品级小,所承担的责任就轻,最终受到的刑罚就轻,也比较容易结案,因此,司法官在审断类似案件时就不管小官是否有罪,尽量归责小官;"救旧不救新"指新旧官员交接时发现有公罪,如果把罪责归于旧官,旧官就不得离开任所,必须羁留原地,没有收入的旧官受罚时无法清偿欠额、赔足罚俸,如果把罪责推给新官,他们总有办法搜刮财产来填补空缺,至于新官能不能接受,就不去管了。"四救四不救"是司法官长期积累的经验,"出于君子之心,行忠厚长者之事,既不是有所求取、巧为舞文",也不是有所恩仇、私相报复,不过人情百态、事变万端,不能执一而论。[②] 虽然符合当时社会的官场情理,但并没有实现罚当其罪的目的,冤案不可避免。

2. 容易使民众不信任法律

在中国古代自给自足的自然经济下,相对固化的社会阶层和相对封闭的生活环境,使整个社会非常重视"人情味","人情"在社会关系中的地位越来越重要,人们的法律观念、法律意识似乎越来越淡薄,在潜意识里更多的是把法律当作治理国家的一种冰冷的工具,更有甚者,

① (清)纪昀,孙建军主编:《阅微草堂笔记》之"姑妄听之(四)"之"梦游冥府",吉林文史出版社 2017 年版,第 420 页。

② 参见郭建:《师爷当家:明清官场幕后规则》,中国言实出版社 2004 年版,第 262 页。

将其比作暴力或强制的代名词。①

普通民众在思考问题时往往从自身利益出发，更多地关心自身、家庭及宗族利益，把私人利益囊括到繁杂的“人情网”中，而法律往往与刑罚相连，只有自身或所熟知的亲人、邻居犯罪，将要受到惩罚时才会意识到法律的存在，因此，冷冰冰的法律远没有温情的“情理”更富有人情味。刑事审判中司法官员如果过于强调人情和天理，忽视法律，很容易使民众忽视法律的存在和作用，甚至不信任法律，导致民众法律意识淡薄。当具体个案中“情”与“法”冲突时，“法”为“情”让步的错误观念已经深深植根于民众内心深处，就会想各种办法以“情理”减轻自己的罪责或加重对犯人的惩处，法律的权威性受到严重的挑战。

司法官员在审断刑事案件时，若因急于体现恤刑，就会过分滥用“情理”为罪犯开脱，容易导致放纵罪犯的后果，使法律更难成为公平正义的代表，不能发挥“保护好人、制裁坏人”的作用，长此以往，更容易导致民众对法律的信任危机，给法律在社会中的推行、法律权威的树立、法律信仰的培养带来了极大的负面影响。

① 参见吴俊明、刘延红：《试论中国传统法律思维之现代转型》，载《延安大学学报（社会科学版）》2006 年第 2 期。

第四章　“情理法”在古代刑事审判中的应用实践

古代刑事审判模式可以被称为“情理法”审判模式，目的在于维护稳定的礼治社会秩序。在刑事判决中，虽然要求“断罪具引律令”，但往往是“准情酌理”，排斥机械化、简单化、照本宣科式的法条主义，追求“情罪允协”。河南省内乡县县衙、山西省平遥县县衙的二堂上方均悬挂着“天理国法人情”的匾额，其作用就是提醒法官处理案件能够“合法合理合情”，实现“情理法”的完美统一。

总体上，“情理法”在古代刑事审判中的应用大体分为绝情理而任法、悯情理而从法、因情理而重法、任情理而轻法、情理与法各得其平、依情理比附类推、情理法冲突时奏裁等几种类型。

一、绝情理而任法

绝情理而任法即法家学派所倡导的“不别亲疏，不殊贵贱，一断于法”①。在人类历史上，中国古代的法家

① （汉）司马迁撰：《史记》卷一三〇“太史公自序”，中华书局1959年版，第3291页。

最早提出了“以法治国”的理念。[①] 春秋时期的齐国相管仲认为，圣明的君主治理国家依据的不是个人的智慧，而是国家法律，根据的是国家政策，不是众人的议论，依据的是公意，不是自己的私意，提出圣君应该：“任法而不任智，任数而不任说，任公而不任私。”[②]因为圣君之智只是一人之智，法律则体现了众人之智，法律一旦制定出来就应当具有一定的稳定性，实施时不应受到公众舆论的影响。商鞅的“缘法而治”认为明智的君主治理天下，应当依据法律：“明王之治天下也，缘法而治……言不中法者，不听也；行不中法者，不高也；事不中法者，不为也。”[③]其强调法律至上，所有案件应当“一准于法”。

在中国古代历朝历代的基本立法中，均明确要求司法官必须依照法律裁断案件，否则追究其刑事责任。唐律要求“断罪具引律令条文”，所有判决都必须遵从律令的明确规定。“诸断罪皆须具引律、令、格、式正文，违者笞三十。若数事共条，止引所犯罪者，听。”[④]宋代也强调：“律令者，有司之所守也。”[⑤]明朝的基本法律《大明律》第 439 条和清朝的基本法律《大清律例》第 415 条对“断罪引律令”也有类似的规定，并且《大明律》第 45 条和《大清律例》第 43 条均规定“断罪引新颁律”。

在中国古代的司法实践中，司法官很多情况下都会遵守依法断案的法律要求。情理与法发生激烈冲突的莫过于“复仇杀人”后如何审判。古人认为复仇本身就合乎人情和天理，与儒家的伦理道德相一致，为“礼”所鼓励，为民间所普遍认可，能舍身而复仇者是“孝义之举”。为人子者，“居父母仇”时要时刻不忘复仇，与仇人“不共戴

① 参见张文显：《和谐精神的导入与中国法治的转型——从以法而治到良法善治》，载《吉林大学社会科学学报》2010 年第 3 期。

② 《管子校正》卷十五“任法第四十五”，载国学整理社辑：《诸子集成》（第五册），中华书局 1954 年版。

③ 《商君书》之“君臣第二十三”，载国学整理社辑：《诸子集成》（第五册），中华书局 1954 年版。

④ 刘俊文撰：《唐律疏议笺解》卷三十“断狱律”第 484 条，中华书局 1996 年版，第 2063 页。

⑤ （元）脱脱等撰：《宋史》卷二百“刑法志二”，中华书局 1977 年版，第 4985 页。

天”，甚至放弃对君者的“忠”，随身携带武器时刻准备着遇到仇人就立刻将其杀死，要“寝苫枕干，不仕，弗与共天下也；遇诸市朝，不反兵而斗”。①

明人邱濬认为“复仇”是“生民秉彝之道，天地自然之理”。他以中国古代的五行相生相克理论为基础，论证父母生己必报之的合理性和必然性，曰：“以五行之理论之，如金生水，金为火所克，水必报之，水生木，水为土所克，木必报之，木、火、土三行皆然。人禀五行以有生，有以生之必有以报之，人之所生者必报其所由生，是以相保爱、相护卫，不敢相戕杀，非但畏公法亦畏私义，非但念天理亦念人情，此人所以与人相安相忘，而得以遂其有生之乐也。”②

古代法律对复仇行为的基本要求是“杀人应死”，当复仇中的情理与“杀人应死”的国法发生冲突时，恪守法律的法官一般会选择依法断案，判处复仇杀人者死刑。楚昭王时的相国石奢在巡行县的道路上，发现了“道有杀人者”，追上后发现杀人者是自己的父亲，石奢处在忠孝两难的境地：为相者应该忠于国家、君主，按照体现君主意志的法律抓住杀人者并判处死刑；但为人子者，在父亲杀人后不能抓获父亲，使其陷入必死的境地。石奢最终“纵其父而还自系”，因孝放走其父，由自己承担不忠君主法律的后果，自系到官府，并使人言之王曰：“杀人者，臣之父也。夫以父立政，不孝也；废法纵罪，非忠也；臣罪当死。”虽然王给其找了个体面的不负刑责的借口，让其继续“治事”，曰：“追而不及，不当伏罪，子其治事矣。”但石奢仍坚持不能因自己放走父亲的私情而破坏国法，自己不履行职责的“不忠”行为应受制裁，曰：“不私其父，非孝子也；不奉主法，非忠臣也。王赦其罪，上惠也；伏诛而死，臣职也。”③在国

---

① 参见王文锦译解：《礼记译解》之“檀弓上第三”，中华书局2001年版，第82页。

② （明）邱濬：《大学衍义补》卷一一〇“明复仇之义”，载《钦定四库全书荟要》卷二七二〇“经部”，摛藻堂四库全书荟要本。

③ （汉）司马迁撰：《史记》卷一一九“循吏列传”之“石奢传”，中华书局1959年版，第3102页。

君已经赦免其罪后，仍坚持成全“国法”自刎而死，既尽了孝道，又维护了法律的尊严。

汉代的法律规定复仇杀人应死。在汉代“毋丘长杀辱母醉客案”中，法官在尽可能地满足“有后为孝”的情理后，仍依法判处孝子死刑：安丘男子毋丘长与母一起行走市中，途中遇到一醉客侮辱其母，毋丘长将其杀死后逃跑，后在胶东被官府抓获，当时的胶东相吴祐也陷入了两难境地，“子母见辱，人情所耻”，毋丘长因母受辱而杀人，是为人子者的情理必然；但白日杀人，为法律所禁，应该偿命。怎么处理才能既不伤孝子之心，又不破国家之法呢？便以此反问毋丘长，曰：“孝子忿必虑难，动不累亲。今若背亲逞怒，白日杀人，赦若非义，刑若不忍，将如之何？”长以械自系，曰：“国家制法，囚身犯之。明府虽加哀矜，恩无所施。”祐问长：“有妻、子乎？”对曰：“有妻未有子也。”在了解其“有妻无子”情况后，将其妻移至狱中，解其桎梏，使同宿狱中，直到其妻怀孕后才冬至行刑，也算是司法官照顾到了孝子有后的“人之大孝”情理，毋丘长自己选择了适用国法“投缳而死”。①

三国时期的曹魏政权规定：“贼斗杀人，已劾而亡，许依古义听子弟追杀之；会赦及过误相杀，不得报仇，所以止杀害也。”②法律仅允许被杀者的子弟帮助国家捕杀正在出逃的杀人犯，而不是自己复仇杀人。既严格依法“不得复仇杀人”，又照顾了一定程度的情理，“可以帮助追杀”。

唐代的法律仍然规定复仇杀人应死，在司法实践中，法官基本上对复仇杀人者判处死刑。唐高宗时，雍州人周智寿之父被族人安吉杀害，智寿及其弟智爽在安吉途中等候，击杀族人安吉。“相率归罪于县，争为谋首。官司经数年不能决，乡人或证智爽先谋，竟伏诛。”③为报父仇

① 参见（南朝宋）范晔撰，（唐）李贤等注：《后汉书》卷六四“吴佑传”，中华书局 1965 年版，第 2101 页。

② （唐）房玄龄等撰：《晋书》卷三十“志第二十刑法”，中华书局 1974 年版，第 925 页。

③ （后晋）刘昫等撰：《旧唐书》卷一八八“列传第一百三十八孝友”，中华书局 1975 年版，第 4921 页。

杀人依照唐律的规定最终伏诛。

杀人应死的法律与复父仇应当宽宥的民众情理经常发生激烈冲突。典型的案例当属唐高宗时“张琇报父仇杀人案”，张琇为报父仇杀人被捕后，“时都城士女，皆矜幼稚孝烈，能复父仇，多言其合予矜恕者”。引起朝廷的争议，高宗云：“复仇虽礼法所许，杀人亦格律具存。孝子之情，义不顾命，国家设法，焉得容此！杀之成复仇之志，赦之亏律格之条。然道路谊议，故须告示。”“国家设法，事在经久，盖以济人，期于止杀。各申为子之志，谁非徇孝之夫，展转相继，相杀何限！咎由作士，法在必行；曾参杀人，亦不可恕。不能加以刑戮，肆诸市朝，宜付河南府告示决杀。”[①]虽然报父仇杀人后民众舆论“皆矜幼稚孝烈”，应该“矜恕”，但国家设法在于“止杀”，仍以法告示决杀。

同类案件还有唐宪宗时“衢州人余常安为报父叔之仇杀人案”：“父、叔皆为里人谢全所杀。常安八岁，已能谋复仇。十有七年，卒杀全。刺史元锡奏轻比，刑部尚书李鄘执不可，卒抵死。”[②]唐穆宗时的“刘士幹报养父之仇杀人案”，刘士幹和乐士朝同为刘玄佐之养子，“及玄佐卒，或云为士朝所鸩。士幹知之，及至京师，遣奴持刀于丧位，语士朝曰：‘有吊客至。’因诱杀之。”将违背天伦、杀了养父的养子杀掉后，最终还是“赐士幹死”[③]。这说明唐代司法实践一般都遵循着依法治罪的原则，对案件中的情理因素考虑较少。

司法官对复仇的刑事案件的处理是“缓其法”还是“遵王章”比较矛盾。《册府元龟》之“复仇”条云：“《传》曰：父之仇弗与共戴天春秋……子不复父仇非子也……中古而下方牍所记，乃有天性之戚、手足之痛，或义笃于诸父、或情厚于交友，独能奋不顾死剿绝其命，摅逝者之沉愤，

---

① （后晋）刘昫等撰：《旧唐书》卷一八八“列传第一百三十八孝友”，中华书局1975年版，第4933页。

② （北宋）欧阳修、（北宋）宋祁撰：《新唐书》卷一九五“列传第一百二十孝友”，中华书局1975年版，第5587页。

③ （后晋）刘昫等撰：《旧唐书》卷一四五“列传第九十五”，中华书局1975年版，第3934页。

耸人伦之风;乃至朝议,高其节,理官缓其法,亦有询外庭之论,遵王章之制,不免于戮者焉。”①对复仇者是“遵王章”判决死刑还是“缓其法”减免刑罚,一般司法官会在心存内疚、愧对孝子的心境下依法判决。

二、悯情理而从法

汉唐的法律对复仇擅杀者均明文规定抵命,但“父母之仇,不共戴天”,推崇孝道的普通民众对为亲复仇者仍给予舆论支持。唐代的孝子孝女对杀父仇人,往往不顾法律的禁令,必亲手诛杀而后已,为亲复仇成为孝子的一种情理义务,仅《旧唐书》《新唐书》所详细记载的复仇杀人案例就有十余起,孝子们的这种举动,客观上无疑是对法律的挑战。霍存福先生收集的 85 例复仇案件中,除记载不明者外,明言自首者共有 36 例,占全部案件的近一半。②

统治者既要在社会上推崇孝道,维系宗法伦理道德和家庭秩序的稳定,但又不得不从整个国家和社会出发,维系法律的权威与尊严,那么在实践中面对复仇杀人者是依法处死还是悯情理而宽宥减轻或不予处罚?唐中期以后的统治者和司法官采取了“悯情理而从法”的“两顾”做法:既同情、肯定或赞许、褒扬复仇者的情理和道德价值,从情理上给予道德上的表彰;又不放弃适用法律,仍按照法律杀之。

唐代最具有代表性的“悯情理而从法”案件是“徐元庆复父仇杀人案”:武后时,下邽人徐元庆之父徐爽为县尉赵师韫所杀,徐元庆变更姓名充当驿家安保,“久之,师韫以御史舍亭下,元庆手杀之,自囚诣官”③。武后在考虑其中的为人之子的孝情后欲赦免徐元庆,但法律条文规定应该处以死刑,拿不定主意后遂交由陈霞讨论。对此案件的审

① (北宋)王钦若等编:《册府元龟》第十一册·卷八九六“总录部”之“复仇”条,中华书局 1960 年版,第 10604 页。

② 参见崔明石:《话语与叙事:文化视域下的情理法》,吉林大学 2011 年博士学位论文,第 119 页。

③ (北宋)欧阳修、(北宋)宋祁撰:《新唐书》卷一九五“列传第一百二十孝友”,中华书局 1975 年版,第 5585 页。

判就存在情理与法的激烈冲突:复仇应判处死刑,自首应“原其罪”,民众呼吁对徐元庆进行宽免。到底该如何处罚徐元庆呢?统治阶层中意见不一,以陈子昂和柳宗元之间的争论最为激烈。

陈子昂上疏武后,建议诛杀徐元庆但旌表其间,理由是:“枕戈仇敌”,以报父仇,是“为子之义”“行子之道”,“传曰父仇不同天,劝人之教也,教之不苟”,元庆“宜赦”;但“诛罪禁乱,王政纲也”,“杀人应死”是“画一之制”,“法不可贰”,按照法律“元庆宜伏辜”,如果“释罪”就会“夺其德亏其义”,还会“乱法”,“治必乱作”,“礼防不胜”,“然无义不可训人,乱纲不可明法”,“刑所以止遏乱也,仁所以利崇德也,今报父之仇非乱也,行子之道仁也,仁而无利,与同乱诛,是曰能刑,未可以训”。因此,对元庆“宜正国之典,置之以刑,然后旌闾墓可也”。且请编之于令,永为国典。[①] 柳宗元对此持相反观点,专门写了《驳复仇议》,认为陈子昂赏罚不明、又罚又奖的处理并不合理,容易引起百姓对情理与国法的看法撕裂,曰:“礼之大本,以防乱也。若曰无为贼虐,凡为子者杀无赦。刑之大本,亦以防乱也。若曰无为贼虐,凡为理者杀无赦。其本则合,其用则异,旌与诛莫得而并焉。诛其可旌,兹谓滥;黩刑甚矣。旌其可诛,刑所以生,遏乱也;仁所以利,崇德也……不忘仇,孝也;不爱死,义也。元庆能不越于礼,服孝死义,是必达理而闻道者也。夫达理闻道之人,岂其以王法为敌仇者哉?”[②]遏乱与崇德不可同力,仁与刑应当重其一。

最后武则天采纳了陈子昂的意见,徐元庆被处死之后予以表彰,既遵守了国家法律,又照顾了民众情理。这是在实践中将情理与法割裂开来,情理是情理,法律是法律。

宋代统治者在处理本身存在伦理亲情又伤害伦理亲情的案件时,

---

① 参见(北宋)欧阳修、(北宋)宋祁撰:《新唐书》卷一九五“列传第一百二十孝友”,中华书局1975年版,第5586页。

② (北宋)欧阳修、(北宋)宋祁撰:《新唐书》卷一九五“列传第一百二十孝友”,中华书局1975年版,第5586~5587页。

两种情理予以抵消,依法论罪。北宋太平兴国二年(1977 年)诏:“刑辟之设,盖厚于人伦。孝慈所生,实由乎天性。矧乃嫡继之际,固有爱憎之疏,情有可原,法难共贯。今后继母杀伤夫前妻之子及妇,并以杀伤凡人论。”[①]虽有继母继子之间的伦理亲情,但继母杀伤前夫之子及妇,在某种程度上又伤及了人伦亲情,故以杀伤凡人论罪。

南宋著名的官府公文与判词分类汇编《名公书判清明集》所收判词中,屡见“揆之条法”“在法”“准法”“准敕”等字眼,说明法律仍为审判者判断案件的首选,通览书判,大约 1/5 的判词明确引用法令条文,即使没有明确引用律令的判词中也有一些可考是以律令为依据作裁断的。[②] 其中名公蔡抗、胡颖二人判词的数量,在《名公书判清明集》全书中分别居第一、第二,合计近总数 1/3,有一定代表性。其中严格依法的典型判词 11 例,都清楚列出事实,具引法条准确,然后判决。[③]

著名法官胡颖称,“自当职到官以来,每事以理开晓,以法处断,凡素称险健者,率皆屈服退听,未尝有至再讼者……本府之所处断……皆是按据条令”。[④] 法官蔡久轩认为:“国家法禁,一视同仁,岂有所轻重哉?”所有“官司按法而行”。[⑤]

宋人洪迈在《容斋四笔》中记载了悯情理而从法的典型案件:宋朝元丰年间,宣州叶元的妻子与叶元之兄通奸,叶元愤怒之下将其兄及侄杀死,又强迫其父与嫂不能报官,后被邻里发觉后报官,州县官员认为叶元“因奸弑兄”,“情理可悯”,请求宽恕叶元。神宗皇帝断曰:“罪人

① 《宋大诏令集》卷第二百之“政事五十三”之“刑法上”之“继母杀伤夫前妻子及妇以凡人论诏”,中华书局 1962 年版,第 740 页。

② 参见胡月明:《从〈名公书判清明集〉看南宋的情理法》,吉林大学 2007 年硕士学位论文,第 4 ~5 页。

③ 参见杨秋生:《当代中国法学学者情理法观的文化思考》,吉林大学 2018 年博士学位论文,第 22 页。

④ 《名公书判清明集》卷之八“户婚门·检校”之“侵用已检校财产论如擅支朝廷封椿物法”,中国社会科学院历史研究所宋辽金元史研究室点校,中华书局 1987 年版,第 280 ~281 页。

⑤ 《名公书判清明集》卷之九“户婚门·坟墓”之“一视同仁”,中国社会科学院历史研究所宋辽金元史研究室点校,中华书局 1987 年版,第 329 页。

已前死，奸乱之事，特出于叶元之口，不足以定罪，且下民虽为无知，抵冒法禁，固宜哀矜。然以妻子之爱，既杀其兄，仍戗其侄，又罔其父，悖逆天理，伤败人伦，宜以殴兄至死论。"[①]此案司法官虽然可因下民的无知而哀矜，但逆天理、败人伦的杀兄及侄等重害之事便不许宽宥，仍舍因奸而弑兄的情理而任法判决。

明朝法律对复仇杀人者，区分了即时杀和以后杀两种情况。《大明律》规定："凡父母祖父母为人所杀，而子孙擅杀行凶之人者，杖六十；其即时杀死者勿论。"[②]祖父母、父母为人所杀，子孙既不能"私和"，也不能未经官府擅自报仇杀人，否则，杖打六十，但如果在父母、祖父母被杀当场就即时杀死仇人，则完全不予以处罚。

清代的法律在继承了明朝法律的规定后，统治者对子孙复仇中的情理与法进行了进一步的分析，认为将子孙复仇杀人行为完全视为一般杀人行为，或者一味地限制子孙复仇，就会"有违天理""有悖人情"。但如果宽大处理、一味地鼓励复仇，又会危害到国家政权的稳定和社会秩序的安全有序，因此对复仇杀人的后果在例中作了更为详细的规定：倘若祖父母、父母为他人杀害后、凶犯未到案前，被杀者的子孙将凶犯杀害，应依照"擅杀应死罪人律"，杖打一百；倘若凶犯被抓获后被官府判处了死刑或流放的刑罚，在未被执行前脱逃，被杀者子孙将凶犯杀害的，应杖打一百、流三千里；倘若凶犯被赦免，子孙不可再复仇。若复仇者，情有可原，可以永远监禁；凶犯被判处死刑或流放被赦免的，后向被杀者子孙寻衅，因被激怒而复仇杀了凶犯的，杖一百、流三千里。[③]

清代例的规定既要维护国家法律的严肃性，又对涉及"天理"和"人情"的复仇杀人案件灵活变通，务求情、理、法的统一，使案件的处理"合

① （元）脱脱等撰：《宋史》卷二百"刑法志二"，中华书局1977年版，第4990页。

② （明）高攀：《大明律集解附例·刑律·杂犯》之"拆毁申明亭"，台北，台湾学生书局有限公司（明万历间浙江官刊本）1986年版，第1482页。

③ 参见胡星桥、邓又天主编：《读例存疑点注》，中国人民公安大学出版社1994年版，第675页。

情合理合法”。

清代的司法官在情罪未协时，也会舍情理而任法，司法实践中，即使是具有原则性的“准五服以制罪”，也并不严格按照服制关系定罪量刑。《驳案新编》[①]“因窃杀死姨母案”：案犯因盗窃姨母的衣服被发现，被姨妈詈骂而气愤杀人。如果按照外甥与姨母的服制关系，应以“故杀外姻小功尊属律”拟斩监候，但是法官觉得这种判决将会导致“情法殊未允协”，最终“依窃盗临时拒捕杀人例”，判决拟斩立决。[②]

但是一味地任法，对案件涉及的情理不予以考虑，不进行变通，则可能更伤害民众情理。清代汪辉祖在《学治续说》之“法贵准情”中记载：乾隆三十一二年(1766—1767年)“江苏有干吏张某治尚严厉，县试一童子怀挟旧文，依法枷示，童之姻友环跽乞恩，称某童婚甫一日请满月后补枷。张不允，新妇闻信自经。急脱枷。童子亦投水死。”意思是童生在县试中作弊，被查获后依法考试作弊应戴枷示众，但该童生刚新婚一天，其众亲友皆跪拜张某，请求允许童生新婚满一个月后再补戴枷示众，张某不允，结果新妇因羞愤上吊自杀，该童生“急脱枷”投水身亡。汪辉祖对这位不通“情、理”的“干吏”进行了痛斥：“夫怀挟宜枷，法也，执法非过，独不闻律设大法，礼顺人情乎？满月补枷，通情而不曲法，何不可者？而必于此立威，忍矣。”司法官应时刻牢记：“法有一定，而情别万端，准情用法，庶不干造物之和。”[③]因此，严重不顾情理的做法应为法官所避免，通达情理的做法应是“遇犯人有婚丧事，案非重大，必属主人曲为矜恤，一全其吉，一慭其凶”[④]。

---

① 参见(清)全士潮等纂：《驳案新编》，载杨一凡、徐立志主编：《历代判例判牍》(第七册)，俞鹿年、汪世荣、闫晓君等整理，中国社会科学出版社2005年版。

② 参见张杰：《中国传统情理法的法理重识与现代转化——以〈驳案新编〉为切入点》，载《北方法学》2020年第4期。

③ (清)汪辉祖：《学治续说》之“法贵准情”，载《续修四库全书编委会》编：《续修四库全书》(第七五五册)“史部·职官类”，上海古籍出版社2002年版。

④ (清)汪辉祖：《学治续说》之“法贵准情”，载《续修四库全书编委会》编：《续修四库全书》(第七五五册)“史部·职官类”，上海古籍出版社2002年版。

三、因情理而重法

司法实践中，司法官在特殊情况下，也会对法律没有明文规定的案件因情理施以法外重刑。

如汉朝时王尊就对“妻母”之“假子”施以法外重刑。“尊曰：‘律无妻母之法，圣人所不忍书，此经所谓造狱者也。’尊於是出坐廷上，取不孝子悬磔著树，使骑吏五人张弓射杀之。”①王尊认为法律没对“妻母”应如何断决作出规定，是因为“子妻母”的“烝报”行为是连圣人都不能容忍的畜生行为，故将不孝子磔刑射杀。

对杀父仇人不仅不报仇反而私和者，往往依据“父母之仇不共戴天”情理，加重处罚。如五代后唐时，“襄邑人周威，父为人所杀，不雪父冤，有状和解。明宗降敕赐死”。②

在宋代之前以尊犯卑刑事案件中，尊长一般得以减免刑罚，但深害情理者并不因尊长身份而减轻处罚，实际上变相地加重了处罚。“开宝以来，犯大辟，非情理深害者，多得贷死。”③如宋太祖时：“开封妇人杀其夫前室子，当徒二年，帝以其凶虐残忍，特处死。至是，有泾州安定妇人，怒夫前妻之子妇，绝其吭而杀之。乃下诏曰：‘自今继母杀伤夫前妻子，及姑杀妇者，同凡人论。’”④妇杀夫前妻之子或姑杀妇，虽然属于尊杀卑，但严重伤害了家族伦理亲情，便不能依法处罚，而应加重处罚，以杀凡人论罪。

南宋名公蔡久轩审断“假伪遗嘱以伐丧案”时，认为范瑜以伐丧为名骗取族人范朝奉死后遗物，在“礼不伐丧”的传统风俗下，趁其尸骨未寒之际行并吞之实，不仅是世风之恶，更是置家族关爱、孝悌道德于不

---

① （唐）颜师古注：《汉书》卷七六之“王尊传”，中华书局1962年版，第3227页。

② （五代）孙光宪撰：《北梦琐言》卷十八之“诛不孝”，贾二强点校，中华书局2002年版，第339页。

③ （元）脱脱等撰：《宋史》卷二百“刑法志二”，中华书局1977年版，第4986页。

④ （元）脱脱等撰：《宋史》卷二百“刑法志二”，中华书局1977年版，第4986页。

顾，为"人情"所不容，因此不重惩不足以引他人为戒。故判决为"勘杖一百，编管邻州，所有范朝奉垂绝之际骗去钱物人，牒府第具姓名申来，以凭追究"①。最终仅以违法者不合"人情"即处以杖刑，并未申明断罪应依何法。

南宋洪迈为建宁太守时对奸凶之徒"诡秘杀人"后虽无律敕条文依据仍进行重罚。"奸凶之民，恃富逞力，处心积虑，果于杀人……闽中习俗尤甚，每执缚其仇，穷肆残虐。或以酒调锯屑逼之使饮，欲其黏著肺腑，不能传化，驯致瘵渴之疾。或炒沙镕蜡灌注耳中，令其聋聩。或以湿荐束体，布裹卵石痛加殴棰，而外无痕伤。或按擦肩背，使皮肤宽皱，乃施针刺入肩井，不可复出。或以小钓钩藏于鳅鱼之腹，强使吞之，攻钻五脏，久而必死……予守建宁，亦穷治一两事。"②奸猾凶恶之徒往往倚仗有钱有势，处心积虑害人杀人，手段变化多端，因外面不露伤痕，检验查证也找不到作案的真凭实据，虽欲治其罪，律敕却不曾规定条文，对之应按照案件的实际情况进行严惩。

《折狱龟鉴补》记载"父夜盗被子杀案"："大司农张晋为刑部时，民有与父异居而富者，父夜穿垣将入取资。子以为盗也，瞯其入扑杀之，取烛视尸则父也。吏议子杀父不宜纵，而实拒盗不知其为父，又不宜诛，久不能决。晋奋笔曰：杀贼可恕，不孝当诛。子有余财而使父贫为盗，不孝明矣。竟杀之。"③本案中父夜盗其子，子在不知是其父的情况下殴杀之，根据当时的法律规定，如果常人为盗被杀，事主无须承担责任，即"杀贼可恕"，子虽杀死其父，但主观上并没有杀死其父的故意，而是把父亲当成盗贼误杀，罪不当诛。但从情理上看，儿子富裕，父亲却因贫穷沦落为盗贼，儿子是大不孝，孝道有亏在前，导致父贫而盗

① 《名公书判清明集》卷之八"户婚门·遗嘱"之"假伪遗嘱以伐丧"，中国社会科学院历史研究所宋辽金元史研究室点校，中华书局1987年版，第289～290页。

② （南宋）洪迈：《容斋随笔》四笔·卷十之"闽俗诡秘杀人"，吉林大学出版社2009年版，第634页。

③ 陈重业主编《折狱龟鉴补译注》卷一"犯义"之"父盗子杀"，北京大学出版社2006年版，第84～85页。

子，法律和情理发生冲突，最终以情理作为司法裁判的依据杀了不孝之子。

《明史》记载“御史论饥民攘食人牛论死案”：饥民攘食人一牛，御史论死八人。信圭奏之，免六人。[①] 根据《大明律》卷十八“宰杀马牛”的规定，“若故杀他人马牛者，杖七十，徒一年半。若计赃重于本罪者，准盗论”，又据“盗马牛畜产”的规定，“若盗马牛而杀者，杖一百，徒三年”。如果严格依照法律的规定判决，攘食他人牛的饥民均应杖打一百，徒三年。但御史却论死罪八人，明显重于法律的规定。李信圭认为御史论罪死刑八人的行为太重，上奏皇帝。此案中，御史法外加重处罚饥民是否符合情理？自秦时商鞅变法就规定“盗马者死，盗牛者加”[②]。古代农耕社会，牛马均是人们赖以生存的重要生产运输工具，牛可以犁田翻土，马可以运输货物，比人的生产运输能力要强得多。作为非常重要的农耕畜力，耕牛被宰杀会严重影响农业生产。在灾荒年间，缺少耕牛，饥荒后重建就更加困难，就会导致更大的饥荒发生，使更多的人因饥饿而死，饥民为生存就会盗窃横行，甚至揭竿而起，社会的稳定受到严重威胁，进而“国将不国”，王朝面临被推翻的危险。饥荒年间宰杀牛马明显具有严重的社会危害性。而明律是社会稳定时适用的法律，对宰杀耕牛的处罚在灾年适用明显太轻，不足以扼制耕牛被宰杀。在权衡考量情理和律例后，御史对偷杀牛马者加重处罚，即使奏报后免了六人死刑，仍有两人因攘食他人牛被判死刑。这种因情理而重法的判决较好地平衡了灾荒饥民、生产重建和抗灾除盗等多方面的需要。

清代乾隆二十五年（1760年）题准的“蒋汝才砍死严于氏案”：蒋汝才姨母严于氏年逾八十，无所依靠，经族人给以田亩银两，托交蒋汝才领养，蒋乘空将严于氏送终衣服偷窃，严于氏发现后大肆辱骂，蒋气愤之

① 参见（清）张廷玉等：《明史》卷二八一“列传第一百六十九循吏”之“李信圭”，中华书局1974年版，第7198页。

② （汉）桓宽：《盐铁论》之“刑德第五十五”，载国学整理社辑：《诸子集成》（第七册），中华书局1954年版。

下遂起杀机，砍伤严于氏殒命。苏抚便将该犯以故杀外姻小功尊属律拟斩监候上报朝廷。“经查蒋欺于氏年迈，既窃其衣，复戕其命，凶恶已极。原情定罪，实与窃贼临时杀死事主者相同……该抚拟以斩候，是但论其杀死之罪，而不论其忿杀之由，殊未允协，驳令妥拟去后。旋据尊驳，将蒋汝才改照窃盗临时拒捕杀人律拟斩立决。”[①]按照故杀外姻小功尊属律拟斩监候，按照窃盗临时拒捕杀人律拟斩立决。此案中，族人以田亩银两托蒋汝才领养其姨母，是一种契约，蒋应当诚信奉养，何况还存在姨母与外甥间的血缘亲情？只论法律规定的服制定罪太轻，从重判处斩立决，更符合民众情理。

四、任情理而轻法

中国古代立法虽然规定应该依法判决，但在刑事审判实践中，统治者为体现仁政或德政，当情理与法发生冲突时并不严格依据法律条文办案，[②]通常会轻法以尽人情，从轻判决。

中国古代司法实践中“任情理而轻法”最早可追溯到汉代董仲舒所倡导的“春秋决狱”。他认为，即使行为人触犯了法律，只要合乎情理、动机纯正，只是“好心做了坏事”，导致犯罪结果的发生，仍可以对其减轻或免除处罚。典型案例是“子救父误伤父案”：“乙与丙争言相斗，丙以佩刀刺乙，甲（乙之子）即以杖击丙，误伤乙，甲当何论？或曰殴父也，当枭首。论曰：‘臣愚以父子至亲也，闻其斗莫不有怵怅之心，扶杖而救之，非所以欲诟父也。《春秋》之义，许止父病，进药于其父而卒，君子原心，赦而不诛。甲非律所谓殴父，不当坐。’”[③]虽汉代法律规定“殴父，当枭首”，甲也确实有殴父的事实，但甲殴父是因紧急情况下救父之情

① （清）祝庆祺等编：《刑案汇览三编》第一册 · 卷十八“亲属相盗”之“偷窃母姨衣服之后故杀事主”，北京古籍出版社 2004 年版，第 639 页。

② 参见康建胜：《情理法与传统司法实践》，载《青海社会科学》2011 年第 2 期。

③ （清）沈家本撰：《历代刑法考》之“汉律摭遗”卷二二“春秋断狱”，邓经元、骈宇骞点校，中华书局 1985 年版，第 1771 页。

理所误殴,不是法律规定的故意殴父,应赦而不诛。

"夫死未藏改嫁案":"甲夫乙将船,会海风盛,船没溺流死亡,不得葬。四月,甲母丙即嫁甲,欲皆何论?或曰,甲夫死未葬,法无许嫁,以私为人妻,当弃市。议曰:'臣愚以为《春秋》之义,言夫人归于齐,言夫死无男,有更嫁之道也。妇人无专制擅恣之行,听从为顺,嫁之者归也,甲又尊者所嫁,无淫行之心,非私为人妻也。明于决事,皆无罪名,不当坐。'"①意思是船夫出海外出打鱼,可能淹死了,尸体四个月不见。妻子由其母做主改嫁。汉律"夫死未葬,当弃市",根据法律,该女应当处弃市死刑;但董仲舒从情理上分析,认为夫虽死未葬,但是四个月都找不着尸体,在大海中也很难找到尸体,如何下葬?且再嫁并不是甲私自改嫁,而是尊者做主,不应处罚。

自董仲舒之后汉代法律逐渐体现儒家化的特征,并在司法实践中强调犯罪者行为时的动机,即当查明案情后如果依法判决将违背常理人情时,法官往往最终依情理从轻断决(原情定罪)。

建武二十五年(49 年),钟离意任堂邑令期间,县人防广为报父仇,被抓狱中,"其母病死,广哭泣不食。意怜伤之,乃听广归家,使得殡殓。丞掾皆争,意曰: '罪自我归,义不累下。'遂遣之。广殓母讫,果还入狱。意密以状闻,意竟得以减死论"。② 虽然法律规定复父仇杀人应处死刑,但是防广系狱后因母病死哭泣不食被特遣归家殡殓后,因守信按时回狱。正是情理与法冲突时情理因素占了上风,孝亲守信的防广最终因情理被减死论罪。

"继子杀继母案":"汉景帝时廷尉上囚防年,继母陈杀防年父,防年因杀陈。依律以杀母大逆论。帝疑之,武帝时年十二为太子,在帝侧,遂问之,对曰:夫继母如母,明不及母。缘父之故,比之于母。今继母无

① (清)沈家本撰:《历代刑法考》之"汉律摭遗"卷二二"春秋断狱",邓经元、骈守骞点校,中华书局 1985 年版,第 1772 页。

② 参见(南朝宋)范晔撰,(唐)李贤等注:《后汉书》卷四一"钟离意传",中华书局 1965 年版,第 1407 页。

状,手杀其父。下手之日,母恩绝矣。宜与杀人同,不宜以大逆论。"①继母杀父而与父"义绝",导致继子也与继母"恩绝",因"义绝"而"恩绝"的"理",使"继子杀继母"的性质,变成了杀普通人,不以大逆论处。

东汉人"缑玉为父报仇案":"杀夫氏之党,吏執玉以告外黄令梁配。配欲论杀玉。申屠蟠年十五进谏曰:'玉之节义,足以感无耻之孙,激忍辱之子。不遭明时,尚当表旌庐墓,况在清听,而不加哀矜!'配善其言,乃为谳得减死论。"②

"东汉明帝原情求实赦免王望案":"东汉王望为青州朝史,遇旱,便宜出所在布粟,事毕才报告皇帝。皆以为王望'专命,法有常条'。钟离意却以为:'昔华元、子反楚,宋之良臣,不弃君命,搜平二国,《春秋》之义,以为美谈。今望怀义忘罪,当仁不让,若绳之以法,忽其本情,将乖圣朝爱育之旨。'明帝赦免之。"③钟离意认为在天下大旱时王望虽然没有事先报告皇帝就擅自发粮救民,确实违背了法律的规定,但其动机"本情"在于救民,且事后补报,不应忽略其救民的本情,否则就会背离圣朝爱育百姓之本意,最终任情理而舍法,明帝赦免之。

魏晋南北朝时尽管处于长期割据战乱时期,但原情定罪的理念一直沿用。如东晋时南陵县吏陈满射鸟时误中了直师刘毅,按当时的法律规定,应该处以弃市刑罚。何承天认为:"狱贵情断,疑则从轻。昔惊汉文帝乘舆马者,张释之劾以犯跸,罪止罚金。何者?明其无心于惊马也。故不以乘舆之重,加以异制。今满意在射鸟,非有心于中人。按律过误伤人,三岁刑,况不伤乎?"④虽然陈满射中直师刘毅是事实,但其本心并不是射人,而是射鸟,过误伤人才三岁刑,何况刘毅并未受伤,微刑

① (南朝宋)桂万荣辑,(明)吴讷删正:《棠阴比事》之"汉武明经",中华书局1985年版,第1页。

② (南朝宋)范晔撰,(唐)李贤等注:《后汉书》卷五三"申屠蟠传",中华书局1965年版,第1751页。

③ (南朝宋)范晔撰,(唐)李贤等注:《后汉书》卷三九"王望传",中华书局1965年版,第1297页。

④ (北宋)李昉:《太平御览》(第六册)"刑法部六"卷六四〇,夏剑钦、王巽斋校点,河北教育出版社1999年版,第53页。

处罚即可。

东晋“王睦告发子劫案”：吴兴武康县人王延祖抢劫，被其父王睦到官府告发。按当时新法“凡劫，身斩刑，家人弃市”。当时何尚之之父尚书何叔度认为：“设法止奸，本于情理，非谓一人为劫，阖门应刑。所以罪及同产，欲开其相告，以出为恶之身。睦父子之至，容可悉共逃亡，而割其天属，还相缚送，螫毒在手，解腕求全，于情可愍，理亦宜宥。”“凡劫，身斩刑、家人弃市”的法律规定是希望以伦理常情阻止犯罪，犯人家属承担连坐责任的目的是迫使家人相互之间加强监督，阻止违法犯罪行为，减少对社会的危害。若自身犯罪会牵连家人，便应该放弃劫意；如果犯罪后被家人告发，看似舍弃亲情，实际是为家族利益，仍然符合礼义的规定，如果不去告发而被连坐弃市，则不符合“人之求生”之私情和“家族利益”为本的共情。“设法止奸，本于情理”，一旦司法实践中情理与法冲突，“于情可愍，理亦宜宥”，为了全家更大的利益（更大的情）而割舍父子伦理至情，值得怜悯；有悲悯之情，便有可宥之理，司法官应该依据情理作出判决，不应依法施王睦弃市之刑，“便凶人不容于家，逃刑无所，乃大绝根源也。睦既纠送，则余人无应复告，并合赦之”。[①]

南朝刘宋时“黄初妻赵氏殴妇王氏致死遇赦案”：宋文帝元嘉七年（430年），鄮县人黄初妻赵氏殴打儿子黄载的妻子王氏致死，后遇赦，王氏的父母认为依法应迁徙赵氏二千里外，王氏所生黄称是否应该随伺祖母？司徒左长史傅隆认为，“父子至亲，分形同气”，黄称与黄载，如黄载与赵氏一样都是亲子关系，虽黄称母死创巨痛深，但无仇祖母之义。“故古人不以父命辞王父命也。若云称可杀赵，赵当何以处载？若父子孙祖，互相残戮，惧非先王明罚、皋陶立法之本旨也。旧令云：‘杀人父母，徙二千里外。’不施父子孙祖明矣。赵当避王周功千里外耳。令云：‘凡流徙者，同籍亲近欲相随，听之。’此又大通情体，因亲以教爱

① 参见（梁）沈约撰：《宋书》卷六六“列传第二十六”之“何尚之”，中华书局1974年版，第1733页。

者也。赵既流移，载为人子，何得不从？载从而称不行，岂名教所许？赵虽内愧终身，称当沉痛没齿，孙祖之义，自不得绝，事理固然也。”①因自己的母亲被祖母殴杀，虽法律规定“杀人父母，徙二千里外”，但因祖母流徙、父亲相随，作为子孙的黄称虽母死感情上创巨痛深，但人伦上仍应相随，才能全孙祖之义。

唐朝时，尽管《唐律疏议》的条文完全体现了“礼法合一”的特征，但刑事审判中仍然进一步因情理而轻法。如“赵女因父迫饥而盗盐求免死案”：山阳县赵女的父亲盗盐被抓获后，按照法律应当“论死”。赵女到官府后诉称：“迫饥而盗，救死尔，情有可原。能原之邪？否则请俱死。”有司被其愿代父而死的孝行所感动，承诺减其父死罪。“赵女曰：‘身今为官所赐，愿毁服依浮屠法以报。’即截耳自信，侍父疾，卒不嫁。”②法官最初主张盗犯应死，只因迫饥为活命而盗盐，确属“情有可原”，又念其为父请愿、如不能达、愿与父俱死的孝父之“情理”，其父终被减刑免死。此案体现的即是任情理而轻法，对适用法律条文进行变通，得出更加合乎正义和良知的裁决。

宋代司法实践中优秀法官普遍践行“情理法”兼顾、因情理从轻判决。在《名公书判清明集》所记载的案例中，司法官在处理具体案件的过程中，违法律而遵情理的判决随处可见，遵法律而违情理的判决却很少见，这是一种不唯法律的深层价值取向发挥作用的结果，更直接的说法应该是从当事人双方到审判官都有一套可以为绝大多数人所接受的法律之外的行为评价标准。③

《名公书判清明集》中“母讼其子而终有爱子之心不欲遽断其罪”④

① （梁）沈约撰：《宋书》卷五五“列传第十五傅隆”，中华书局1974年版，第1550～1551页。

② （北宋）欧阳修、（北宋）宋祁撰：《新唐书》卷二百五“列传一百三十列女”，中华书局1975年版，第5831页。

③ 参见胡月明：《从〈名公书判清明集〉看南宋的情理法》，吉林大学2007年硕士学位论文，第6页。

④ 《名公书判清明集》卷之十“人伦门·母子”之“母讼其子而终有爱子之心不欲遽断其罪”，中国社会科学院历史研究所宋辽金元史研究室点校，中华书局1987年版，第363～364页。

记载，马圭十年之前曾因不孝被父亲告到官府，现在非但不思悔改反而心生怨恨，卖掉了父母分给的田产，不务正业，沉迷赌博，被其母以“不孝罪”告至官府，按照当时的法律，应“从其母之所请，刑之于市，与众弃之”。但根据其父遗嘱“有乞免官行遣之词，而其母亦复恻然动念，不胜舐犊之爱”，司法官胡石壁希望马圭能痛改前非、母子关系能够和好如初，于是舍法律，令邻舍、亲戚进行调解规劝。并告之，如再有犯，“乃母有词，定当科以不孝之罪”。

又“胡大不顺其母被母起诉案”，名公胡石壁的判词体现了刑事审判中情理论证、对当事人的道德教化，认为：“夫母之于子，天下至情之所在也，而乃一旦至此，必有大不能堪者矣。本合重作施行，以正不孝之罪，又恐自此母子兄弟不复可以如初矣，且押下厢，就本人家决十五，令拜谢（母）阿李，仍令四邻和劝。如再不改前非，定当照条断罪。”①

“李三因争财悖其母与兄姑从恕案”：李三因与母兄争财而被告，法官胡石壁在该案中首先考虑的是伦理纲常不可违，应当修复破裂的母子兄弟关系、复还天理，而不是严格依照法律规定，对不孝不友的李三进行诛杀。在其判词中对情理与法的关系进行了论证，曰：“人生天地之间，所以异于禽兽者，谓其知有礼义也。所谓礼义者，无他，只是孝于父母，友于兄弟而已……李三为人之弟而悖其兄，为人之子而悖其母，揆之于法，其罪何可胜诛。但当职务以教化为先，刑罚为后，且原李三之心，亦特因财利之来，起纷争之端。小人见利而不见义，此亦其常态耳。恕其既往之衍，开其自新之路，他时心平气定，则天理未必不还，母子兄弟，未必不复如初也……若将来仍旧不悛者，却当照条施行。”②李三因违背了孝父母、悌兄长的人情伦理而获罪，又因母子兄弟之间的情理在其改过自新后能够恢复如初而获宽恕。

① 《名公书判清明集》卷之十“人伦门 · 不孝”之“母讼其子量加责罚如再不改照条断”，中国社会科学院历史研究所宋辽金元史研究室点校，中华书局1987年版，第386页。

② 《名公书判清明集》卷之十“人伦门 · 母子”之“因争财而悖其母与兄姑从恕如不悛即追断”，中国社会科学院历史研究所宋辽金元史研究室点校，中华书局1987年版，第362页。

“冒立官户以他人之祖为祖案”：“李克义欲修岳庙，而乃毁伤李克义祖墓之松柏。”引起纷争后，法官认为按照法律“李克义本令勘杖一百”，但在情理上，他为“名家之后”，“特存善善及子孙之意”，最终罚赎。[①]

“兵士因母丧不告而归案”：兵士吴保随主官出差，未告假私自回家，本是不可容恕之罪，但究其逃归原因却是“奔母之丧”，本因公差在母卧病期间不能侍其医药而失孝子之心，闻母丧后更是方寸已乱，情急之下，来不及告假，情有可原，免于追究“不告而归之罪”。并因此案规定：此后出差两千里外、来回需要四个月以上且家有父母年老衰病无人供侍的，可免指差。[②]

除以上《名公书判清明集》记载的典型案例外，《折狱龟鉴》等史籍也记载了一些因情理从轻判决的刑事案件。

“马亮贷死案”：马亮为官时，所辖属县有一专门抢劫的亡命之徒，经常扰害百姓，为百姓所痛恨。于是，一伙英勇侠义之士基于义愤组队杀死了该恶徒，因是集团犯罪，其中的四人依照法律都要被判处死刑。但马亮认为，四人为民除害的杀人行为是正义行为，从情理上值得称赞和怜悯，若仍坚持依法将其诛杀，便不符合法含人情的本意，最终判决所有人免刑。这一判决结果被上报后受到了朝廷的肯定，认为该审判“犹为得体也”。[③]

元代虽然国家统一的法律在全国统一运行的时间较短，但仍有类似因情理而轻法的刑事判决。“布鲁海牙断释孝子罪”一事云：“有民误殴人死，吏论以重法，其子号泣请代死，布鲁海牙戒吏，使擒于市，惧则杀之。既而不惧，乃曰：‘误殴人死，情有可宥，子而能孝，义无可诛。’遂

---

① 参见《名公书判清明集》卷之一“官吏门·澄汰”“官吏门·顶冒”，中国社会科学院历史研究所宋辽金元史研究室点校，中华书局1987年版，第44页。

② 参见《名公书判清明集》卷之十一“人品门·越诉”之“兵士差处因奔母丧不告而归其罪可恕”，中国社会科学院历史研究所宋辽金元史研究室点校，中华书局1987年版，第437页。

③ 参见高洁：《“法术势”结构下中国传统司法审判的制度研判与启示——基于〈折狱龟鉴〉的反思》，载《中南财经政法大学研究生学报》2019年第6期。

并释之，使出银以资葬埋，且呼死者家谕之，其人悦从。”[①]犯死之人仅仅是过失而致人死亡，本就情有可原，其子又号泣请求代死，子孝父情令人感动，因之，将犯死之人及其孝子全部释放。

清代刑事审判更重视“情理法”的综合应用，其流传下来的史籍档案记载的因情理而轻法的案例更多。如清康熙年间吴宏判“方大林告其弟三林溺死案”：方大林在其弟三林溺死后二十日，控告三林是被母改嫁后的继父典与戴嘉默役使时，被戴妻打死。经官府查证三林是因夏日负薪而归赴塘沐浴不谙水性溺死。吴宏认为：“夫打死若真，勒领之后，何不即控。勒领若真，具结之日，胡为画押。此不过大林欲借弟居奇，有求未遂，故为此恐吓之词耳。不然子夏之妻为三林生母，岂甘默默，又何待大林为弟求伸也？本应坐诬，念其丧弟情惨，姑宽免究。”[②]虽然方大林控告的目的是借弟居奇未遂而恐吓对方，查证诬告应当反坐，但考虑到其丧弟凄惨的悲情，不予追究。

康熙四十六年（1707 年）“刘玉节误殴大功兄刘仁远致死案”：“刘玉节与伊堂兄刘仁远素无嫌怨，玉节适仁远，嫡姪国瑚居坐不起，辄加责骂。后国瑚见玉节之父刘奋曜辩白争论，玉节护伊父，执棍殴击国瑚，误伤仁远左眉殒命。刘玉节合依‘斗殴误杀伤人者，以斗殴论；殴大功兄死者，斩立决’。但系伊救父情迫。刘玉节应改‘免死减等’佥妻杖流，追取买葬银二十两给付死者之家。奉旨依议。”[③]

乾隆十一年（1746 年）“郑板桥判僧尼通奸案”：郑板桥担任山东潍县知县时，一对年轻僧尼因通奸被拿送官府。《大清律例·刑律·犯奸》第 367 条规定：“凡和奸，杖八十。”第 372 条“条例 02”规定：“僧道尼僧女冠有犯和奸者，于本寺观庵院门首枷号两个月，杖一百。”如果依

---

① （明）宋濂等撰：《元史》卷一二五“列传第十二”“布鲁海牙传”，中华书局 1976 年版，第 3070 页。

② （清）吴宏：《纸上经纶》卷四“谳语”之“打死弟命事”，载《明清公牍秘本五种》，郭成伟、田涛点校整理，中国政法大学出版社 1999 年版。

③ 《定例成案合镌续增》“刑部”之“人命·误殴大功兄改案”，吴江乐荆堂藏版（康熙五十八年夏季以前成案）。

据法律条文判决，这对年轻僧尼就会立即被强制性地戴上二十五斤重的制式木枷，在木枷上的封条上写上所犯的通奸罪名，然后各自站立在寺院和庵院门口，风雨无阻地被当街示众整整六十日。枷号期满后的当晚，还会被杖打屁股一百。郑板桥动了恻隐之心，判令二人还俗并结为夫妻，并遂赋诗一首："一半葫芦一半瓢，合来一处好成桃。从今入定风归寂，此后敲门月影遥。鸟性悦时空即色，莲花落处静偏娇。是谁勾却风流案，记取当年郑板桥。"[①]虽然舍法用情，为对案件负责，避免以后翻案，特地押上自己的姓名，为僧尼的通奸行为背书。郑板桥的这种任情舍法轻法的做法受到了百姓的称赞和颂扬，深得民心，流传至今。

"夫教唆妻通奸图他人财被妻杀案"：夫为图他人财物，教唆妻子与之通奸，后丈夫又强行禁止，却不料妻子已不愿回头，被妻所杀。本案属于故杀，妻依一般"妇杀夫"法，应被处以极刑，但此案其夫违礼在先，与事先隐瞒丈夫与他人通奸而后杀夫案有所不同。丈夫本身对案件的发生有促进行为，属于自招其祸。[②] 因此，其妻不应被处极刑。与之类似的是康熙二十一年（1682 年）的"孙绍先等谋杀朱元案"，杨氏与邵先行奸之处，系伊夫朱元逼成，非杨氏情愿，将杨氏免罪。[③]

道光六年（1826 年）的东抚咨"孔传礼杀死被人奸拐之女案"也是典型的因情理而轻法的案例：孔传礼之女孔氏与周广通奸后私奔，被孔传礼之子孔继昌找获，因"私奔"，"家丑不可外扬"便隐忍未发，后孔氏嫌弃周广家贫逃出，央人找主改嫁，孔传礼闻知后，认为孔氏玷污了祖宗，气愤之下责令其子孔继昌将孔氏砍毙。按照《大清律例》中的"子孙违犯教令、父非理殴杀者"，应杖打一百。在其所附之例中记载："果因玷污祖宗起见，忿激致毙者，无论谋、故，为首之尊长均按服制，于殴杀

① （清）曾衍东：《小豆棚》卷十六"杂记"之"郑板桥"，盛伟校点，齐鲁书社 2004 年版，第 264～265 页。

② 参见贺长龄：《皇朝经世文编》卷九一"刑政二 · 律例上"之"问拟余论"，载《魏源全集》（第十八册），岳麓书社 2004 年版。

③ 参见《定例成案合镌续增》"刑部"之"人命 · 杀死本夫奸妇免罪成案"，吴江乐荆堂藏版（康熙五十八年夏季以前成案）。

卑幼本律上减一等;下手之尊长依‘余人’律,杖一百。”若被杀者属于淫乱女子且嫌弃夫家贫穷而抛夫,则比“违犯教令”的罪行要重,被父母殴毙,应不属于“非理殴杀”。

此案中该省比照嘉庆二十五年(1820年)河南省所咨的两个案件进行处理:一是刘玉林勒死犯奸之女,声明因女无耻,愤激致毙;二是赵中元勒死犯奸之女,将周广依“和诱”拟军、孔继昌依“下手之尊长”拟杖,军属照例办理。刑部经过复核后认为该省的拟判错误,孔传礼因女淫荡、玷污祖宗,忿激起意,逼令伊子将女杀死,与“父母非理殴杀子女者”不同,将孔传礼依“尊长因玷污祖宗、忿激致毙卑幼”例,减等拟杖。①

刑部为了维护传统社会的伦理道德秩序,从情理的角度进行了详细分析,认为女儿与人通奸,违背了婚俗礼教,又嫌贫爱富、抛弃丈夫,央人找主改嫁,让其父蒙受奇耻大辱,应视为不孝,其父忍无可忍,逼令其子杀之。刑部认为孔传礼杀女不是“非理殴杀”,实乃因女淫荡在先、嫌贫弃夫在后,做出玷污祖宗等违背情理的行为导致,再加上有现成的前例可引,不应拟杖,应免刑。

“李虎娃因全母节杀奸夫自承死罪案”:渭南县村民李虎娃因赶巧遇见本村佃农彭某与其母通奸,一气之下杀死了奸夫彭某,案发后,李虎娃起初为保全母亲名节,不愿说出实情,自承:“向与彭同炕而宿,肇衅之夕,彭与同鸡奸,愤不可遏,故以刀毙之,愿论抵。”但当时知县分析,死者彭某力大如牛,年仅十八岁的李虎娃不可能将其乱刀砍死,情理上说不通,于是不断地对虎娃进行开导,引导涉世未深的李虎娃说出了实情。知县了解实情后大受感动,认为,依清朝法例,杀人应斩,但李虎娃杀人是为了保全母亲名声,符合当时社会的道德与伦理要求,为“丈夫”“孝子”之行,因此免除了原来应有的处罚,称:“李虎娃弱龄杀

① 参见(清)祝庆祺等编:《刑案汇览三编》第三册·卷四四“刑律”之“殴祖父母父母”,北京古籍出版社2004年版,第1599页。

奸，挺身认罪，其始激于义愤，不愧丈夫；其后曲全母名，可称孝子。”[①]

中国古代因情理而轻法的司法案例中，单单因孝复仇杀人被从轻判决的就有很多。在中国古代国家法律禁止复仇，对复仇杀人者，法律规定处以死刑，当司法官无法在案件中申明“孝悌”人伦亲情时，除个别严格依法判处复仇杀人者死刑外，往往会以情轻法，对复仇者予以宽大处理、网开一面。

如东汉时期的“赵娥复仇杀人案”：酒泉女子赵娥为报父仇杀人后径直到县衙自首，称“父仇已报，请就刑戮”，县官竟然拒绝受理此案，甚至该县官宁愿弃官，让其赶快逃走。按照汉代的法律，司法官私纵人犯应负刑事责任，该县官当场解下随身携带的官印打算辞官，但赵娥不愿连累这位“好心”县官，也不赞同其处理案件的方式，要求县官依法处断，不必法外原情。她说：“匹妇虽微，犹知宪制，杀人之罪，法所不纵。今既犯之，义无可逃，乞就刑戮，殒身朝市，肃明王法。”法官命人强行将赵娥车载回家，对赵娥的行为深表佩服的百姓“倾城奔往，观者莫不为之悲喜慷慨嗟叹”。此案上报凉州刺史和酒泉太守，他们为赵娥的孝行所感动，联名上奏，赞誉赵娥的烈义行为，请求皇上法外施恩、赦免孝女赵娥的死罪，同时“称其义烈，刊石之碑，显其门闾、帛二十端礼之”。汉灵帝阅后颁下圣旨，不仅免去了赵娥的死罪，还封她为“孝女”。酒泉的官府和百姓马上为赵娥树碑立传，并在其家大门口挂上了“忠孝”匾额，当时的太常等显贵还专门登门看望，并以绸缎锦帛等物品相赠。赵娥的事迹在全国得到了广泛宣扬：“海内闻之者，莫不改容赞善，高大其义。”当时的黄门侍郎为其作传，追述了赵娥的事迹。西晋政治家傅玄为其作《秦女休行》诗，加以赞美。[②] 赵娥复仇杀人不仅没按照法律的规定处以死刑，反而因孝行情理被大肆宣扬、褒奖。

根据历史文献的记载，复仇杀人后司法官任情理而舍法的判决即

① 汪世荣：《中国古代判词研究》，中国政法大学出版社 1997 年版，第 280 页。

② 参见（南朝宋）范晔撰，（唐）李贤等注：《后汉书》卷八四“列女传”之“庞淯母”，中华书局 1965 年版，第 2796～2797 页。

使在长期分裂割据、社会动荡的魏晋南北朝时仍然存在。例如,吴兴坞城人王谈,年仅十岁时,其父被邻人窦度所杀,他决心为父复仇,又害怕被窦度怀疑,便寸刃不畜,日夜伺度,未得。至其年十八时,秘密买了把利锸,装扮成耕锄者,发现窦度常常乘船出入,经过一桥下,王谈便埋伏在桥附近的草丛中,等窦度返回经桥下时,于桥上以锸斩之,窦度应手而死。“既而归罪有司,太守孔岩义其孝勇,列上宥之。”①此类案例很多——张景仁:“父梁天监初为同县韦法所杀,景仁时年八岁。及长,志在复仇。普通七年,遇法于公田渚,手斩其首以祭父墓。事竟,诣郡自缚,乞依刑法。太守蔡天起上言于州。时简文在镇,乃下教褒美之,原其罪,下属长蠲其一户租调,以旌孝行。”②孙益德:“其母为人所害,益德童幼为母复仇。还家,哭于殡以待县官。高祖、文明太后以其幼而孝决,又不逃罪,特免之。”③李庆绪:“父为人所害,庆绪九岁而孤,为兄所养,日夜号泣,志在复仇。投州将陈显达,仍于部伍白日手刃其仇,自缚归罪,州将义而释之。”④

唐穆宗时“康买得救父杀人案”:康买得之父康宪曾借钱给张莅,因久不还钱,便带十四岁的康买得上门讨要,张莅醉酒后手扼康宪咽喉,康买得为救父用木锸猛击张莅头部,致流血不止,三日后死亡。按照当时的法律,应以斗杀罪判死刑。刑部侍郎孙革认为,“买得救父难是性孝,非暴;击张莅是心切,非凶”。其判词曰:“以髫丱之岁,正父子之亲,若非圣化所加,童子安能及此?《王制》称五刑之理,必原父子之亲以权之,慎测浅深之量以别之;《春秋》之义,原心定罪;《周书》所训,诸罚有权。今买得生被皇风,幼符至孝,哀矜之宥,伏在圣慈。臣职当谳刑,合分善恶。”上奏皇帝“法外开恩”,对康买得“减死罪一等”处罚。孙革的建议情法兼备,不仅不亏于法理,而且能够从人情与事理中寻找礼与法

---

① (唐)房玄龄等撰:《晋书》卷八八“列传第五十八孝友”,中华书局1974年版,第2291页。
② (唐)李延寿撰:《南史》卷七四“列传第六十四孝义下”,中华书局1975年版,第1843页。
③ (北齐)魏收撰:《魏书》卷八六“列传第七十四孝感”,中华书局1974年版,第1883页。
④ (唐)李延寿撰:《南史》卷七四“列传第六十四孝义下”,中华书局1975年版,第1845页。

的平衡。皇帝下诏："康买得尚在童年，能知子道，虽杀人当死，而为父可哀。若从沉命之科，恐失原情之义，宜付法司，减死罪一等。"①

宋朝《名公书判清明集》所载名公判决的案件中，有明确引用律令的，但也有相当部分并不完全依律令作出。凡是涉及礼义、情理、伦常的案件，司法官往往先找到相关法律的明文规定，再根据案件背后的情理、礼义等因素进行解释裁量。在多数情况下，在判词中有大段大段的道德说教与论证，有时与当事人产生情感上的共鸣，表达愤怒和感慨，虽然大段的情理说教与论证不是直接的判决根据，但会让犯人和被害人及其家属心甘情愿地服判。名公们有时更是直接舍弃法律的规定，直接以情、理、礼、乡例等作出判决，《名公书判清明集》所引判词中除一百多篇明确征引法令条文外，其他大部分往往找不到相关法律规定，整篇判词中体现的是司法官在分析案情基础上进行的道德教化与主观判断，有些判词厘清了具体的案件事实，指明了相关的法律规定，但并未按照法律判决，而是对涉案中的民众道德、日常观念等情理进行论证，最终作出了与法律规定不同甚至相反的判决，但大多能够为双方当事人接受，为社会接受。②

如"余再六因祖坟受侵扰伤危辛一致死案"：危辛一砍了余再六祖坟上的树木，余再六气愤之下，将危辛一砍伤致死，司法官从祖坟受族人保护、侵扰祖坟是对祖宗的不敬的激愤情理出发，分析"爱护墓木者，所以爱护其祖宗也。人谁无坟墓，此其起因，原情实有可怜。"余再六无论是失手还是故意砍伤危辛一致死，都是被害人先砍其祖坟之木、伤其爱族敬宗之情导致的，情理上可以从轻处罚，最终从轻判决为："脊杖二十，刺配两千里军州牢城。"③

① （北宋）李昉等撰：《太平御览》卷二一八"职官部十六"，载《景印文渊阁四库全书》（第八九五册），台北，台湾商务印书馆1986年版。

② 参见胡月明：《从〈名公书判清明集〉看南宋的情理法》，吉林大学2007年硕士学位论文，第4～5页。

③ 《名公书判清明集》卷之九"户婚门"之"争墓木致死"，中国社会科学院历史研究所宋辽金元史研究室点校，中华书局1987年版，第330～331页。

明代县主吴伦因“流寇入境，依律应受惩处但从民意免刑留任案”：漳县县主吴伦任职三月“宽明仁恕，政令肃清”，万民称服，却遭遇流寇入境，烧杀洗劫，“公私宇舍，悉成灰烬”。依据法律的规定，吴伦防寇不力应受惩处。二百余名民众联名上保，请求法外开恩，免刑留任。陈述的理由是：流寇入境时，城中无橹楼可守，民众惧怕不敢抗敌。即使县主拼命拒守，也难逃破城之难，今县主“事穷事促，坐受天殃。今闻按法当去，士民如失父母。伏乞俯从民意，曲赐保全之恩。据法原情，普抚疮痍之众”。按察司经审查后批复“今从民欲，聊为曲全”。[①] 该案说明司法官审断案件虽然要求依据法律，但根据“流寇之风、民不敢抗，即使县主一人拼死也难逃城破之难”的道理及“县中居民联名予以保全”的“民情”，可以“曲法而顺应了民愿之情理”。

司法实践中，法官在审理涉及尊卑之间人伦之理案件时，往往强调卑对尊的义务、尊对卑的权利，对尊殴杀卑幼减轻处罚、卑幼殴詈尊亲长都会处以死刑。如曹魏文帝时，“有大女刘硃，挝子妇酷暴，前后三妇自杀，论硃减死输作尚方，因是下怨毒杀人减死之令”。[②] 老妇刘硃酷暴子媳，前后三位儿媳均被逼自杀身亡，对此悍妇恶妇，本应将其处以死刑，司法官却依据“尊殴卑”的法律和尊卑之间的伦理，对其“减死”处罚，后又以“输作”的方式赎免。类似“姑殴妇致死”减死处罚的案例在唐朝的司法实践中也有。例如，刑部尚书柳公绰处理的案例：“京兆人有姑鞭妇至死者，府断以偿死。（柳）公绰议曰：‘尊殴卑非斗，且其子在，以妻而戮其母，非教也。’竟减死。”[③]

南宋许佳因弟妇堕满月胎，妄论叔父许三杰，诬执、殴打之，并扛死尸入其房中寿木内，打碎其门窗、户扇、什物。“原情定罪，许佳不可胜

---

① 参见（明）余象斗辑：《廉明公案》下卷“脱罪类”之“按察司批保县官”，载《古本小说丛刊》（第二八辑），中华书局1991年版。

② 参见（唐）房玄龄等撰：《晋书》卷三十“志第二十刑法”，中华书局1974年版，第922页。

③ （后晋）刘昫等撰：《旧唐书》卷一六五“列传第一百一十五”之“柳公绰”，中华书局1975年版，第4304页。

诛。况撰造致死公事，骗挟平人，尚不可恕。今乃骗挟叔父，此何心哉？许佳妄以弟及弟妇致死诬人，自合反坐，兼殴伤叔父”，依律应徒三年上加一等。虽会赦仍妄诉不已，按法应“断配”。但考虑到其父“自始至终不曾出官，可见犹有爱弟之意”，只是不能教训悖逆之子。如果“断配”许佳，则其父与其叔父“同居，共门出入，兄弟自此何以相见？然此等凶恶之人，亦不可恕”，最终断罚许佳脊杖十五，编管五百里，枷项押下本县，并赔偿其叔父家被损坏的寿木门窗等。[1]

清康熙年间“盗犯胡秋古行劫汪继麟家案复审案”，法官吴宏根据佥供，从情理上指出了“疑者可释者”十处，其中“疑者可释者三”指出，讯问被告人“为何不识盗者面目时”，供“因盗手执利刃不敢仰视”。吴宏认为：“被劫之家，心惊胆落，宁敢熟视以取不测之祸。揆之情理亦属可信。”“疑者可释者五”是根据失单审讯盗者赃物何处时，供称除招认起获外，其余有在包袱内丢弃的。吴宏认为：“人必穷极而后为盗，赃物入手，岂能久存？况虑及被获则赃为明证，由惟恐去之不速、不尽者。若欲据失单而一一求其符合，此必不得之数也。”“疑者可释者六”指出，盗物被人追赶后“与其负重行迟更遇强人之手，则不若速弃疾走，此时爱物之念轻，惜命之念重”。[2] 此案件虽然不能判断是任情理而轻法，但能推断该案件因违背情理被复审后对盗犯从轻判刑。

康熙三十二年(1693 年)“殴死胞兄母乞存留案”，规定因情急杀死胞兄而母贫孀无依者可以免死留养：“朱二责朱满耕作不勤而相角口，朱二先取削竹刀将满连砍数刀，满在醉中被砍，情急夺刀还砍，朱二殒命，原无欲杀之心。但朱满之母刘氏哀籲，一子已杀一子抵命，贫孀无依，乞留养生，情有可悯，应将朱满免死减等枷号二个月，责四十板，准

---

① 参见《名公书判清明集》卷之十三“惩恶门・妄诉”之“妄以弟及弟妇致死诬其叔”，中国社会科学院历史研究所宋辽金元史研究室点校，中华书局 1987 年版，第 495～496 页。

② 参见(清)吴宏：《纸上经纶》卷一“招”之“休邑乡村等事”，载《明清公牍秘本五种》，郭成伟、田涛点校整理，中国政法大学出版社 1999 年版。

其存留养亲。”①

五、情理与法各得其平

中国古代一直倡导做人要“通情达理”，做官要“揆情度理”“准情酌理”。山西平遥县县衙大门的楹联比较直观地警示百姓莫轻易打官司、司法官斟酌情理审断案件，写道：“莫寻仇，莫负气，莫听教唆，到此地费心费力费钱，就胜人终累己；要酌理，要揆情，要变时世，做这官不勤不清不慎，易造孽难欺天。”②上联警示百姓莫要寻仇、负气、听教唆，一旦打官司就会费心费力费钱，就算胜诉，自己也会在人、财、物上受到拖累。下联要求司法官在审理案件时要慎重，要酌理、揆情、变时世，如果做官不勤不清不慎，就是在造孽，逆天理而行，难以欺天。

古代法官审理刑事案件的最高理想追求是“人情、法理两得其平”。③ 三国时吴国滕胤，担任地方官员时“每听辞讼，断罪法，察言观色，务尽情理。人有穷冤悲苦之言，对之流涕”。④

唐朝时的敦煌《文明判集残卷》载“秦鸾因母病偷佛事用品为母祈福案”：秦鸾母亲罹患重疾，终日卧病在床。因家贫无钱治疗，鸾欲求佛祖保佑，便偷了一些佛事用品在家中为母祈福。偷窃与为母祈福之间存在因果关系，母病后为母祈福的人子之情理与偷窃应受法律处罚之间发生了冲突。有些人认为，秦鸾出于祈求母亲病好的良好愿望而盗窃佛事用品，其行为应属于大孝，从直观情感上应当受到褒扬，对其偷窃行为可以不予处罚。还有一些人认为，秦鸾虽因孝母而偷窃，孝心可嘉，但其盗窃毕竟是犯罪行为，从长远来看，一旦被定罪，其双亲及家族名誉也会受辱，因此，从法律上、从更深层次的“孝”上都应该受到惩罚，

① 东洋文化研究所藏：《定例全编》卷三四“刑部·人命”之“殴死胞兄母乞存留”，康熙五十四年京都荣锦堂刊本。

② 尹先敦：《历代官署衙门楹联选》，中国文联出版社 2003 年版，第 100 页。

③ 参见《名公书判清明集》卷之七“户婚门·立继”之“出继子破一家不可归宗”，中国社会科学院历史研究所宋辽金元史研究室点校，中华书局 1987 年版，第 267 页。

④ 参见(西晋)陈寿撰，(南朝宋)裴松之注：《三国志·吴书》，中华书局 1999 年版，第 1062 页。

应当按照盗窃罪处罚。如果容许以损害他人利益的违法犯罪方法孝顺父母,必将损害社会秩序。因此,情理法各得其平,应从轻处罚。①

《刻清明集叙》曰:“清明集二卷者,皆宋以来名公书判,其原情定罚,比物引类,可谓曲尽矣……益足见古人用法权衡真锱铢必慎哉。”②南宋的名公们审理案件时尽量做到适用法律条文和参酌情理,在可以依律例勘断的个案中寻找出可以哀矜的案件事实,兼顾情理,他们所作的判词中多数有“情法两尽”“非惟法意之所得,亦于人情为不安”“酌以人情参以法意”之语,在所作判词的末尾往往附有“揆之天理”“已尽情理”之类的情理论断。③

在审断刑事案件时,法律是司法审判的“常经”,是司法官必须首先遵循的依据和不容突破的底线,而情和理则是令判决结果能为庶民所接受的参照。④《名公书判清明集》的所有判词中有 1/5 写明引用法律条文,没有明确引用法律条文的判词中,大部分也是根据法意结合情理作出的处理,所谓:“夫养蔡氏之子,为刑之后,固非法意,但当时既出于坚之祖母吴氏及其母周氏之本心,邢柟又亲命之,是自违法而立之,非坚之罪也。”⑤“详史权县四不可之判,据法甚明,若事实果合法意,则雷焕为名教罪人,当无所容喙矣。”⑥

司法官要有善于察情的本领,法官对情理是否能够准确把握是决定案件判决是否合理的关键。“事有似是而实非,词有似弱而实强,察

① 参见《文明判集残卷》,载杨一凡、徐立志主编:《历代判例判牍》(第一册),俞鹿年、汪世荣、闫晓君等整理,中国社会科学出版社 2005 年版。

② 《名公书判清明集》附录一“刻清明集叙”,中国社会科学院历史研究所宋辽金元史研究室点校,中华书局 1987 年版,第 563 页。

③ 参见《名公书判清明集》卷之七“户婚门 · 立继”之“出继子破一家不可归宗”,中国社会科学院历史研究所宋辽金元史研究室点校,中华书局 1987 年版,第 226 ~ 227 页。

④ 参见廖峻:《〈名公书判清明集〉中宋代司法审判的中庸理念及其方法》,载《贵州民族学院学报(哲学社会科学版)》2010 年第 1 期。

⑤ 《名公书判清明集》卷之七“户婚门 · 立继”之“生前抱养外姓殁后难以摇动”,中国社会科学院历史研究所宋辽金元史研究室点校,中华书局 1987 年版,第 201 页。

⑥ 《名公书判清明集》卷之七“户婚门 · 立继”之“不当立仆之子”,中国社会科学院历史研究所宋辽金元史研究室点校,中华书局 1987 年版,第 207 页。

词于事,始见情伪,善听讼者不可有所偏也。”①只有深入了解案件背后的真实情理,才能使判决公允、恰当,更富有人性色彩,使犯人、被害人及其亲属心甘情愿地接受判决结果,消弭诉讼连年淹滞、难以结绝的弊端,判决结果也更易于为民众所接受,起到道德教化和警示他人的作用。

《名公书判清明集》中名公胡石壁审理的“母讼子不供养案”:钟千乙是寡妇阿蒋的独子,不求谋生之道以养母,导致其母贫不聊生,其母只得变卖家中什物以勉强度日。但钟千乙却妄用其母用来维持生计的所鬻之钱,且久不归家,其母阿蒋无以为生,不得已将其诉于官。按照当时的法律,钟千乙属于对父母供养有缺的“不孝”之人,应徒三年,但有“母子相依为命”“母贫病”“喘息不保”等实情,如对其科刑,其母更会贫苦无所依。此案虽母子相讼,但母子间的人伦亲情无法轻易割舍,故胡石壁“原情”而断,给不孝子一个改过自新的机会,判云:“钟千乙合行断治,今观其母羸病之余,喘息不保,或有缓急,谁为之倚,未欲寘之于法,且责戒励,放。自此以后,仰革心悔过,以养其母。本州仍支五斗,责付阿蒋,且充日下接济之须。”②

明初“漂舟取麦非劫案”:明初,有“坐盗麦舟者,论死数十人”,江宁知府(陈灌)复审时经过反复勘验,认为只是愚蠢的百姓一起哄抢了自行漂流的运麦船只的麦子,并不是百姓有预谋的抢劫,如果将几十个人都以“谋劫”罪判处死刑,很多人会因一时的从众贪念枉死,是不“恤刑”的体现。他在综合考虑了百姓愚蠢贪婪的人情、船只自漂的实情以及与预谋抢劫不同的三种情理因素后,最终“坐其首一人,余悉减死”。③ 只将首犯一人处死刑,其余全部减轻了刑罚,实际做到了情理法

① 《名公书判清明集》卷之五“户婚门·争业下”之“姪假立叔契昏赖田业”,中国社会科学院历史研究所宋辽金元史研究室点校,中华书局1987年版,第146页。

② 《名公书判清明集》卷之十“人伦门·母子”之“母讼子不供养”,中国社会科学院历史研究所宋辽金元史研究室点校,中华书局1987年版,第364页。

③ 参见(清)张廷玉:《明史》卷二八一“列传第一百六十九循吏”之“陈灌”,中华书局1974年版,第7187页。

的兼顾。

《云间谳略》卷二记载明朝时“兄弟斗殴致堂弟媳被殴怀忿自尽案”①：因地界不明及旱月戽水农家日常之生活琐事，两兄弟斗殴，张氏被夫之堂兄周有达殴打而怀忿自尽，但明律中并无“尊长威逼卑幼致死”的量刑规定，初审法官注重情理法的结合，判决周有达给葬银，而周金因“束子不严，致侄妇非死”，负管教不严的间接责任，应论杖；死者丈夫在妻死后需要续娶，判决周金追加五两白银作为续娶费用，周方藏怒于兄周金，乘机肆诳，以杖惩处。这些判决体现了维护父系家族和睦的审判倾向。但在兵道祥批时，认为周有达殴打张氏，致其怀忿自尽，应该重处，亦被处以杖刑，两次判决除维护伦常秩序的本意外，也有意无意间地反映了晚明法律执行者对公平正义理念的追求。②

清乾隆六十年（1795 年）“刘七娶未婚弟妇为妻案”：刘七之弟刘八与苏从德的侄女苏大各订婚后尚未过门，刘八就因事出逃毫无音信达八年之久。苏从德考虑侄女已长大，担心耽误终身，就与刘七的胞兄刘美商量，将苏大各许配给刘七为妻，并为二人主婚。根据《大清律例》“娶亲属妻妾”的规定，凡娶小功之妻以上者，各以奸论，自徒三年至绞斩。③ 刘七与刘八兄弟属于期亲，依律可断为绞斩。但审断此案的法官考虑苏氏女并未过门，且与刘七的婚姻是刘七胞兄主婚等因素，最终判决独坐主婚，将起意婚配的苏从德等人分别从拟流徒，而男女不坐并离异。刑部对此评价云：“此案苏氏系刘八未婚之妻，其夫未娶逃出八年，别嫁本属合法。惟不得与刘七婚配耳。今其父其兄冒昧作合，乃愚民

① 参见（明）毛一鹭：《云间谳略》卷二，载杨一凡、徐立志主编：《历代判例判牍》（第三册），俞鹿年、汪世荣、闫晓君等整理，中国社会科学出版社 2005 年版。

② 参见陈晓出：《晚明亲属杀伤案件研究——以秩序与亲情的冲突为视角》，辽宁大学 2018 年硕士学位论文，第 34 ~ 35 页。

③ 参见（清）沈之奇撰：《大清律辑注》之“户律 · 婚姻”，怀效锋、李俊点校，法律出版社 2000 年版，第 269 页。

之无知，即不便谓之收已婚之弟妇，亦不可谓之娶应嫁之平人。”①刘七与苏大各的婚配确实构成了娶小功以上亲罪，依照法律应当处死刑；但是，刘八外逃八年，杳无音信，本身就有过错，苏从德情理上也不愿侄女耽误终身，将侄女别嫁合法，只是没有考虑法律禁止性规定，嫁给了期亲，是愚民无知导致的冒昧作合。原判没有考虑该案中的情理因素，一味按照法律，存在过误，不应以“收已婚之弟妇”“娶应嫁之平人”论罪。

清代“谋杀十岁以下斩决案”中，乾隆皇帝认为谋杀十岁以下幼童的案犯，“淫凶残忍，实出情理之外。刑部拟以斩候，入今年情实”。②如果按照旧例处理超出一般民众情理之外的淫凶恶行，则“不足敝辜”，也易引起民众的不满，为了实现情罪允协的目的，应进行斩决。

清代“夫殴妻致死拟徒案”：王瑞之妻张氏性格泼辣，经常与其姑杨氏争吵。乾隆四十五年（1780 年）二月二十二日，张氏与杨氏再起争执后辱骂杨氏。后杨氏将事情告知了其子王瑞，王瑞一怒之下将妻子张氏殴死。直隶总督认为王瑞的行为属于“擅杀”。法律规定：“凡妻妾因殴骂夫之父母而夫擅杀死者，杖一百，亲告乃坐。”本案中，子妇詈骂翁姑，被夫忿激致毙，姑杨氏虽经到案供明，究未先行亲告，既有秋审再减明文，则定案时不得率引“擅杀”条，其殴毙妻命应依“故杀妻律”定罪，拟绞监候。③ 刑部却认为媳殴詈姑，违背伦理纲常，实属恶逆，虽姑无亲告，但有邻居目睹，应视为亲告。“至若媳忤其姑见证确凿，其媳实系罪犯应死之人，即当准情引律，以正伦常而惟风教。”④最终该案经过驳议，

---

① （清）祝庆祺等编：《刑案汇览三编》第一册·卷八“娶亲属妻妾”之“娶未婚弟妇为妻系尊长主婚”，北京古籍出版社 2004 年版，第 255 页。

② 参见（清）全士潮等纂：《驳案新编》，载杨一凡、徐立志主编：《历代判例判牍》（第七册），俞鹿年、汪世荣、闫晓君等整理，中国社会科学出版社 2005 年版。

③ 参见（清）全士潮等纂：《驳案新编》，载杨一凡、徐立志主编：《历代判例判牍》（第七册），俞鹿年、汪世荣、闫晓君等整理，中国社会科学出版社 2005 年版。

④ （清）全士潮等纂：《驳案新编》，载杨一凡、徐立志主编：《历代判例判牍》（第七册），俞鹿年、汪世荣、闫晓君等整理，中国社会科学出版社 2005 年版。

对王瑞按照“妻殴夫之父母而夫擅杀者,杖一百律”量加一等处罚,杖打六十、徒一年,至配所折责二十板。此案对王瑞“准情理而轻法”的从轻处罚就是对张氏违背伦常天理行为的否定。

清代“老媪劫女案”:一老媪为了抱孙子,绑走了已孕未婚的儿媳,等其产后归案自首。《大清律例》“婚姻”规定:“其应为婚者,虽已纳聘财,期约未至,而男家强娶……笞五十。”又按《大清律例》“犯奸”的规定:“凡和奸,杖八十。”此案如按“犯奸”,被劫女未婚先孕,应以“和奸罪”判处,杖责八十。如果按照“婚姻”中的“已纳聘财,期约未至,而男家强娶”的规定,老媪强绑未婚儿媳,应笞五十。该案法官充分考虑了案中情理,认为“男欢女爱,乃是情种所致;老媪抢女安胎,亦为子孙着想,皆人之常情,并无诛心之过,勿须追究”,不应以重律审断,最终拟杖纳赎。① 此案反映了司法官在具体审断刑事案件时依据情理灵活变通的裁判理念。如方大湜所言:“自理词讼,原不必事事照例。但本案情节,应用何律何例,必须考究明白,再就本地风俗,准情酌理而变通之,庶不与律例十分相背。”②

清代于成龙情理法兼顾而妙断的“赵廖两姓械斗案”:广西罗城赵廖两姓比邻而居,两姓间邻接着一块无人耕种的五亩土地,历来权属不明,赵姓族长擅自派族人耕种,廖姓发现后与之发生了争执,争吵中双方纷纷召集各自族人到场,最终大打出手,演变成数百人的械斗,造成八十五人死亡(其中赵姓三十八人、廖姓四十七人)、赵姓七十二家房屋及大量财物被烧毁的惨烈后果。事后两家分别前往县衙告状。当时任知县的于成龙受理案件后,进行了详细的调查询问,发现死亡八十五人的惨案是因争地双方家族数百人持械上阵斗殴所致,根本查不清谁先动手,谁打死谁,还原案件全部事实,简直难于上青天,即使能够查明事

① 参见[日]太宰治:《如是我闻》(四)之“老媪劫女”,侯绪梅等译,北京理工大学出版社2015年版,第170~171页。

② (清)方大湜:《平平言·桑蚕提要》卷二“本案用何律何例须考究明白”,吴克明点校,湖南科学技术出版社2010年版,第102页。

实，若严格按《大清律例》来处理，“杀人者死”，还会有更多的人被判处死刑，徒增两姓死亡人数，因此只有兼顾案件中的人情和伦理，才有可能宽恕解决纠纷，其判词充满了情理与法的充分论证：

“查得械斗恶习，犯王章，伤和气，天理不容，人神共嫉……人之生命至为宝贵，以三十八人及四十七人之性命，殉诸价值不过一百千之五亩土地，果孰得孰失、孰利孰害？……况赵姓房屋又焚毁者七十二家，而此七十二家之财产，与五亩荒地相较，又果孰得孰失、孰利孰害？然此仍不能解决尔等所争之案也，仍须来县诉之于法……如按律严惩，则至少应再杀赵姓四十七人，廖姓三十八人。盖须知两者不能相抵，甲杀乙，则按律杀甲；丙杀丁，又按律杀丙。不能以各死一人为可完案也。今赵姓所死者，非即廖姓所死者杀之也；廖姓死者，亦非即赵姓所死者戕之也。按律法办，应各抵罪。但本县仁心为怀，不忍于两姓死亡枕藉之后，而又杀戮数十人以相抵，几使全村为墟，两姓嗣斩。从宽将余人一概免究。惟将赵姓族长赵君芍、赵翰生，廖姓族长廖桂穆、廖顺成，按律斩首示儆。又廖姓死亡虽多，而房屋财产并无损伤。赵姓房屋，惨遭一炬，几使全村尽为灰尘。然死者较赵姓为少，应从权相抵。荒地一方，为两姓械斗之起源，决不能再为尔两姓所有，应由官家变价发卖。使一异姓者所有，以免双方争执，且可隔离两姓接触。从此以后，尔等应各痛定思痛。以此案为前车，勿再妄争，致肇破家灭门之祸，本县亦决不再为尔等宽宥也。尔等又须知今日以后之生命，皆非尔等所自有。一死于械斗，再死于王法，本县曲为成全，免予株累。盖亦体上天好生之德，悯尔等杀戮之痛。后日益应兢兢业业，勿蹈前辙，庶不负本县今日一片婆心。即今日来县听审者，亦各以此为戒，勿凭血气之勇，至贻噬脐之悔。人人怕死，物物贪生，尔等纵不读书明理，当亦不忍使一家一族，轻葬身灭门于一言一语间也。共喻斯旨，其各凛遵。此判。”①

① （清）于成龙：《械斗》，载金人叹、吴果迟编著：《断案精华：大清拍案惊奇》（上册），海峡文艺出版社 2003 年版。

如何区分故意杀人与斗殴致人死亡成为该案的核心问题，严格依照《大清律例》审判的话，司法官不仅要花费大量的人力、物力、财力，更应确认每一位死者由谁击打致死，真凶在斗殴中如果身死，依律应免于追究，如果还在，就要“杀人偿命”“一命抵一命”。如果查明事实后严格按照法律规定严惩，全部真凶都还在，至少应再杀赵姓47人，廖姓38人，又增85条人命；如果两姓死于械斗85人，再死于王法85人，县官就会成为不仁不义、伤天害理的杀人犯！因“不忍于两姓（再度）死亡枕藉”，于成龙本着为人父母官“慈爱百姓”“恤刑慎杀”的情理，认为两姓械斗应是族长教导管理无能所致，即使没有造意，也应依律“家人共犯止坐家长”，最终判决两姓各两名族长斩首，其他人从宽免究。

该判词在定罪量刑、平息纠纷的同时，痛陈械斗恶习的严重危害，强调乡村和谐邻里关系的重要性，从情理上分析所有涉案人员参与家族械斗的做法极不明智，还特别阐明了两姓械斗的严重后果、极大代价，械斗解决不了问题，打完后还不得不回到官司途径解决，家族间的纠纷在协商不成后找官府解决是最合理廉价的解决途径。在进行判决的同时，于成龙还对当时到场旁听的围观者进行了劝谕：“亦各以此为戒，勿凭血气之勇，至贻噬脐之悔。”

这篇才华横溢的判词既情理法兼顾地解决了两族土地之争，又惩罚了管教不严的两姓族长、宽宥了参与械斗的众多族人，还对民众进行了生动有效的法制宣传和情理教育，这种断理眼下纠纷又不忘对百姓进行教育、防患未然的使命感，难能可贵。①

在刑事案件的审判过程中，司法官如果知晓律例关涉小民之性命，就要将“天理民彝”与“人情世故”有机地融合在一起。“律者，民命之所系也，其用甚重而其义至精也。根极于天理民彝，称量于人情世故，

① 参见范依畴、范忠信：《从两姓械斗案妙判看于成龙巧用情理法》，载《法律适用（司法案例）》2017年第10期。

非穷理无以察情伪之端,非清心无以祛意见之妄。"①

好的司法官都有悲悯情怀,在刑事审判的过程中"据理"用法,法不为滥;"因情"轻法,法不为枉。但是,如果稍稍把司法官个人的喜怒私情掺杂其间,不可避免会形成滥用法律或者枉用法律的弊端。清人黄六鸿云:"夫居官之处事接物,所凭者,惟理与情而已。理所应执,则据理以用法,而法不为滥;情有可原,则因情以屈法,而法不为枉。何也?一如其事物所当然,而初无所庯其心也。譬镜之照物,其为妍、为媸,随所自形,而与镜无与也。若事物之来,稍参喜怒于其间,则理与情,皆有所偏用,而不能无滥与枉之弊。夫与其滥而近于苛,毋宁枉而近于恕;恕犹不失为慈祥,苛则未免流于惨刻矣。"②出现这样两种弊端之时,两害相权取其轻,宁可"枉法近于恕",也不应当"滥法近于苛"。

实际刑事审判中的"准情酌理"体现了司法官对情理因素的重视程度。具体到刑事个案,在准确把握案情的基础上,应当考量是侧重于依法律审判还是侧重于依案件自身的情理审判,抑或"情理法"三者都进行考量。如果直接引用法律上的具体条文规定结案,必须预先考虑判决结果不会与人们的道德要求和日常观念相违背。所以,司法官在审断案件时很自然地夹杂了一种道德上的评价,一种合乎人们日常观念的考虑。刑事案件的判决只有合乎民众认可的情理,才能使被告人、被害人及其亲属服从判决,心服口服,其他民众也会避免以后犯同类罪行,达到惩罚犯罪、安抚被害人、警示他人的刑事判决目的。

六、依情理比附类推

古代司法官面对法无明文规定或依法论处会使"情理法"失衡的案件时,将会依据"情理"比附援引类案进行审判。

---

① (清)沈家本:《历代刑法考》之"寄簃文存"卷六"序",邓经元、骈宇骞点校,中华书局1985年版,第2207页。

② (清)黄六鸿:《福惠全书》卷四"莅任部三·戒躁怒",载官箴书集成编纂委员会编:《官箴书集成》(第三册),黄山书社1997年版。

清代“疑贼锄殴平人致死量减拟流遇赦不准再减案”：刘玉受姑母顾刘氏之托，在顾刘氏家帮忙看守田地。乾隆五十四年（1789 年）十月十四日半夜，唐宗连醉后路过顾刘氏菜地，被刘玉喝问后不但不答，反而突然向前，刘玉疑其为贼拒捕，故用锄殴击其头顶。虽经邻人认出即时施救仍旋即殒命。按照相应的律例，“殴伤平人致死”应当处以死刑，但可能使情罪关系失衡。江苏巡抚分别引了当事人夜晚疑贼而误致平人身亡的乾隆三十三年（1768 年）、乾隆三十四年（1769 年）、乾隆四十八年（1783 年）的“南汇县沈荣补案”、“仪征县秦连云案”和“娄县沈沅征案”，前两案按照斗杀律量减拟流且刑部也都覆准在案，虽然唐宗连不是窃贼，但刘玉瞥见时喝问，他不仅不答还突然向前，一般人都会怀疑是贼。“既为应捕之人，即与事主无异，似可援案定拟。刘玉请照斗杀律量减一等，杖一百，流三千里。”①

《定例成案合镌续增》记载“家主捕奸杀死奸夫成案”：“康熙四十六年（1707 年）五月。刑部议：六品典膳官花色供：‘我家妇人满珠说，孙光武与苏伦住通奸，我看见，叫博尔图拿了，栓在马棚上，如此告诉我，我忿怒，拿鞭子将光武腰眼等处打了，身死是实。’查律内，‘本夫拘执奸夫奸妇而殴杀者’，比照‘夜无故入人家已就拘执而擅杀至死’律条科断。凡‘夜无故入人家已就拘执而擅杀者，杖一百、徒三年’。再，律内‘妇人之父母、伯叔姑、兄姊、外祖父母捕奸杀伤奸夫者，与本夫同等’语，花色系苏伦住家主，与父母同，花应依‘本夫拘执奸夫奸妇而擅杀者’律条科断，应革职照律折赎；苏伦住合依‘凡奴仆与无甲胄贱人通奸’例，鞭一百；满珠、博尔图栓绑孙光武，依‘不应重杖’，满珠系妇人，照律收赎。奉旨依议。”②

乾隆时的《刑名条例》记载“妻妾逼迫夫致死拟绞立决案”：乾隆四

① （清）沈沾霖纂辑：《江苏成案》，载杨一凡、徐立志主编：《历代判例判牍》（第八册），俞鹿年、汪世荣、闫晓君等整理，中国社会科学出版社 2005 年版。

② 《定例成案合镌续增》“刑部”之“人命·家主捕奸杀死奸夫成案”，吴江乐荆堂藏版（康熙五十八年夏季以前成案）。

十五年(1780 年),江苏巡抚吴壇审判“倪顾氏逼迫伊夫倪玉自缢身死案”,将倪顾氏“照逼夫致死例”,拟绞监候。刑部于十一月初六日奉上谕议驳,认为该拟判与律不符,应将倪顾氏依“殴夫致笃疾绞决”律,拟绞立决。其评议认为:“妇之与夫,犹臣之于君、子之于父,同列三纲……人子违反教令致父母自尽者皆处以立绞,岂妇之与夫竟可从轻?今乃逼迫其夫致令自尽,此等泼悍之妇,尚可令其偷生人事乎?倪顾氏薄待前妻之子,致相吵闹,已失妇道,嗣倪玉见伊子常受单寒,欲给钱营生,顾氏又与争殴,以至倪玉气忿,情急自缢殒命。凶悍如此。该抚拟绞候,岂明刑弼教之意乎?律既载‘妻殴夫至笃疾者绞决’,本属允当,乃例又载‘妻妾逼迫夫致死者比依妻殴夫至笃疾律拟绞、奏请定夺’之条。审拟:此案失于宽纵,殊属非是。”“例内并未明言绞决……条例内逼迫夫致死比依殴夫致笃疾律等句及‘奏请’字样俱行删去,令立‘妻妾逼迫夫致死者拟绞立决’专条,庶援引得免错而悮、立法益昭明備矣。”乾隆四十五年(1780 年)十二月十五日浙省准咨。①

《刑案汇览》记载道光六年(1826 年)的“戴七砍伤彭柏子身死案”:年仅十五岁的戴七携带镰刀赴地割草,适遇二十五岁的彭柏子等收割黄豆,旁有抛撒的豆粒,戴七便顺手拾起一握并放入粪箕,彭柏子看见后辱骂戴七并欲夺其粪箕,戴七因畏惧跑走,彭柏子在后追赶、扑殴,戴七情急之下,顺手用镰刀向后吓抵,结果砍伤彭柏子,导致彭柏子殒命。查例载:十五岁以下、被长欺侮殴毙人命之案,确查死者年岁长于凶犯四岁以上,而又理曲逞凶,方准援照丁乞三仔例,声谕。检查丁乞三仔原案:丁乞三仔,年仅十四岁,与年长伊四之丁狗仔一处挑土;丁狗仔欺伊年幼,令其挑运重筐;又拾土块掷打,本属有心欺凌。丁乞三仔拾土块回掷,适伤丁狗仔,殒命。由被长欺凌,故得量从末减。此等十五岁以下殴毙人命之案,必死者有理曲逞凶情事,与丁乞三仔之案情节相似

① 参见(清)全士潮等纂辑:《驳案汇编》卷十八“刑律・人命”之“比依殴夫至笃疾绞决律”,载杨一凡、徐立志主编:《历代判例判牍》(第七册),俞鹿年、汪世荣、闫晓君等整理,中国社会科学出版社 2005 年版。

者，方准声请减流。

根据“丁乞三仔案”的做法，该省将戴七拟绞，援丁乞三仔之案声明：“麦豆狼藉在地，向系听穷民拾取”应属于公序良俗和民众认可的常识；“部田俱有捡拾之人，即在彭柏子田内拾豆者，亦不止戴七一人，彭柏子独向戴七禁阻，并向辱骂，欲夺粪箕，已不得谓之理直”，彭柏子已属于理屈；“戴七不敢与较，即时跑走，彭柏子追赶、扑殴”，更属恃长逞凶、有心欺侮、为民众所愤恨的恶霸行为，“秋审原可入矜，若往返驳审，其监禁时日与秋审入矜减流者相同。似应就案照覆，免致久淹囹圄”。[①]

七、情理法冲突时奏裁

司法官遇到刑事案件，在审判过程中分析如果严格遵照法律条文判决可能违背普通民众合乎情理的期待——法与情理发生冲突，自己无法自决时，还可以通过上奏朝廷、皇帝裁决的方式审结案件，有时候皇帝也会通过诏敕奏裁的方式、大臣提请奏裁的方式启动刑事案件的奏裁程序。

（一）适用奏裁的案件类型

适用奏裁的刑事案件范围并不固定，主要区分以下类型：

1. 一般非死刑案件

由于州县官有笞杖刑案件的判决权，且多数轻微刑事案件可以通过调解的方式结案，对处笞杖刑及以上的刑事案件，若地方官发现审判可能会导致情理与法的冲突，就需要上请奏裁：“一般犯人凡杖罪以上，情轻法重，情重法轻，亦须奏裁。”[②]此指一般犯人如果处杖罪以上刑罚会发生情法冲突的案件需要奏裁。绍兴三年（1133 年）十月庚寅，大理少卿元衮言：“四方之狱虽非大辟，情法不相当者，皆得奏请裁决。”[③]此

① 参见（清）祝庆琪等编：《刑案汇览三编》第一册·卷四“老小废疾收赎”之“年幼杀人例案未符究有可原”，北京古籍出版社 2004 年版，第 112～113 页。

② 戴建国：《宋代刑法史研究》，上海人民出版社 2008 年版，第 280 页。

③ （南宋）李心传撰：《建炎以来系年要录》卷六九“绍兴三年十月庚寅”，中华书局 1956 年版，第 1165 页。

处概括为情法不当的非大辟罪，皆奏裁。“流刑以下的非死刑案子，如有情轻法重、情重法轻者，须上奏中央裁决。”[①]此处指流刑以下情法冲突案件须奏裁。《庆元条法事类》中的一条随敕申明：“诸罪人情轻法重，情重法轻（应断笞杖罪者非），奏裁。”[②]此处强调凡属于笞杖罪以外的情法冲突案件均需要奏裁。

2. 官吏犯赃、情理残酷、刑名疑误案件

宋朝规定对“官吏犯赃、情理残酷有害于民、刑名疑误”的三类案件，审刑院必须向皇帝详细禀报案情，听候皇帝旨意拟断。[③] 南宋楼钥言：“其有刑名疑虑、情理可悯、尸不经验、杀人无证见，皆许奏裁。”[④]《东坡志林》记载了“匿名举报抓获贼”后情轻法重主动奏裁的典型案例：元丰初年（1078 年），白马县一百姓因“畏贼”匿名举报，帮助官府抓获了杀人之贼。但法律禁止匿名举报行为，规定凡匿名举报者，依法当判流刑。情理上该百姓即使不受奖励，也不应受处罚，但不处罚又可能导致其他百姓效仿匿名举报，该案按照情轻法重上奏，宋神宗认为：“此情虽极轻，而告讦之风不可长。”最后，“杖而抚之”。[⑤]

乾隆时期“刘二应子砍伤武官身死案”：“刑部议直督那题：刘二应子与武官素好无嫌，乾隆十年八月初九日晚。刘二应子携镰赴地，见武官在伊地内窃瓜，刘二应子门首叫骂，刘二应子之母孙刘氏出，与理论，武官将孙刘氏头发揪住殴打，孙刘氏喊救，刘二应子持镰回归，见母被殴情急，遂用镰刀砍伤武官左胳膊，武官仍揪着伊母不放，刘二应子复用镰刀砍武官咽喉偏左相连耳根，次早殒命。将刘二应子拟绞具。题

① 王云海主编：《宋代司法制度》，河南大学出版社 1992 年版，第 315 页。

② （南宋）谢深甫：《庆元条法事类》卷七三“决遣”，载杨一凡、田涛主编：《中国珍稀法律典籍续编》（第一册），黑龙江人民出版社 2002 年版。

③ 参见（南宋）李焘撰：《续资治通鉴长编》第六册 · 卷六六“景德四年秋七月戊辰”，中华书局 1995 年版，第 1470 页。

④ （南宋）楼钥：《攻媿集》卷二七“缴刑部札子奏”，载《全宋文》第二六三册 · 卷五九三三，上海辞书出版社、安徽教育出版社 2006 年版。

⑤ 参见（北宋）苏轼撰：《东坡志林》卷二“记告讦事”，王松龄点校，中华书局 1981 年版，第 28 页。

应如所题:刘二应子合依斗殴杀人律拟绞监候再该督,疏称'刘二应子用镰砍伤武官至死,实缘伊母被武官揪住殴打,该犯救母情急,因而致毙'等语。查:例载'人命案内如有父母被人殴打,事在危急,伊子救护情切,因而致死人者,援例'等语。今刘二应子与例相符相应,声明请旨定夺。倘蒙圣恩,准其减等,将刘二应子杖一百流三千里。但该犯羁禁在恩旨以前,应累减为杖一百徒三年,仍追埋葬银二十两给尸亲收领。乾隆十一年九月奉旨:刘二应子从宽免死,减等发落,余依议。乾隆十一年九月邸抄。"[①]

3. 与情理冲突的一般死刑案件

《庆元条法事类》载:"诸犯死罪非十恶及持杖强盗、谋杀、故杀人已杀,而祖父母、父母老疾应侍,家无期亲成丁者,奏裁。"[②]此指与孝亲冲突的一般死罪案件需要奏裁,并强调"诸死罪应奏裁而辄决者,流二千里"[③]。

(二)奏裁的方式

1. 地方官主动奏裁

地方官在审理涉及刑名疑虑、情理可悯重大案件时,为减少误审误判,往往会采取主动奏报的方式。大辟之狱"情轻法重,情重法轻,事有疑虑,理可矜悯,宪司具因依缴奏朝廷,将上取旨,率多从贷,是谓奏案,著在令典"。[④] "刑名疑虑"指案件不能确定无疑地依据法律的具体条文规定严格判决,"情理可悯"指"在法律适用上、案件情节上都没有问题,仅是案件在社会道德伦理评价上会产生案件判决出现的社会效果

① 乾隆乙亥仲春镌:乾隆朝《成案续编》卷八上"刑律五"之"斗殴下""救母情切连砍三伤致毙准减等案",乾隆二十年刊本,同心堂藏板。

② (南宋)谢深甫:《庆元条法事类》卷七五"侍丁",载《续修四库全书编委会》编:《续修四库全书》(第八六一册)"史部·政书类",上海古籍出版社2002年版。

③ (南宋)谢深甫:《庆元条法事类》卷七三"决遣",载《续修四库全书编委会》编:《续修四库全书》(第八六一册)"史部·政书类",上海古籍出版社2002年版。

④ 参见(清)徐松辑:《宋会要辑稿》"刑法四"之"五七",中华书局1957年版,第6650页。

与法律效果的‘不协调’”。[①]

刑名疑虑案件出现后，法官为了避免将来被发现误审误判而承担失出失入人罪的责任，一般不敢擅作主张，常常在提出初步意见后将其作为奏案主动上报朝廷。唐朝时对复仇杀人者按照法律应该处死，但是复父仇杀人又是民众所颂扬的孝勇行为，多存在情理可悯之处。对此，司法官往往会主动奏报。

唐朝时的“王君操复仇杀人案”记载，王君操的父亲在隋朝大业年间与乡人李君则斗竞，因被殴杀。当时王君操年仅六岁，其母刘氏告县收捕，李君则弃家亡命，官府追访数年未获。到贞观初，李君则认为世代迁革，不虑国刑，而孤儿王君操地位卑微，无复仇之志，便到州府自首。王君操密袖白刃将其刺杀，刳腹取其心肝，啖食立尽后，到刺史陈告自首。州司认为王君操擅自杀戮，讯问曰：“杀人偿死，律有明文，何方自理，以求生路？”王君操对曰：“亡父被杀，二十余载。闻诸典礼，父仇不可同天。早愿图之，久而未遂，常惧亡灭，不展冤情。今大耻既雪，甘从刑宪。”州司依据法律的规定判处其死刑，并“列上其状”奏裁，“太宗特诏原免”。[②]

《夷坚支志》记载了一桩“杀时无证主动奏裁案”：朱细四之父朱仲有与其兄朱安恬之间素有嫌隙。朱仲有病逝后，朱细四向叔父朱安恬借棺材葬父而不得，在邻居讥讽之下，便状告叔父殴死其期亲兄长。州府以杀时无证为由将该案上奏朝廷，得旨处死。[③] 同类“杀时无证案件”还有南宋洪迈守赣时的“将兵杀人后被死者兄焚尸案”：“一将兵逃至外邑，杀村民于深林，民兄后知之，畏申官之费，即焚其尸，事发系狱，

---

① 参见胡兴东：《宋元断例新考》，载《思想战线》2018 年第 1 期。

② 参见（后晋）刘昫等撰：《旧唐书》卷一八八“列传第一百三十八孝友”，中华书局 1975 年版，第 4920 页。

③ 参见（南宋）洪迈：《夷坚支志》辛卷一“朱安恬狱”，载《夷坚志》（第三册），何卓校点，中华书局 1981 年版。

以杀时无证，尸不经验，奏裁刑寺辄定为断配。”①

元丰年间的“兄与弟妻奸无证案”：“宣州民叶元有同居兄乱其妻，缢杀之，又杀兄子，强其父与嫂为约契不讼。邻里发其事，州为上请，帝曰：‘罪人已死，奸乱之事特出叶元之口，不足以定罪。且下民虽无知，固宜哀矜，然以妻子之爱，既罔其父，又杀其兄，戕其侄，逆理败伦，宜以殴兄至死律论。’”②兄乱其妻的愤怒之情令人可悯，但别无旁证，不足取信，但其缢兄后杀侄更为情理所不容，且又强迫父与嫂约契不讼，明显违背了父子兄弟之间的亲情人伦天理，州不能断，主动上请奏报皇帝裁决。

《刑案汇览》所记载案件均应属于地方官根据要求主动奏报裁决的案件。嘉庆十七年（1812 年）六月，伊犁将军审奏“强奸子妇被咬落唇皮案”：邢杰强奸子妇邢吴氏未成却被其咬落唇皮，根据法律的规定“殴伤祖父母、父母者斩决”，妇与子同，原拟将邢吴氏斩决，但邢杰是因欲强奸子妇被咬落唇皮，情有可原，情理与法产生冲突，原审司法官拟判后主动上奏皇帝裁决。皇帝认为：“邢吴氏系属妇女，猝遭强暴，情急咬落伊翁唇皮，其情节断非装点，与无故干犯尊长者迥别。邢吴氏应照律勿论，免其治罪，邢杰照例调发乌什叶尔羌等处为奴，该部知道。钦此。”③

与上述案件类似的还有“林谢氏拒奸殴毙伊翁案”：林帼亨黉夜潜入子妇林谢氏卧房，拉裤强奸，该氏恐被奸污，情急殴拒，割落林帼亨茎物致毙。初以子妇“干犯尊亲长”罪名，拟凌迟，后定为斩监候，仍觉情理上说不通，便上奏刑部，刑部在奏请皇帝“子妇拒奸致毙伊翁”定例时，从情理上分析了子妇被伊翁强奸拒奸的后果：“假令谢氏拒之不急，

① （南宋）洪迈：《容斋随笔》三笔・卷十六之“奏谳疑狱”，吉林大学出版社 2009 年版，第 519 页。

② （元）脱脱等撰：《宋史》卷二百“刑法二”，中华书局 1977 年版，第 4990 页。

③ （清）祝庆祺等编：《刑案汇览三编》第三册・卷五三“亲属相奸”之“强奸子妇被妇咬落唇皮”，北京古籍出版社 2004 年版，第 1983 页。

受其强暴，则失身内乱，即于名节有亏，并陷其翁以斩决之罪。今幸不致被污，又以捍拒毙翁，干犯名分，身罹重辟，是名分名节，既难两全，而被奸拒奸，总有一失，人生不幸，莫此为甚。若谓能摸刀，尽可自刎明志，此则责备贤者之词，而非乡曲愚妇仓卒之际所能计及。况妇女拒奸，登时杀死凡人，律得勿论。今因死系其翁，仍拟重罪，原以伦纪所关不容，竟置不议。然其露体求奸之际，天理人心澌灭已尽。此系翁之自灭伦常，并非妇之轻于干犯，核其情节……尤为可悯。”①

清代“母告子弑父案”：一母告发其子弑父，说五月二十七日深夜四更时分，见一青衣人从窗口跳入卧室杀死丈夫，而其子当天穿的就是青衣。其子被抓到县衙审问后，很快供认了杀父大罪。根据《大清律例》的规定，儿子谋杀祖父母、父母为“十恶”中的“恶逆”罪，应当判决凌迟处死。因是人命重案，需要逐级审转，从县到府、省按察使司三级复审，均无异议，上报到巡抚处复审时，当时有名的幕友李登瀛在仔细阅读卷宗后，感觉该案不合常理处有二：一是母称子杀父的动机只是与父亲口角，情急失控下当场殴毙其父还有可能，怎么会等到夜半四更时才入室弑父？二是农历的五月二十七日，一弯残月只出现在凌晨时分，夜半四更并无月色，这户人家一贫如洗，按照常理不可能通宵达旦点灯，且查勘现场的通详里也没记载室内点灯，其母怎么可能在漆黑的房间里看出凶手衣服的颜色？② 李登瀛提议巡抚重新提审此案。

巡抚根据李登瀛的提议亲自提审此案，就两处不合常理处追问母亲，最终案情大白：其母有奸情，杀害亲夫后再嫁祸儿子，孝顺的儿子不愿暴露母亲丑行，情愿抵罪。案情清楚后，涉及妻杀夫、背弃夫妻情理和子孝母愿抵罪的情理，如果让儿子抵罪就放弃了为父复仇的情理，如果让母亲服刑被斩又会使孝子失去母亲，也会失去子孝母之情，有人建议发配儿子换取母亲死刑。巡抚请幕友李登瀛拟定上报判决建议。李

① （清）祝庆祺等编：《刑案汇览三编》第三册·卷五三“亲属相奸”之“子妇拒奸致毙伊翁奏请定例”，北京古籍出版社2004年版，第1979页。

② 参见钟小安：《论师爷佐幕的价值观》，载《办公室业务》2012年第14期。

登瀛引用儒家经典“妻弑夫不予讳”的说法，拟出上报意见为：“今此妇既忍杀其夫，又忍害其子，反纲灭嗣，人伦道绝。母固天属，而父尤重。朝廷制法以裁民情，母不得减，子不容坐。”朝廷以此定案，母被凌迟处死，儿子无罪释放。①

康熙年间的“乔云盛杀侯四铬案”，山西巡抚上奏刑部称：“侯四铬与乔云盛之母妹通奸，事发到官，云盛母妹羞愧自缢，停棺在家未葬。云盛每见悲痛，怀恨四铬。（康熙）五十二年九月二十九日晚，云盛适见四铬于戏场前窥视他人妇女，一时感触前恨，遂起杀机，回家取镰，乘四铬不防，从后扳倒，持镰乱砍四铬额门心坎等处，当即殒命，云盛自行投首。据此，乔云盛合依‘故杀律’拟斩监候。再，该抚号称，云盛因四铬奸伊母妹，以致两命自缢，停丧不葬，每见伤心，猝遇仇人，砍死以报母仇，且当时自首，甘心认罪，情亦可矜。”刑部查证后，也认为情有可悯，最终上奏皇帝旨裁：乔云盛从宽免死，照例减等发落。②

2. 皇帝诏敕奏裁

宋朝时对涉及情理法冲突的疑难案件，皇帝常以诏敕的方式要求司法官上奏取旨听令。崇宁五年（1106年）诏：“民以罪丽法，情有重轻，则法有增损。故情重法轻，情轻法重，旧有取旨之令。”③建隆三年（962年）二月诏：“如显是疑狱及有异见、即听上闻。”④大中祥符九年（1016年）诏：“其大辟罪若情轻可悯，及理有所疑，并许奏裁，以副钦恤。”⑤政和六年（1116年）诏：“民以罪丽法，情有轻重则法有增损，固开封大理，旧立情重法轻、情轻法重取旨之文，前批有司。惟以情重法轻

① 参见郭建：《师爷当家：明清官场幕后规则》，中国言实出版社2004年版，第169页。

② 参见《定例成案合镌续增》“刑部”之“人命·报母仇杀奸夫成案”，吴江乐荆堂藏版（康熙五十八年夏季以前成案）。

③ （元）脱脱等撰：《宋史》卷二百一“刑法志三”，中华书局1977年版，第5013页。

④ 《宋大诏令集》卷第二百之“政事五十三”之“刑法上”之“非疑狱不得奏裁诏”，中华书局1962年版，第739页。

⑤ 《宋大诏令集》卷第二百二之“政事五十五”之“刑法下”之“令诸路转运晓瑜州府军盐长吏尽公狱讼其情理可矜许奏裁诏”，中华书局1962年版，第749页。

上请加罪。而未闻以法重情轻取旨宽贷。则是乐加人以罪而无内恕及人之心,非所以爱也。或辟或宥,惟适厥中。一夫不获,时予之辜。前者有司谬误,非法之意。自今可令遵守旧法。"①

宋仁宗天圣四年(1026年)诏曰:"朕念生齿之蕃,抵冒者众。法有高下,情有轻重,而有司巧避微文,一切致之重辟,岂称朕好生之志哉?其令天下死罪,情理可矜及刑名疑虑者,具案以闻。有司毋得举驳。"②同样的诏敕在宋人楼钥的《攻媿集》中也有记载,宋仁宗天圣四年(1026年)诏曰:"自今大辟案,情理可悯而刑名疑虑者,更不申提点刑狱官,并具案闻奏,如无枉滥情弊,更不驳勘。"③宋真宗时重申:"一成之法,朕与天下共守。如情轻法重、情重法轻之类,皆当以理裁断,具狱以闻。"④明朝《大明会典》曰:"成化二十二年夏,谕法司、两京,令司礼监太监、守备太监同三法司堂上官会审……死罪情可矜疑者,具奏处置。"⑤康熙时,直接规定:"法司遇有重囚称冤,原问官员辄难辩理者,许该衙门移文,会同三法司堂上官就于京畿道会同辩理,果有冤枉及情可矜疑者奏请定夺。"⑥

3. 大臣提请奏裁

对情理与法冲突的宣示案件,通过大臣建言、皇帝奏裁的方式解决,有时比司法官舍法论罪的社会效果要好得多。唐太宗时对根据法律应该判处死刑的案件,如果有可原之情便应将全案奏上,由君主处

---

① 《宋大诏令集》卷第二百二之"政事五十五"之"刑法下"之"遵守法重情轻上请法御笔手诏",中华书局1962年版,第752页。

② (元)脱脱等撰:《宋史》卷一九九"刑法志一",中华书局1977年版,第4975页。

③ (南宋)楼钥:《攻媿集》卷二七"缴刑部札子奏",载《全宋文》第二六三册·卷五九三三,上海辞书出版社、安徽教育出版社2006年版。

④ (南宋)李焘撰:《续资治通鉴长编》第六册·卷七八"大中祥符五年九月丁卯",中华书局1980年版,第1782页。

⑤ (明)李东阳等奉敕撰,(明)申时行等奉敕重修:《大明会典》卷一七七,载《续修四库全书编委会》编:《续修四库全书》(第七九二册)"史部·政书类",上海古籍出版社2002年版。

⑥ 东洋文化研究所藏:《定例全编》卷三七"刑部·辨明冤枉"之"有司决囚等",康熙时刊本。

理。宋朝王安石认为："有司议罪，惟当守法，情理轻重，则敕许奏裁。若有司辄得舍法以论罪，则法乱于下，人无所措手足矣。"①

宋神宗元丰二年(1079年)春正月丁亥，知大理卿崔台符言："乞自今大理勘事，内有情法不称者，许以三司条例断奏，事若重密，仍依审刑院、三司、开封府例上殿奏裁。"②神宗诏从其请。宋高宗绍兴二十六年(1156年)十月一日，大理少卿杨揆言："臣检准大理寺一司敕，诸刑名疑虑及情法不称，并奏裁。"③高宗从之。徽宗时兴仁知府夏鳝言："诸路奏狱，有因祖父母为人所殴而子孙殴之以致死者，并坐情理可悯奏裁，多免流配。"④

(三)奏裁的结果

1. 皇帝亲自裁决

对涉及情理法冲突的重大死刑案件，皇帝裁决时往往特赦免罪。唐太宗时绛州女子卫无忌复父仇杀人，太宗闻其事后："嘉其孝烈，特令免罪。给传乘徙与雍州，并给田宅，仍令州县以礼嫁之。"⑤不仅"嘉其孝烈，特令免罪"，还给予专车迁徙到雍州，以躲避仇家复仇，而且复令州县官员资助田宅、嫁妆。唐高宗时，赵师举之父被人杀时，师举年幼，母亲又改嫁，仇家不再担心其复仇，等师举长大后，"为人庸，夜读书。久之，手杀仇人。诣官自陈，帝原之"。⑥ 孝女贾氏，与弟强仁杀死了杀父仇人后，"取其心肝，以祭父墓。遣强仁自列于县，司断以极刑。贾氏诣阙自陈己为，请代强仁死。高宗哀之，特下制贾氏及强仁免罪，移其

① (元)马端临撰：《文献通考》卷一七〇"刑九"，中华书局1986年版，第1475页。

② (南宋)李焘撰：《续资治通鉴长编》第二一册·卷二九六"元丰二年正月丁亥"，上海师范大学古籍整理研究所、华东师范大学古籍研究所点校，中华书局1995年版，第7198页。

③ (南宋)李心传撰：《建炎以来系年要录》卷一七五"绍兴二十六年十月己巳"，中华书局1956年版，第2881页。

④ (元)马端临撰：《文献通考》卷一七三"刑考十二"，中华书局1986年版，第1497页。

⑤ (后晋)刘昫等撰：《旧唐书》卷一九三"列传第一百四十三列女"，中华书局1975年版，第5141页。

⑥ 参见(北宋)欧阳修、(北宋)宋祁撰：《新唐书》卷一九五"列传第一百二十孝友"，中华书局1975年版，第5585页。

家于洛阳”。①

宋仁宗时,刘玉之父被王德殴死,王德会赦被免死,刘玉私自杀死王德为父报仇,“帝义之,决杖,编管”②。元丰元年(1078 年),青州民人王赟之父被人殴死,赟因年幼未能复仇,几年后成年,将仇人刺杀,断其支首祭父墓后报官自首,依据法律规定,应该论刘玉斩刑,仁宗帝“以杀仇祭父,又自归罪,其情可矜,诏贷死,刺配邻州”。③

唐宋时期卫无忌、赵师举、贾氏、刘玉、王赟等复仇之事,都是明知凶手所在,也不诉之官府、借助国家法律进行严惩,而是甘冒杀身之罪,亲手诛之而后快,虽依法被判死刑,终因皇帝哀矜其孝心免死处罚。

2. 大臣集议决断

对涉及“情理法”冲突的案件,除皇帝直接裁决外,多数情况下交由大臣集议决断,大臣集议的结果可能会引起判决的冲突。如唐朝时富平人梁悦,报父仇杀秦果后自诣县请罪,因涉及为父复仇杀人的情理与法冲突,所在州县上奏皇帝后,皇帝敕曰:“复仇,据《礼经》,则义不同天;征法令,则杀人者死。宜令都省集议。”韩愈认为,对存在法律和情理相冲突的复仇杀人案件应该上报皇上进行斟酌、权衡处置,议曰:“子复父仇,见于《春秋》《周官》《礼记》。子若史,不胜数,未有非而罪者。最宜详于律,而律无复仇之条,非阙文也。盖不许,则伤孝子之心,而乖先王之训;许之,则人将倚法专杀,而无以禁止其端。故圣人丁宁其义于经,而深没其文于律,其意将使法吏一断于法,而经术之士得引经而议也。宜定其制曰:‘凡复仇者,事发,具事申尚书省,集议奏闻,酌其宜而处之。’则经律无失其指矣。”④此案经大臣集议奏请皇帝批准,最终将梁悦杖打一百、流放循州。

---

① 参见(后晋)刘昫等撰:《旧唐书》卷一九三“列传第一百四十三列女”,中华书局 1975 年版,第 5142 页。

② (元)脱脱等撰:《宋史》卷二百“刑法志二”,中华书局 1977 年版,第 4990 页。

③ 参见(元)脱脱等撰:《宋史》卷二百“刑法志二”,中华书局 1977 年版,第 4990 页。

④ (清)胡文炳:《折狱龟鉴补》之“孝子杖流”,载陈重业主编:《〈折狱龟鉴补〉译注》,北京大学出版社 2006 年版。

这种情理与法冲突的刑事案件逐级申上奏裁制度，由一群既富有法律专业知识又饱受儒家文化教育的大臣集体讨论斟酌拟刑，在很大程度上提高了裁判结果的公正性。①

中国古代司法官在刑事审判中除应用上述七种方式解决“情理法”冲突的案件外，在衡量情理与法律冲突的情况下还可以“存疑待监”的方式结案。如“囚关绝嗣案”，起于兄弟相斗，弟谋杀了兄，但其家四世单传，至其父亲开始才生二子，兄被杀后，弟再伏罪处死，“则五世之祀斩矣。”在此种情况下，“以王法论，灭伦者必诛；以人情论，绝祀者亦可悯。生与杀皆碍，仁与义竟两妨矣。如必委曲以求通，则谓杀人者抵，以申死者之冤也。伸己之冤以绝祖父之祀，其兄有知，必不愿；使其竟愿，是无人心矣。虽不抵不为枉，是一说也。或又谓情者一人之事，法者天下之事也。使凡仅兄弟二人者，弟杀其兄，哀其绝祀，皆不抵，则夺产杀兄者多矣，何法以正伦纪乎？是又未尝非一说也。不有皋陶，此狱实为难断，存以待明理者之论定可矣”。② 世间的情理与国法在特殊案件上使断案之人处于两难境地。

此案法官以“存疑待监”的方式既在一定程度上为死亡的兄长伸张了冤屈，又让犯“谋杀罪”的弟弟在监狱内服刑，延续了家族，是司法官员在不得已的情况下兼顾情理与法的主动选择。

---

① 参见杨鹏程：《宋代刑案奏裁制度研究》，安徽大学 2020 年硕士学位论文，第 40 页。

② （清）纪昀，孙建军主编：《阅微草堂笔记》卷十“如是我闻（四）”之“《佐治药言》载奇事”，吉林文史出版社 2017 年版，第 196 页。

第五章 “情理法”在古代刑事审判中的适用基础及价值理念

一、“情理法”在古代刑事审判中的适用基础

“情理法”在中国古代刑事审判中的适用，有其深厚的经济政治文化等基础。

（一）自给自足的自然经济为“情理法”的适用提供了经济基础

以“一家一户、男耕女织”为主要特征的自给自足的自然经济是中国传统社会的主导性经济形态，具有相对稳定性和闭塞性特点，这就决定了中国古代的政治结构、各种法律制度和规范等，无不是为维护自然经济而存在的，这种经济结构也决定了人们社会生活中的差序格局，父母享有家庭财产的掌控权、家庭事务的管理权、子女婚姻的支配权。从《唐律疏议》至《大清律例》，都明文规定“祖父母父母在而子孙别籍异财”为犯罪。

自然经济影响之下稳定、狭小的熟人社会关系逐步形成。“乡土社会……是一个‘熟悉’的社会……从熟悉得到信任。乡土社会的信用并不是对契约的重视，而

是发生于对一种行为的规矩熟悉到不假思索时的可靠性。”①乡土社会是一个熟人社会,个人在对外交往关系网中缺乏相对的独立性,家长因拥有农业生产的长期经验,主导着家庭的生产,拥有家庭生产的管理权、家庭财产的支配权和儿女婚姻的主婚权。聚族而居的日常生活使人们的交往大多囿于宗族之间、血缘之间,因此,以宗族和血缘为纽带、以家族为个体的宗法伦理关系成了社会关系的主要内容。人们日常生活中更加看重的是“天理”“人情”,遇到困难和纠纷,习惯性地从案件后的人情去分析,去找家长、长辈和族内德高望重的老人等社会阅历丰富、具有较高权威的人进行调解,接受他们的训诫,自然更加注重感性习惯风俗、社会道德以及人文教化,习惯接受伦理社会规范的调整,一旦周围有刑事案件发生,首先习惯性从天理、人情的角度分析被害人、犯人及其亲属们的日常为人、生活习惯、道德品质等,对审判结果也是习惯性从天理、人情的角度进行评价,国家法律对相对封闭的乡民来说是遥远的、陌生的,只有自己或亲属成为案件当事人时才会感觉到法律的真实存在。这种自给自足的自然经济下的相对封闭的熟人社会使乡民更加重视世人之情和人伦之理,进而影响国家法律制度的构建。

因此,乡村社会中人与人之间更重视亲友关系,更注重家庭和睦、家族友好和社会和谐,这就使法官在刑事案件的审判过程中自觉不自觉地考虑人情、天理与法律的关系。

(二)家国同构的政治体制为“情理法”的适用提供了政治基础

以自给自足的自然经济为主体的生产方式,决定了乡村社会中的个人缺乏独立人格,只是家庭、家族甚至整个宗族的一个附属,成为“××的儿子”“××的孙子”,小家是大家族中的一个小单元,家族事务由族长联合族中德高望重的老人共同管理,决定权在族长。宗族是众多家族的联合,往往跨越一定的区域,可以看作扩大了的家庭,“家有百

① 费孝通:《乡土中国》,北京大学出版社1998年版,第7页。

口、主事一人”，大宗族的族长对外代表整个宗族，众多宗族组成国家。国是放大了的家，家是国的缩影，国与家一体，结构相同，按照家庭的宗法制原则建立的国，主事之人称“君父”，其他百姓被称为“子民”。在这种家国一体的社会结构中，宗族内部关系的协调成为法律和道德规范所要调整的首要目标。其中最天然、最直接、最可靠的道德法律规范便是“人伦”及包含人伦关系的法律。“在家为子孝、出外对君忠”成为评判个人德行和一生成就的主要标准，“尊尊亲亲”的伦理道德和“君亲无将，将而必诛”的天理成为中国古代法律的根本观念，因此，顺应人情、合乎天理成为中国传统法律努力实现的终极目标。

在家国一体的社会结构中，社会的家族化形成了“差序格局”。最初基于血缘伦理，以自我为中心、以血缘亲属关系为基础，像一颗石子一样投入水中，形成水的波纹，和别人联系成各种社会关系，一圈圈推出去，越推越远，也越推越薄。圈的大小与波纹深浅与石子的大小及自己在家族中的地位高低一致，逐渐建立熟人社会的关系网络，是为了拓展自己的生存和发展空间，由最近的熟人逐渐外推，由近及远，最终导致社会家族化。

中国传统社会以家族为主体，家国同构，促进了“家国一体化”政治格局的形成，影响了国家的法律政治制度。① “家和万事兴”的概念扩大到国后，“和”同样成为处理国家、社会问题的最重要的准则之一。②在“君惠臣忠、父慈子孝、夫和妻柔、兄友弟恭”等一张张巨大的人伦情感关系网中，个人在仁义礼智信等道德文化熏陶的影响下，更加注重人事关系的协调，讲究“人情”“面子”“关系”。

（三）法律本身的局限为“情理法”的适用提供了广泛的空间

法律是根据特定时期的政治、经济与文化等综合情况制定的，但制

---

① 参见范忠信：《中国法律传统的基本精神》，山东人民出版社2001年版，第84～119页。

② 参见胡学瑾：《论传统文化中的裁量精神》，载《云南大学学报（社会科学版）》2019年第5期。

定法律时的社会政治、经济都会有一定局限性,这就使作为它们综合体现的法律也带有一定的局限性。[1] 由于国家基本法律是人们对一定历史时期的社会经验总结,因立法者自身的认识水平及法律语言表达的有限性,不可能预见未来的一切事情,很难调整将来发生的所有案件,这就使国家的基本法律具有高度的稳定性和滞后性特点,法律内容容易与现实脱节。

每一个封建王朝开国初期都非常重视法律的修订,但一旦基本法典定型,后世很难更改。明太祖甚至下令祖宗之法不能率性改变,“群臣有稍议更改,即坐以变乱祖制之罪。而后乃滋弊者,由于人不知律,妄意律举大纲,不足以尽情伪之变,于是因律起例,因例生例,例愈纷而弊愈无穷。初诏内外风宪官,以讲读律令一条,考校有司。其不能晓晰者,罚有差。庶几人知律意”。[2] 这就使法律的滞后性越来越明显,基本法典的很多条文成了具文,与社会发展严重脱节。而中国历朝历代的封建皇帝都拥有名义上的最高立法权和实际上的最高司法权,常常因自己的意志独断专行,经常以敕令的形式随意改变法律、变更法律的适用,法律丧失了惩罚犯罪、解决纠纷的应有权威。

同时,法律条文本身具有高度的概括性和模糊性特点,容易使人对其内涵产生歧义,也使适用法律的法官对之理解不同,同类案件容易得出不同的审判结果。汪辉祖认为:“律之为书,各条具有精蕴,仁至义尽,解悟不易。非就其同异之处融会贯通,鲜不失之毫厘去之千里。”[3]

国家颁布的法律发挥作用的空间和范围较有限,无法规范人们的所有行为,“法有限而情理无穷”的客观现实又会使国家法律“行之既久,犯者犹众”。由于立法技术水平的限制,古代法律抽象性特点使司

① 参见胡平仁主编:《法理学》,湖南人民出版社 2008 年版,第 207 ~ 209 页。

② 参见(清)张廷玉等撰:《明史》卷九三“志第六十九刑法一”,中华书局 1974 年版,第 2279 ~ 2280 页。

③ (清)汪辉祖:《佐治药言》之“读律”,载《续修四库全书编委会》编:《续修四库全书》(第七五五册)“史部·职官类”,上海古籍出版社 2002 年版。

法官在刑事审判过程中对法律条文的理解不一，而司法官多为经科举考试为官的熟读儒家经典的行政官，多数时期未经专业的法律训练，很难正确地理解和灵活运用法律条文，这就为司法官适用“情理”提供了广阔的空间，在将普遍性的法律运用于个别化的案件处理时，对法律条文的本义作出合情合理的解读，同时根据自己所理解的“情理”综合考虑具体案件，将“情理”作为提供符合伦理道德的裁判标准及依据，通过对“情理法”的综合运用，解决新的问题，力求裁判结果的合理、公正。

（四）统治阶层的极力倡导为“情理法”的适用提供了政治诱因

自西汉至清末两千多年的封建社会中，各朝统治者治国理政经历了从“德主刑辅”到“德本刑用”、从“礼法合一”再到“德刑并重”等基本理念的变化，各朝统治者将主要代表情理的“德”“礼”治国地位逐渐抬升，倡导国人将遵守礼仪、遵守伦理纲常摆到比遵守法律更重要的位置，并体现在法律中，使法律道德化、道德法律化，甚至有时道德居于法律之上。

1. 选拔官吏以情理试判

自唐代开始，统治者强调士人经过礼部主持的科举考试合格后，要想正式当官，还必须经过吏部主持的复试。“唐取人之法，礼部则试以文学，故曰策，曰大义，曰诗赋；吏部则试以政事，故曰身，曰言，曰书，曰判。然吏部所试四者之中，则判为尤切，盖临政治民，此为第一义，必通晓事情，谙练法律，明辨是非，发摘隐伏，皆可以此觇之。”[①]宋人洪迈在其《容斋随笔》中记载了“试判”后的结果：“凡试判登科谓之入等，甚拙者谓之蓝缕，选未满而试文三篇谓之宏辞，试判三条谓之拔萃，中者即授官。既以书为艺，故唐人无不工楷法；以判为贵，故无不习熟。而判语必骈俪，今所传《龙金凤髓判》及《白乐天集·甲乙判》是也。自朝廷至县邑，莫不皆然，非读书善文不可也。宰臣每启拟一事，亦必偶数十

① （元）马端临撰：《文献通考》卷三七“选举十”之“举官”，中华书局1986年版，第354页。

语,今郑畋敕语、堂判犹存。”①

试判官在选拔官吏标准引导下,自觉适用情理拟判。如前述“白居易甲判18”中的丁郡守遇到饥荒年,奏请朝廷赈灾,在朝廷下达指令前,就擅自提前开仓赈灾,按察使要依律论罪。② 拟判认为基于丁郡守急于救助灾民的情理和动机可减轻或不予处罚。此拟判流传至今,说明当时的统治者是将其作为审断案件的典范予以推广的。

历朝历代的最高统治阶层强调为官职责之一的断狱判案一方应原法定罪,不得“舍法用情”“违法徇情”。康熙五十八年(1719年)定例时:“凡承问各官徇私枉法、颠倒是非、故出故入委实情弊显然者,仍行指名参处,至于拟罪稍轻、引律稍有未协、遗错过失等项,将案内查明,非系果实徇私,免其究参,即行改正。”③

同时,统治者为了推行仁政,极力宣传德化,加强法律与民心的沟通,提高社会的凝聚力,提倡在特定的情况下应法顺人情,甚至舍法用情。④ 宋大中祥符六年(1013年)诏:“令诸路:应大辟、情有可悯恻及刑名疑虑者,并审提刑司看详,诣实具案,附驿以闻,当付大理寺详覆。”⑤宋高宗四年(1130年)诏:“特旨处死,情法不当者,许大理寺奏审。”⑥

明代刘惟谦在《进明律表》中称赞明太祖朱元璋钦准的《大明律》,即“陛下圣虑渊深,上稽天理,下撰人情,成此百代之准绳”⑦。

清朝统治者强调凡国家基本法律令,在参酌事情轻重之后,应慎重

① (南宋)洪迈:《容斋随笔》卷十之“唐书判”,吉林大学出版社2009年版,第106页。

② 参见(唐)白居易:《白居易集》卷第六六“判”,顾学颉校点,中华书局1979年版,第1386~1387页。

③ 《定例成案合镌》卷二八“刑部”之“断狱 · 拟罪稍有未协”(现行则例),吴江乐荆堂藏版(康熙五十八年夏季以前成案)。

④ 参见康建胜、卫霞:《传统司法中的“能动”主义及其价值——以情理法为视角》,载《甘肃社会科学》2012年第2期。

⑤ 《宋大诏令集》卷第二百一之“政事五十四”之“刑法上”之“令大辟情有悯恻刑名疑虑并审提刑司看详附驿以闻诏”,中华书局1962年版,第747页。

⑥ (元)脱脱等撰:《宋史》卷二百“刑法志二”,中华书局1977年版,第4992页。

⑦ (清)薛允升撰:《唐明律合编》之《进明律表》,怀效锋、李鸣点校,法律出版社1999年版,第2页。

定立罪名,颁行天下,永为民众遵守。乾隆皇帝在其下诏重新编订的《大清律例》的序言中强调以“天理人情”作为指导:“朕……简命大臣取律文及递年奏定成例,详悉参定,重加编辑。揆诸天理,准诸人情,一本于至公而归于至当。”①在《成案续编》序中明确:“刑罚者,治之大法,律例者,用刑之准绳,律一定而不易,例与时而变通,至成案则权衡于律例之中,准情酌理以求其至当而无失。故狱成而孚实,与律例相为表里。此凡有听谳之责者当参考而尽心者也。夫自唐虞申钦恤之典,重明允之司,丁宁诰诫至详且慎。三代而下,虽其刑罚世轻世重,条章律例繁简不同,而要其旨归揔,期协乎中正平允。而止国朝,鉴于成宪祗德,教民以律,定法以例,審情比事属辞,慎之又慎。皇上好生如天,仁育义正,凡遇奏谳之成,无论狱情大小,务勑法司详加摻议,阅实矜疑。亲赐裁断,施法外之宽仁,定折中之典要。”②还提出了“原情准法,务求平允”等法律原则,要求百司官吏,务要熟读,讲明律意,剖决事务。

2. 倡导宗法伦理教化

封建时期的统治者非常注重总结前代亡国的原因,认为前代君主的“失德”是其灭亡的主要根源,借鉴其失败亡国的经验教训,将“德”作为联系天神与人的媒介,这样以伦理道德为主要内容的情理成为辅助国法运行的必然选择。③

自汉代儒家思想成为正统法律思想后,各王朝统治者都在倡导用儒家的宗法伦理纲常进行教化。“为政之本,风化是先。”④宗法伦理的核心是“尊尊”“亲亲”。“尊尊”就是社会层面上尊重应该尊重的人,即下级服从上级、臣子服从君主,核心是“忠”。“亲亲”就是家庭层面上亲近应该亲近的人,即“父慈子孝、兄友弟恭、夫和妻柔”,核心是“孝”,

---

① 霍存福:《中国传统法文化的文化性状与文化追寻——情理法的发生、发展及其命运》,载《法制与社会发展》2001 年第 3 期。

② 乾隆乙亥仲春镌:乾隆朝《成案续编》,乾隆二十年刊本,同心堂藏板,“序”第 1 ~2 页。

③ 参见郭成伟主编:《中华法系精神》,中国政法大学出版社 2001 年版,第 296 页。

④ 《名公书判清明集》卷之一“官吏门 · 申儆”之“咨目呈两通判及职曹官”,中国社会科学院历史研究所宋辽金元史研究室点校,中华书局 1987 年版,第 1 页。

强调家庭和社会中的“仁”和“义”义务，即敬爱和敬从“君父”：“仁者，人也，亲亲为大；义者，宜也，尊贤为大。”①“仁”的核心即“爱亲”，“义”的核心即“敬长”，“爱亲”“敬长”是人的良知良能，是天下共同的美德：“孩提之童，无不知爱其亲也；及其长也，无不知敬其兄也。亲亲，仁也；敬长，义也。无他，达之天下也。”②统治阶层倡导天下百姓均“爱亲”“敬长”，将家庭内的伦理人情推广到社会，为刑事审判中司法官适用“情理法”提供了政治依据。

3. 对司法官的考核重视“推鞫得情”

唐代曾著有《考课之法》：“凡考课之法，有四善……善状之外，有二十七最……其九曰推鞫得情，处断平允，为法官之最。”③“推鞫得情”与“处断平允”从不同的层面触及司法的要求。推鞫是手段和过程，处断是目的和结果。因此前者多与事实判断相关联——“得情”；后者多与法律（此处的“法”应作广义的解释）适用相关——“平允”。其实质在于个案的公正，即衡平司法。《大清会典》规定：“凡听断，依状以鞫情，如法以决罚，据供以定案。”④

为了在考核时获得“推鞫得情、处断平允”法官之最，司法官从自身利益出发，在审断刑事案件时也会尽可能地充分分析论证情理，融情理于判决中。

（五）“法在有司，民不周知”为“情理法”的适用提供了现实基础

中国古代民众日常社会生活多受民间家法、族规、乡规民约的调整，除“杀人偿命、欠债还钱”等基本法律常识外，只有自己置身具体案件时才能意识到国家法律的存在。

虽然明清时规定了地方官员和士人定期向庶民宣讲圣谕的宣讲制

---

① （南宋）朱熹集注：《四书》之《中庸》，顾美华标点，上海古籍出版社 1995 年版，第 39 页。

② 杨伯峻译注：《孟子译注》，中华书局 1960 年版，第 307 页。

③ （后晋）刘昫等撰：《旧唐书》卷四三之“志第二十三”，中华书局 1975 年版，第 1823 页。

④ （清）崑岡等修，（清）吴树梅等纂：《钦定大清会典》卷五五，载《续修四库全书编委会》编：《续修四库全书》（第七九四册）“史部 · 政书类”，上海古籍出版社 2002 年版。

度，但"圣谕"多为道德教化的内容。朱元璋于洪武三十年(1397年)下诏："朕仿古为治，明礼以导民，定律以绳顽，刊著为令。行之既久，犯者犹众，故作《大诰》以示民，使知趋吉避凶之道。古人谓刑为祥刑，岂非欲民并生于天地间哉！然法在有司，民不周知，故命刑官取《大诰》条目，撮其要略，附载于律。凡榜文禁例悉除之，除谋逆及《律》《诰》该载外，其杂犯大小之罪，悉依赎罪例论断，编次成书，刊布中外，令天下知所遵守。"[①]这一诏令也只针对特别刑事法规《大诰》，很少涉及对大明律令等基本法律的宣讲，"法在有司，民不周知"的现实并没有发生根本性的转变。

在日常生活中普通百姓并不知道法律的具体规定，其生活和行为多依据风俗、习惯、家法、族规，如为了人口的繁衍，国家法律一向禁止亲属为婚，但在明清时期，很多地方都不同程度地存在亲属为婚的情况，百姓们强调"亲上加亲"，甚至在农村及边远地区盛行兄收弟媳、弟娶兄嫂，"行之既久，寖以成俗，遂无有知其非也"。[②] 久而久之，普通百姓并不知道亲属为婚是犯罪行为，虽然在民事纠纷案件发生时"民不知法"，以情理作为解决纠纷的主要依据，但一旦刑事案件发生，百姓仍然习惯用相延已久的习惯风俗等情理去看待刑事案件的判决，以是否合情合理评判案件是否公正，反而对判决结果是否合法则不太在意。

(六)司法官的知识结构为"情理法"的适用提供了理论基础

自隋唐创科举选官之后，中国古代兼任州县长官的司法官及中央专职司法官多数是科举出身。通过科举被选拔为主政地方、兼理司法的官员，其思维习惯、知识结构决定了其准"情理"断案的必然性。

唐宋时的科举考试以明经、进士两科为主，明经科先贴经考查经文

---

① (清)张廷玉等撰：《明史》卷九三"志六十九刑法一"，中华书局1974年版，第2284页。

② 参见陈鹏：《中国婚姻史稿》，中华书局1990年版，第172页。转引自梁治平：《清代习惯法：社会与国家》，中国政法大学出版社1996年版，第69～70页。

的准确性，再口试经文大义。进士科除考经学和时务策外，还要“加考诗赋”。这两科都需要士子背诵理解儒家经义。北宋王安石变法时曾主张设“明法科”考选法官，司马光撰文反对，认为士大夫只需要懂得儒家礼教就足够了，若“果能懂得礼教道义，自与法律冥合。若其不知，但日日诵徒、流、绞、斩之书，习锻炼文致之事，为士已成刻薄，从政岂有循良？非所以长育人才、厚风俗也”。①

明清时的科举考试内容以朱熹集注的儒家经义为主，以八股方式进行选拔，要求士子“代圣人立言”，只“许言前代，不及本朝”。

为了准备科举考试，各级各类学校组织的教育与考试也与之相适应。民间私塾以及官立各级学校无不把儒家经典的习读背诵作为教学的主要内容。蒙童识字的启蒙教材，就主要是儒学传统。官方为选拔参加科举考试的生员每年组织的考试内容主要为儒家经典：“四书文一、五经文一、五言六韵诗一；科试，则试四书文一、策问一、五言八韵诗一。另岁、科试并须默写《圣谕广训》若干字，科试再加默写五经一段。”②

在科举考试成为平民子弟改变命运的主要途径背景下，广大士子只得长期苦读孔门经训、儒家经典，以致明清时期中举者除了解儒家经典和不切实际的“八股”文章外，对其他事务所知较少，一旦入仕，职责却是无所不包：“及登第入仕之后，今日责之礼乐，明日责以兵刑，忽而外任，忽而内调，是视八股朋友竟为无所不知、无所不能之人。”③所学即非所用，任官又无见习期，一上任就得独当一面。

虽然州县官必断案件，要求熟读律令条文，《大清律例》中有一条自明律沿袭而来，即“讲读律令”，也就是官员每月应召吏民宣讲法律。嘉庆年间，治河有功的程含章升任浙江巡抚，他一到任，就通令下属各级

① 参见（北宋）司马光：《传家集》卷五四“章奏”之“起请科场札子”。转引自郭建：《师爷当家：明清官场幕后规则》，中国言实出版社2004年版，第113页。

② 参见（清）崑岡等修，（清）吴树梅等纂：《钦定大清会典》卷三二，载《续修四库全书编委会》编：《续修四库全书》（第七九四册）“史部・政书类”，上海古籍出版社2002年版，第291页。

③ 郭建：《师爷当家：明清官场幕后规则》，中国言实出版社2004年版，第13页。

官员要熟读律令条文，规定各官“于办公之暇，将《大清律例》及《洗冤录》二书，每日反复批阅”。[①] 但是要想一上任就能精熟律令，对于长期背诵儒家经典、事务繁忙的官员来说几乎不可能。因此，明人邱濬认为，只要法官能“通经术、知道谊者”，如案件无现成法条可使用，就引用儒家经典经义断案，上报皇帝批准即可。[②]

具有儒家知识结构的州县官和专业司法官，在审判刑事案件时，除聘请相关专业人员作为刑名幕友外，还要根据自己的心理偏好、思维习惯，充分运用自己的知识结构和知识储备，利用自己深厚的儒学经义功底去参透民众伦理道德、了解风俗习惯等边缘性情感因素，审判时参照情理的道德内涵，以实现案件中情理层面的实质正义，最终达到多种因素的衡平，实现以人为本，做到情法之间的平衡。[③]

因此，深厚的儒学知识内涵知识结构或知识系统是司法官司法审判融合情理的文化之根。他们习惯于“情理”分析，而不习惯于法律分析或法律思维。这也决定了其准“情理”断案的必然性，[④]在刑事案件的审判中，必然会将其儒家化的思维理念和价值追求等带进或融入司法领域。

儒家提倡“忠孝仁恕”伦理。儒学出身的司法官审判案件必受儒家伦理的影响。“孝”除养亲、事亲、扬名显亲外，司法实践中，为推行“孝道”，司法官常以“家有老小”作为“以情宥罪”的缘由，典型的当属留养制度。

留养制度自北魏首创后一直沿用到清末，其中就典型地体现了因父母年老需人照顾的人情和孝养父母天经地义的天理。《大清律例》的

① 参见贺长龄：《皇朝经世文编》卷二一“吏政七·守令上”之“通饬各官熟读律例”，载《魏源全集》（第十四册），岳麓书社2004年版。

② 参见（明）邱濬：《大学衍义补》卷一百十一“简典狱之官”，载《钦定四库全书荟要》卷二七二一“经部”，摛藻堂四库全书荟要本。

③ 参见张汉静、丁相顺：《“情法两尽”及其社会基础》，载《法学家》2000年第4期。

④ 参见王静：《清代州县官的民事审判——一个法律文化视角的考察》，吉林大学2005年博士学位论文，第44、115页。

“例”文中,有多条规定了杀人者可以留养。例如,“兄弟均犯罪可留一人”;“救亲情切”杀人可留养;母寡居二十年以上者可留养;亲老丁单杀有罪之人亦可留养(被杀之人也是“亲老丁单”者除外);等等。清代的秋审甚至因犯死罪者“无后”而宥其罪,使其能够“留养承祀”,是皇帝为体现自己的德政而法外施恩,但更多地体现了皇帝倡导的依情理判决案件、践行儒家“孝乃仁之本”的价值理念。

甚至名家之后犯罪,司法官为了顾念其家族声誉,也会留嗣罚赎以取代重刑。“李克义以少卿疏远之族,而诈称位下子孙,并立户名,以欺罔官司,凭依声势,以武断乡曲,揆之于法,其罪已不可逃矣,而其得罪于祖先,则又有大焉!不爱其亲而爱他人者,谓之悖德;不敬其亲而敬他人者,谓之悖礼。……悖德悖礼,罪孰甚焉。李克义诈称族后,欺罔官司,得罪于祖先,其罪过本已大,本令勘杖一百,且念其为名家之后,特存善及子孙之意,罚赎。”①

儒家强调“仁”。孔子认为“仁”的根本要求是“爱人”。② “仁者,能好人能恶人”。③ 正义云,“仁者,情得其正,与人之善者好之,人之不善者恶之”。爱有差等,由近及远。为政者以仁抚民治民。“当体天地生万物之心,与父母保赤子之心,有一毫之惨刻……一毫之忿疾,非仁也。”④

孔子所倡“仁”的实现方式便是“忠恕”之道,“忠恕”是儒家文化思想中重要的伦理范畴。“夫子之道,忠恕而已矣。”⑤对他人有宽恕或恻隐之心,都可能作出从宽的处理。

---

① 《名公书判清明集》卷之二“官吏门”之“冒立官户以他人之祖为祖”,中国社会科学院历史研究所宋辽金元史研究室点校,中华书局1987年版,第44页。

② 参见(清)刘宝楠:《论语正义》之“颜渊第十二”,载国学整理社辑:《诸子集成》(第一册),中华书局1954年版。

③ (清)刘宝楠:《论语正义》之“里仁第四”,载国学整理社辑:《诸子集成》(第一册),中华书局1954年版。

④ 《名公书判清明集》卷之一“官吏门·申儆”之“咨目呈两通判及职曹官”,中国社会科学院历史研究所宋辽金元史研究室点校,中华书局1987年版,第2页。

⑤ (清)刘宝楠:《论语正义》之“里仁第四”,载国学整理社辑:《诸子集成》(第一册),中华书局1954年版。

“忠”是“尽己为人”，要求自己对他人尽己，心无二心，意无二意。《左传·庄公十年》云：“小大之狱，虽不能察，必以情。”正义曰：“言以情审察，不用使之有枉，则是思欲利民，故为忠之属也。”[①]元戴侗作《六书故》，其训“忠”曰：“尽己致至之谓忠。”又曰：“瑕不掩瑜，瑜不掩瑕，忠也。”“传曰‘上思利民忠也。’”[②]用孔子之语为：“推己及物之谓忠。己欲立而立人，己欲达而达人。”[③]“忠”强调对君主忠诚，在司法领域则强调能够尽己情而获得案件真情。《日知录》云，“反身而诚，然后能忠”[④]。以“己心”揣度他人，也是审理案件应注意的司法态度。

“恕”即“己所不欲，勿施于人”[⑤]。自己不愿做的就不要强加于人。子贡进一步解释为：“我不欲人之加诸我也，吾亦欲无加诸人。”[⑥]要求他人时推己及人，了己了人，明始明终。宋人真西山云：“己欲安居，则不当扰民之居也，欲丰财则不当朘民之财也。故曰：己所不欲勿施于人。其在圣门，名之曰恕。强勉而行，可以致仁。”[⑦]以“己所不欲勿施于人”的态度对待。

“恕”表现在刑事审判中则为“宽恕”，人同此心、事同此理，不苛责，存大体、容小过，融合民众情理灵活变通。正如名幕万枫江所引谚言曰：“上官清而刻，百姓生路绝。古今清吏，子孙或多不振，正

---

① （春秋）左丘明传，（晋）杜预注，（唐）孔颖达疏：《春秋左传正义》卷八，阮元校刻本。

② （清）顾炎武：《日知录集释》卷七，黄汝成集释，栾保群、吕宗力校点，上海古籍出版社2006年版，第397页。

③ （清）顾炎武：《日知录集释》卷七，黄汝成集释，栾保群、吕宗力校点，上海古籍出版社2006年版，第398页。

④ （清）顾炎武：《日知录集释》卷七，黄汝成集释，栾保群、吕宗力校点，上海古籍出版社2006年版，第397页。

⑤ （清）刘宝楠：《论语正义》之“卫灵公第十五”，载国学整理社辑：《诸子集成》（第一册），中华书局1954年版。

⑥ （清）刘宝楠：《论语正义》之“公冶长第五”，载国学整理社辑：《诸子集成》（第一册），中华书局1954年版。

⑦ 《名公书判清明集》卷之一“官吏门·申儆”之“谕州县官僚”，中国社会科学院历史研究所宋辽金元史研究室点校，中华书局1987年版，第6页。

坐刻耳。此言可为矫枉过中之鉴。总之,凡事留一分余地,便是积阴德于子孙也。"[1]清末名幕张廷骧也说:"'平恕'二字为千古治狱要诀。"[2]

如何做到治狱"恕"? 唐代杜牧主张"以情恕",从刑事案件实情出发,综合考虑犯罪动机及内中情理而定罪量刑。"臣于此际,为吏长人,敢不遵行国风,彰扬至化,小大之狱,必以情恕。"[3]核心在于断案者"反身以诚","舍状以探情","民之有讼,如己有讼;民之流亡如己流亡;民在缧绁,如己在缧绁;民陷水火,如己陷水火。凡民疾苦,皆如己疾苦也"[4]。

清人袁守定也主张"治狱主仁恕"[5]。宋人郑克云:"按昔人称郭躬'推己以议物,舍状以探情'。夫'推己以议物'者,恕也;'舍状以探情'也,忠也。"[6]章太炎作《订孔》:"心能推度曰恕,周以察物曰忠。故夫闻一知十,举一隅而三隅反者,恕之事也……周以察物,举其征符,而辩其骨理者,忠之事也……'身观焉',忠也。'方不障',恕也。"经过考证,胡适认为,这就是孔门的方法论。[7]

只要治狱时怀有常人所有的恻隐之心,就会宽恕处理相关刑事案件,做到"哀矜勿喜"。元代张养浩《牧民忠告》卷下云:"人之良,孰愿为盗也,由长民者失于教养,冻馁之极,遂至于此,要非其得已也。尝潜体其然,使父饥母寒,妻子愠见,征负旁午,疹疫交攻,万死一生,朝不逮暮,于斯时也,见利而不回者,能几何人? 其或因而攘窃,不原其情,辄

① (清)万枫江:《幕学举要·官方》,载《文白对照全文全译》之"权谋类"(第二十卷),伊犁人民出版社1999年版。

② 郭建:《师爷当家:明清官场幕后规则》,中国言实出版社2004年版,第133~134页。

③ (清)董诰等编:《全唐文》第十三册·卷七五〇,中华书局1983年版,第7772页。

④ (元)张养浩撰:《为政忠告》之《牧民忠告》卷下"听松第三"之"民病如己病",载司马哲编著:《为政忠告》,中国长安出版社2009年版。

⑤ (清)袁守定:《图民录》卷一,载官箴书集成编纂委员会编:《官箴书集成》(第五册),黄山书社1997年版。

⑥ (南宋)郑克撰:《折狱龟鉴》卷四"议罪",载《景印文渊阁四库全书》(第七二九册),台北,台湾商务印书馆1986年版。

⑦ 参见胡适:《中国哲学史大纲》,中华书局2013年版,第77~81页。

置诸理，婴笞关木，彼固无辞，然百需丛身，孰明其不获已哉！古人谓‘上失其道，民散久矣。如得其情，则哀矜勿喜。’呜呼！人能以是论囚，虽欲惨酷，亦必有所不忍矣。”①

明代邱濬云：“后世民之所以易于散者，以上无聚之道故也。饥寒迫身，则散；徭役烦扰，则散；赋敛重多，则散。散则无情，无情则无义，无情无义则健讼之风起，而争夺之祸作矣。此治狱者得狱之情，必加之哀矜而不可喜也。哀者，悲民之不幸；矜者，怜民之无知；勿喜者，勿喜己之有能也……凡所以治狱者无非仁，而不仁之事则有所不行矣。”②刑事审判中司法官“哀矜勿喜”的态度对个案得到合情合理的公正判决起到较为重要的作用。

受儒家思想影响一生的中国古代司法官在对待一些无关生死、案情轻微而无情可矜的案件当事人时，也会依据儒家尊卑贵贱的人情伦理从轻处罚。明朝著名清官海瑞云：“凡讼之可疑者，与其屈兄，宁屈其弟；与其屈叔伯，宁屈其侄；与其屈贫民，宁屈富民；与其屈愚直，宁屈刁顽。事在争产业，与其屈小民，宁屈乡宦，以救弊也。（乡宦计夺小民田产债轴，假契侵界威逼，无所不为。为富不仁，比比有之。故曰救弊。）事在争言貌，与其屈乡宦，宁屈小民，以存体也。（乡宦小民有贵贱之别，故曰存体。若乡宦擅作威福，打缚小民，又不可以存体论。）”③事实的认定（如兄弟之争、愚顽之争、士俗之争等的案件事实）仅为断案结果的参考性因素，能够对断案结果产生直接影响的是执法者的悲悯心、亲伦义和面子情等伦理和情感因素。

（七）司法官的司法理念为“情理法”的适用提供了思想基础

古代司法官作为行政长官具有强烈的“父母官意识”和“天人合

---

① （元）张养浩：《为政忠告》之《牧民忠告》卷下“慎狱第六”之“存恕”，载司马哲编著：《为政忠告》，中国长安出版社 2009 年版。

② （明）邱濬：《大学衍义补》卷一百六“详听断之法”，载《钦定四库全书荟要》卷二七一六“经部”，摛藻堂四库全书荟要本。

③ 《海瑞集》，陈义钟编校，中华书局 1962 年版，第 117 页。

一”“情罪允协”的司法理念。

1. 司法官具有“父母官意识”

这就使中国古代的诉讼成为“父母官诉讼”，司法官审断案件具有为“子民做主”、造福子民的目标追求。

中国古代父慈子孝的家庭观念延伸到国家，就被理所应当地认为皇帝是全国人民的“大家长”，治下的百姓成为“子民”，州县官员是治下百姓的“父母官”。《诗经》说，“恺悌君子，民之父母”。《洪范》篇有“天子作民父母，以为天下王”之说。“民之父母”是为官者道德政治的理想模型，从内心情感上，父母为子女考虑深远，竭尽自己心血养育子女，“做父母的哪有不为子女好的”？“官为民之父母”，则“为官者哪有不为子民好的”？因此，中国传统社会兼理司法的州县长官一直被称为“父母官”“亲民官”，治理自己辖区内的民众如同父母在家庭中教养子女一样，成为自己所辖区域内社会秩序、民众福利的总“家长”，“为政者如父母，人民是赤子”的比喻一直存在于中国的传统中，“知州知县担负的司法业务就是作为这种照顾的一个部分一个方面而对人民施与的，想给个名称的话可称之为‘父母官诉讼’”。① 庭审时，除身份特殊的人外，一般民众姓必须下跪，正是犯错的子孙接受父祖的训诫方式，民众有“跪天、跪地、跪父母”的“三跪”义务，但一旦成为诉讼案件的当事人，便要跪听司法官审断案件。“在一般情况下，判决都是在庭审时对着下跪的当事人当场宣读。按照官方的意识形态，县官在他所管辖的子民面前，就是无所不知的父母官。”②

作为百姓父母官的司法官在审理案件时，不仅是争讼是非的裁判者，更是道德之导师，因此，就会经常采用封建家长制下的父母训诫子女不良行为、调解子女之矛盾冲突的审理方式，必须用情理去全面考虑

① [日]滋贺秀三：《中国法文化考察——以诉讼的形态为素材》，载[日]滋贺秀三等：《明清时期的民事审判与民间契约》，王亚新、梁治平编，法律出版社 1998 年版。

② 黄宗智：《民事审判与民间调解：清代的表达与实践》，中国社会科学出版社 1998 年版，第 86 ~ 87 页。

分析案情，体察民情，使当事人能够接受、信服，充分履行好父母官的职责。①

既然是“父母官”，就要“为子民做主”，“为官一任、造福一方”就成为“父母官”审判案件的内在动力。在审判中常以“青天大老爷”的身份自居，总希望能惩罚罪犯、化解仇怨，维护社会安定。清康熙年间徽州知府吴宏在担任知县时的言行无不体现父母官为民做主的思想。“本县之视迩民犹吾子也，婆心苦口，总欲尔民家给人足，以遂我爱民犹子之心。倘敢视同泛常，仍蹈故辙，则是愿为顽民，甘为逆子，定当尽法重处，惩一儆百。移风易俗，法在必行，勿谓本县之不顺人情也。”②“本县身任地方之责，凡而壶民，皆吾赤子，何忍不教而杀。”③其教民勤俭的主要内容是“八禁”：“禁抛荒地土”“禁游湖赌博”“禁妇女烧香”“禁敛钱演戏”“禁少年庆寿”“禁无姑昼饮”“禁生子宴会”“禁抢粮租谷”。④除“八禁”外，还有“禁健讼”“禁钻营”“禁神会”“禁匿名贴”“禁典史受词”“严夜巡”“禁派妇女夜巡”“禁歇店窝匪”“禁捉秋虫”“门禁”“禁约家人”“禁打降”等。⑤ 这些禁令内容深刻体现了父母官对子民的谆谆教诲。

“州县为亲民之吏，与上司体统不同，词状不防多难。身为父母，膝下之勃溪，岂有漠不关心之理？”⑥作为州县的父母官，自然而然地把百姓之间的纠纷当作自家的家务纠纷尽力和解解决，也从根本上避免当事人上控引致上司驳诘：“且一经上司控准发审，又多一事。总要随到

---

① 参见郭栋：《中国古代司法裁判中的情理探究》，河南大学2020年硕士学位论文，第23页。

② （清）吴宏：《纸上经纶》卷五“告示”之“教民勤俭”，载《明清公牍秘本五种》，郭成伟、田涛点校整理，中国政法大学出版社1999年版。

③ （清）吴宏：《纸上经纶》卷五“告示”之“禁打降”，载《明清公牍秘本五种》，郭成伟、田涛点校整理，中国政法大学出版社1999年版。

④ 参见（清）吴宏：《纸上经纶》卷五“告示”之“教民勤俭”，载《明清公牍秘本五种》，郭成伟、田涛点校整理，中国政法大学出版社1999年版。

⑤ 参见（清）吴宏：《纸上经纶》卷五“告示”之“目录”，载《明清公牍秘本五种》，郭成伟、田涛点校整理，中国政法大学出版社1999年版。

⑥ （清）万枫江：《幕学举要·总论》，载李志敏主编：《中华资政绝学》卷四，光明日报出版社2002年版。

随审，严察晋役人等，无留难需索诸弊，则自无拖累。至于虚囊听断，不在刑求，静创其是非，如入人之家室而为之排解，民之食德无涯矣。”①这种“父母官诉讼”的意识最基本的要求就是“家丑不可外扬”，尽量减少百姓上控的可能性或风险。

在传统刑事案件中，“升堂断案”特定威严场景为人们衡平情理的想象提供了充足的空间，公堂上的威严仪式和严格的审判程序所产生的断案结果更易于为犯人、被害人及其亲属们所接受，有利于促进司法权威性的确立。“情理”具有“话语—知识—权力”意义，通过“父母官诉讼”，使相生于儒家伦理道德和人情观念、合情合理的断案结果具有了心理和事实上的可接受性。② 身为“父母官”的州县司法官，基于“父母”对“子民”的仁爱之心、矜老怜幼的情怀、扶贫济弱的善念等，使裁判依据除律例条文外，更多的是民众世情、人情、儒家伦常之理、当地风俗习惯等，庭审的公堂也顺理成章地成为古代父母官教化治下子民、普及法律的最佳场所。

2. 受“天人合一”理念的影响

自汉代董仲舒开始，中华民族对理想社会的追求就是“天人合一”，认为天与人的关系紧密相连，不可分割，天道与人道、自然与人为相通和统一，人间君主所做之事上天会有所反应，人间祥和，上天就会降下福瑞，人间治理不好，上天就会降下灾异，只有做好人事，自然与社会才能井然有序，整个社会中的各种事物才能和谐统一、均衡发展。

在传统中国人心中，君权受命于天，“天”代表“道”，“天”为乾，“地”为坤、为民，“人”为王、为君，只有代表“君王”才能沟通“天”与“地”，“天、地、人”是一个相互依存的整体，天有天理，地有国法，人有

① （清）万枫江：《幕学举要·总论》，载李志敏主编：《中华资政绝学》卷四，光明日报出版社2002年版。

② 参见崔明石：《话语与叙事：文化视域下的情理法》，吉林大学2011年博士学位论文，第144页。

人情，“天理”“国法”“人情”三位一体，相互沟通，而“人”又是其中最活跃的要素，只有符合人情，才能为天理所容，为国法所定。

“天人合一”的治国理念和价值追求使“天—君—民”间呈现不同的位阶，进而使具体的道德法律规范所内含的各种“道”也存在差异，“天道”与“人道”分野，①故“人法地，地法天，天法道，道法自然”②。这种规范形态方面的差异反映在“天—君—民”这一结构中便相应地表现为“天理—国法—人情”的区别。③

在“天—君—民”的结构中，“天道”要求合理实现君主的意志，而体现君主意志的国法会同时体现“天理”“人情”，并不享有绝对的权威，当国法与天理、人情发生冲突时，天理与人情的合理内容必然成为刑事裁判的必然选择，因此，突破国法的限制是符合国法之上的更高位阶的天理要求的，而符合天理的要求也是民众的普遍期待。

在刑事审判中，国法虽然形式上享有高度权威，兼理司法的行政官员应该遵循国法的具体条文裁判案件，除州县自理案件和皇帝亲自参与的案件外，尽量做到罪刑法定，同时体现“情罪允协”。普通民众作为刑事案件的旁观者、潜在者或当事人，更希望任何刑事案件最终都能得到合情合理合法的判决。

君、官、民在刑事案件上的价值取舍在追求“情罪允协”的目标上实现了高度一致。这种潜在的君官民的合意，正反映了司法领域“天人合一”的最高价值要求。

3. 司法官受“情罪允协”的衡平司法理念影响

刑事审判中的衡平司法理念主要平衡犯人因犯罪行为所承受的刑

① 参见张杰：《花开两面：人情在司法难题中的双重面向——基于“天理—国法—人情”的法文化解读》，载谢晖、陈金钊、蒋传光主编：《民间法》第23卷，厦门大学出版社2020年版。

② （晋）王弼注：《老子注》之“二十五章”，载国学整理社辑：《诸子集成》（第三册），中华书局1954年版。

③ 参见张杰：《花开两面：人情在司法难题中的双重面向——基于“天理—国法—人情”的法文化解读》，载谢晖、陈金钊、蒋传光主编：《民间法》第23卷，厦门大学出版社2020年版。

罚与给被害人及其亲属甚至其他人带来的伤害之间的利害关系，如何平衡就带有司法官道德的主观体验性，使案件参与者能够对案件分析与法律适用之间的关联形成“合意”。[①] 英美法系中的衡平法是中立的法官以理性而不是专断方式审理案件，一旦判决出现明显错误，可以从法官自身“衡平正义”的理念出发进行补救。以英美法系的衡平观念为参照，中国古代司法中构成“情理”话语深层结构的衡平观念便具有了以“人情伦理”作为价值判断的“折中”“平允”取向两大特征。[②]

“情法两尽”“情理法兼顾”是古代司法官的理想追求，[③]但国家法律具有僵化和滞后性，具体个案中的“情理”却因时、因人、因事之万变而不断变化。为使“无知小民”不至于“非辜悉罹重宪”，因而在司法中应尽可能地兼顾“情理法”。宋高宗时期的大理寺丞周懋云，“绍兴敕罪人情轻法重者，并奏裁。立法之意，谓：‘法一定而不易，情万变而不同，设法防奸，原情定罪，必欲当其实而已。’……庶使无知小民免致非辜悉罹重宪”[④]。清人王耀祖云：“盖听断以法，而调处以情，法则泾渭不可不分，情则是非不妨稍借。”[⑤]

而情理大约只能理解为一种社会生活中健全的价值判断，特别是一种衡平的感觉。[⑥] 因此，中国传统司法中的“衡平”，是司法官在儒家伦理为主流的多元思想、意识指导下，在天理、国法、人情三者的综合作用下，受到诉讼的特定语境和技术制约，对案件作出的合于现实理性需

---

① 参见崔明石：《话语·意指·权力——结构主义理论进路下的传统情理法文化》，载《太原理工大学学报（社会科学版）》2010 年第 4 期。

② 参见崔明石：《话语·意指·权力——结构主义理论进路下的传统情理法文化》，载《太原理工大学学报（社会科学版）》2010 年第 4 期。

③ 参见霍存福：《汉武帝对问与傅隆议迁徙两案的“情理法”》，载《法律适用（司法案例）》2017 年第 6 期。

④ （南宋）李心传撰：《建炎以来系年要录》卷一五三“绍兴十五年”，中华书局 1956 年版，第 2472 页。

⑤ （清）汪辉祖：《学治臆说》卷上二一之“断案不如息案”，载《续修四库全书编委会》编：《续修四库全书》（第七五五册）“史部·职官类”，上海古籍出版社 2002 年版。

⑥ 参见［日］滋贺秀三等：《明清时期的民事审判与民间契约》，王亚新、梁治平编，法律出版社 1998 年版，第 34 页。

要的适当处理,断狱的关键并不完全单纯地依律定罪,而要以案件之“实情”为基础,参照法律的具体规定,考虑人情、天理,对涉案“情理法”反复权衡后最终确定。①

在“情罪允协”的执法理念下,古代司法官通过一系列裁判技术和特殊制度的运用使“情理法”关系在个案中达成允协。当面对复杂个案时,对个案中的法外情理尤为关注,有意识地将超出法律规范之外的“情理”渗入审判中。“如果法律有悖于其他原则而与情理相矛盾,执法官员可以通过法律解释、法律选择来加以协调,甚至可以置法律于不顾”,②使案件判决“曲法申情”,甚至断案之际“法外施行”。从执法者“原情”的“自由心证”意义上看,案件事实和断案结果之间并不存在必然的因果关系,而是“包裹了主观臆断因素。在此情形下,法律的适用与其说是给案件一个‘公正’的评价,毋宁说是给道德做了一个法律的注脚”。③

古代司法实践中的“曲法申情”,是因为违法犯罪行为本身就具有道德的内质(如为父母、朋友复仇),或具有可以原宥或哀矜的事由,司法官通过“推鞫”发现案件具有“准请”的特殊情由,这为“酌情”“用法”的轻重允协提供了自由裁量的空间,司法官在此基础上依据法律、比附定例,再“准情酌理”,最后“法外开恩”或“法外施行”判决个案。

当刑事案件涉及罪有可疑、犯小过、不知情、对方有过错、过失犯而无知、贫穷犯罪六种情形时,“情有可原”就是“原情而略法”,是一种法外之仁,在处罚上从轻发落,而不是免罪,如清代明文规定忤逆父母为犯罪行为,但如能归家警戒劝谕,不得再犯,或令父母亲族重加扑责,以示惩戒,只要能达到警示效果,就可以“初次免刑”,再犯

① 参见顾元:《衡平司法与中国传统法律秩序——兼与英国衡平法相比较》,中国政法大学出版社2006年版,第13页。

② 参见王志强:《南宋司法裁判中的价值取向——南宋书判初探》,载《中国社会科学》1998年第6期。

③ 参见崔明石:《话语与叙事:文化视域下的情理法》,吉林大学2011年博士学位论文,第141~142页。

重罚。

要实现"情理"断案、"情罪允协",仍需要法官的刑事判决没有"情理法"的漏洞,力争做到:"口供要确","确"并不完全指事实,而是指口供要符合情理,没有破绽;"情形要合","情者,彼此之情事也;形者,当日之形象也";"情节要明","情者,两造起衅之由也;节者,此事先后之层次也";"针线要清",即"一人如此供,他人亦如此供,如针线之缝衣,任其横直,路数碧清,无不贯串";"来路要明",指以上的情节来龙去脉交代清楚;"过桥要清",指"凡事先是如此,后则如彼",彼此之间要有自然过渡,使读者不致迷失方向;"序次要明",即层次分明,结构完整。①

4. 受施德福报思想的影响

中国传统文化讲究"报应",相信"仁恕获福""善恶果报"。《周易·坤·文言》说:"积善之家,必有余庆;积不善之家,必有余殃。"一个人多做好事,就会多积阴德,自己及其后代子孙就会遇事逢凶化吉、福祚绵长。"救生"可以积阴德于子孙。汉朝人陆贾说:"积德之家,必无灾殃。"②积德行善的一个基本要义就是养他生、修己德。养他生即为他人着想,利他人;修己德即通过做善事为自己及子孙后代积德。就司法官而言,就是重视他人生命、造福民众、少杀慎杀、不罚或轻罚。"孔子曰:'德不孤,必有邻。'夫施德者贵不德,受恩者尚必报;是故臣劳勤以为君而不求其赏,君持施以牧下而无所德,故易曰:'劳而不怨,有功而不德,厚之至也。'"③司法官如果不依法办事,冤滥刑狱、枉菅人命或杀人太多、用刑太重,就会积下不善,必定恶报在本人或其子孙身上。而能够按法办事,从无冤滥者,就是积善积德,必会得到福佑,自己及子孙诸事顺遂。

西汉时于定国之父于公长期为郡掾吏掌管司法,多次平反冤案,自

① 参见(清)王又槐编辑:《刑钱必览》卷一"案略",清乾隆五十八年新镌本,第4~5页。
② 王利器撰:《新语校注·怀虑》,载《新编诸子集成》(第一辑),中华书局1986年版。
③ (汉)刘向撰:《说苑》卷六"复恩",载《说苑校证》,向宗鲁校证,中华书局1987年版。

认积德甚多,必定有利子孙。在其家修缮大门时,要求帮忙的乡亲将大门修得高大一点,以便大官乘坐的大马车能够通过,原因是:“我治狱多阴德,未尝有所冤,子孙必有兴者。”后其子孙果然位至三公,封侯赐金。[①] 北齐高允在中书省任职,负责复核审判,自认为:“吾在中枢时有阴德,救济民命,若阳报不差,吾寿应享百年矣。”[②]后来果然90余岁无疾而终。

自佛教传入中国后,因果报应、六道轮回之说与中国传统福报观念紧密结合,产生了更大的影响。[③] 司法官便承担着审判阳间、阴间案件的双重责任:审断公平合法、合情合理,就是积德;处理偏心,尤其错杀人命,就是积怨,就会灾祸缠身或影响子孙。

名幕万枫江在《幕学举要·总论》中说:“法律要宽一分,所谓‘与其杀不辜,宁失不经。’然非轻纵之谓也。情真罪实,自当置之重典。”[④]“古今清官子孙或多不振,正坐此刻耳。”“刻”即“刻薄”,指严格依法行事——不用天理、人情加以调剂,就会流于死板、刻薄。所以他认为:“凡事留一分余地,便是积阴德于子孙也。”[⑤]清代纪昀认为:“笔墨之间,动关生死,为善亦易,为恶亦易,是必冤谴相寻。”[⑥]因此,司法官应以“求生”“平恕”为本,但过了头,也会遭到“阴谴”。古代妇女除谋反叛逆、子孙不孝或被杀、被盗、被劫、被伤之类的重案外,一概不许作为“状首”起诉,即使涉及自身利益的案件也只能由父亲、丈夫、兄长、子侄之类的男性亲属“抱告”代诉、代为出庭,而且除奸、盗、命案外,一般也不

---

① 参见(唐)颜师古注:《汉书》卷七一“隽疏于薛平彭传第四十一”之“于定国传”,中华书局1962年版,第3047页。

② (北齐)魏收撰:《魏书》卷四八“列传第三十六”之“高允传”,中华书局1974年版,第1089页。

③ 参见郭建:《师爷当家:明清官场幕后规则》,中国言实出版社2004年版,第130页。

④ (清)万枫江:《幕学举要·总论》,载李志敏主编:《中华资政绝学》卷四,光明日报出版社2002年版。

⑤ (清)万枫江:《幕学举要·官方》,载李志敏主编:《中华资政绝学》卷四,光明日报出版社2002年版。

⑥ (清)纪昀,孙建军主编:《阅微草堂笔记》卷十三“槐西杂志三”之“红衣女鬼”,吉林文史出版社2017年版,第285页。

予传唤出庭作证。康熙五十八年(1719 年)夏季以前成案中规定:“妇女有犯奸盗、人命等重情及别案牵连身系正犯、相应仍行提审理,其余小事牵连妇女者,提伊子姪兄弟替审。”①

不传唤妇女出庭作证亦是积德表现:“凡词讼牵连妇女者,于吏呈票稿内即除其名,勿勾到案。”汪辉祖在《佐治药言》中认为,凡涉及妇女案件“断断不宜轻传对簿”。“夫以法所应传之妇,起意不端,尚不能幸逃阴谴,况之可以不传者乎?”②不传唤妇女到庭是为了养其廉耻心,维持社会的良好风尚,即使犯奸罪,只要“尚在疑似者,亦免唤讯,只就现犯讯结”③。以免妇女因出庭羞辱而无辜亡命,使司法官可能遭到阴间的报应。

《续佐治药言》还记载,清代萧山籍绍兴师爷韩其相年轻时考取秀才后一直考不中举人,婚后一直无子,只得外出做师爷,其雇主卫哲治称其:“在幕十几年。无刻不以息事为念,偶罪一人,则彷徨周室行,食饮不怡,真仁人也,其后必大。”雍正元年(1723 年),韩其相在湖北公安县当师爷,晚上梦见一神人对他说,因其前世笔孽太多,所以今世不当有仕禄及后代,但因其十几年治狱仁恕,得以补救,还其儿子并科举及第为官。后果考场中举。第二年在家用心读书,又喜获麟儿,最后活到八十多岁,无疾而终。④ 当然,这种施德福报观念也会导致有的司法官会无原则地救生、想方设法行仁恕之道,有时不惜修改案情、篡改事实,只要没有冤鬼来缠,就可以朝有利于积德福报的方向判决。

正是由于中国古代司法官受上述司法理念的影响,在刑事审判中才自觉不自觉地融情理与法,以求案件得到圆满的解决,案件当事人及

① 《定例成案合镌》卷二八“刑部”之“断狱·妇女小事代审”(现行则例),吴江乐荆堂藏版。

② (清)汪辉祖:《佐治药言》之“读律”,载《续修四库全书编委会》编:《续修四库全书》(第七五五册)“史部·职官类”,上海古籍出版社 2002 年版。

③ (清)徐栋辑:《牧令书》卷十七“刑名上”之“勿令妇女上堂”,载官箴书集成纂委员会编纂:《官箴书集成》(第七册),黄山书社 1997 年版。

④ 参见(清)汪辉祖:《续佐治药言》之“仁恕获福”,载《续修四库全书编委会》编:《续修四库全书》(第七五五册)“史部·职官类”,上海古籍出版社 2002 年版。

其亲属大多对案件判决心服口服。

二、“情理法”在古代刑事审判中所蕴含的价值理念

中国古代司法官在司法实践中的“情理法”兼顾蕴含了丰富的价值导向和价值理念，在当代的司法实践中仍具有极高的借鉴价值。

（一）追求无讼，情理调处

人类社会的最理想追求应该是人人各安其安、各取所需、没有纷争、没有伤害的“大同”社会。中国古代的先人们最早提出了“无讼”的价值追求。影响中国传统社会的儒家、墨家、道家、法家等主要学派都从不同的角度论证了“无讼”实现的主要途径。

儒家崇尚“大同”社会，认为：“大道之行也，天下为公。选贤与能，讲信修睦，故人不独亲其亲，不独子其子，使老有所终，壮有所用，幼有所长，矜寡孤独废疾者，皆有所养。男有分，女有归。货，恶其弃于地也，不必藏于己；力，恶其不出于身也，不必为己。是故谋闭而不兴，盗窃乱贼而不作，故外户而不闭。是谓大同。”①

“大同”社会的主要表现是“无讼”。儒家主张“和为贵”，“和”的方法便是行“中庸之道”和“反省内求”，儒家创始人孔子曾作为鲁国的司寇，审理案件，上任伊始就将犯罪的少正卯诛杀，但其理想仍是实现“无讼”，云：“听讼，吾犹人也。必也使无讼乎。”②

儒家和墨家、道家、法家等其他学派一样都追求实现“无讼”的社会，百姓也认为“无讼”是一种美德，告诉是一种耻辱。

墨家认为要使社会稳定，应该实行利他的无差别的“兼爱”、道德思想统一的“尚同”、举荐人才的“尚贤”、反对侵略战争的“非攻”、反对奢靡浪费的“节用”“节葬”等，③最终实现“国与国不相攻，家与家不相乱，

---

① 《礼记》之“礼运第九”，载胡平生、胡美兰译注：《礼记·孝经》，中华书局 2007 年版。

② （南宋）朱熹集注：《四书》之《论语·颜渊》，顾美华标点，上海古籍出版社 1995 年版，第 163 页。

③ 参见（清）毕沅校注：《墨子》目录页，吴旭民标注，上海古籍出版社 1995 年版。

盗贼无有，君臣父子皆能孝慈”①的“天下大治”理想社会。

道家主张：“道法自然。”②“自然”要求人们“无为”，反映在诉讼上就是“使民不争”。③“争”是万恶之源，为了避免“争”，人们就要“绝圣弃智”“绝仁弃义”“绝巧弃利”“见素报朴，少私寡欲”，④之后才能达到自然和谐的“无争”“无讼”的理想境界。

法家从好利恶害的人性恶的理论出发，认为法律的功能之一就是定分止争。“一兔走，百人逐之。非以兔也。夫卖者满市，而盗不敢取，由名分已定也。”⑤他们大多主张“以刑去刑”，奉行重刑主义，其根本目的还是“无刑”。“无刑”的潜台词就是“无讼”。⑥

儒家与上述学派实现“无讼”的方法或途径不同，虽然也提出利用制度法令来治理百姓，利用严肃的刑法来整顿民众，但更主张“轻利重义”，对争讼者“以道譬之”，对百姓进行道德教化，“晓之以理、动之以情”，用道德教育的方式引导百姓“重义轻利”“舍利取义”，利用礼仪制度同化百姓，通过宣传仁政与德政，树立各种“礼”之模范。在诉讼产生或刑事案件发生后，引导百姓用情理分析案情，用情理感染、教化当事人，用情理教育旁听民众，学会换位思考，为占有情理优势的当事人着想，从而使案件审理结果合乎民情、民意，达到“息讼”“止讼”的目的，最终实现“无讼”的和谐社会秩序。

西汉时期，随着儒家思想成为正统的法律思想，占据国家统治的主

① （清）毕沅校注：《墨子》卷四“兼爱”，吴旭民标注，上海古籍出版社1995年版，第51页。

② （晋）王弼注：《老子注》之“二十五章”，载国学整理社辑：《诸子集成》（第三册），中华书局1954年版。

③ 参见（晋）王弼注：《老子注》之“三章”，载国学整理社辑：《诸子集成》（第三册），中华书局1954年版。

④ 参见（晋）王弼注：《老子注》之“十九章”，载国学整理社辑：《诸子集成》（第三册），中华书局1954年版。

⑤ 《商君书》之“定分第二十六”，载国学整理社辑：《诸子集成》（第五册），中华书局1954年版。

⑥ 参见李文玲：《中国古代的“无讼”理念与现代“和谐”社会》，载《甘肃社会科学》2006年第5期。

导地位,“无讼”观念也逐渐深入人心,道德礼仪、宗法伦理与法律相结合,司法实践中逐渐形成了“大事化小、小事化了”“息事宁人”的法律追求。黄六鸿曰:“夫息讼之要,贵在平情,其次在忍。以情而论,在彼未必全非,在我未必全是。况无深仇积怨,胡为喜胜争强……以此平情,其忿消矣,而何有于讼?以忍而言,彼为横逆,从旁自有公论,何损于吾?或别有挑唆,无如息气让人,便宜自在。彼即受辱,吾宁不费钱乎?以此为忍,其念止矣,而何至于讼?”①

《黄氏日抄》中也说:“讼乃破家灭身之本,骨肉变为冤仇,邻里化为仇敌,贻祸无穷,虽胜亦负,不祥莫大焉。”②宋代司法官胡石壁认为:“词讼之兴,初非美事,荒废本业,破坏家财,胥吏诛求,卒徒斥辱,道途奔走,犴狱拘囚。与宗族讼,则伤宗族之恩;与乡党讼,则损乡党之谊。幸而获胜,所损已多;不幸而输,虽悔何及。”③

统治者为追求“无讼”,将诉讼案件的多少和是否公正作为考察官员政绩的标准之一,对各级官员审断的案件进行审查。由于州县自理的笞杖刑事案件一般只需上报备查,不服判决的上诉控告案件必须由上级官员进行审查,如果错判错审,则驳诘纠错。因此,州县官为了杜绝当事人的上控,最大限度地降低上司驳诘纠错的风险,州县司法官最常用的办法就是充分运用情理调处息争,充分发挥儒家所提倡的道德教化的作用,说服当事各方和解或息讼或接受判决。西汉人韩延寿任太守时,“有兄弟因田争讼”,他认为是自己“不能宣明教化”所致,便称病闭门思过,使当事人大为感动,表示“愿以田相移,终死不敢复争”④。

---

① (清)黄六鸿:《福惠全书》卷十一“刑名部”之“劝民息讼”,载官箴书集成编纂委员会编:《官箴书集成》(第三册),黄山书社1997年版。

② 《名公书判清明集》附录五“黄氏日抄”之“词诉约束”,中国社会科学院历史研究所宋辽金元史研究室点校,中华书局1987年版,第637页。

③ 《名公书判清明集》卷之四“户婚门 · 争业上”之“妄诉田业”,中国社会科学院历史研究所宋辽金元史研究室点校,中华书局1987年版,第123页。

④ (唐)颜师古注:《汉书》卷七六“赵伊韩张两王传第四十六”“韩延寿传”,中华书局1962年版,第3210页。

宋人真西山专门总结前任及自己任职以来的经验,“以五事谕民”,其一便是教民“孝弟”,对孝弟者奖赏,对不孝弟、违背人伦者进行严惩:“人道所先,莫如孝弟。”“或身居子职,有阙侍养;或父母在堂,则蓄私财,或犯分陵忽,不顾长幼之伦;或因利忿争,遽兴骨肉之讼,凡若此者,皆有常刑。”①明人王阳明推行《十家牌法》的“乡约制度”:“十家之内有争讼等事,同甲即时劝解和释”②,无效才许见官。“自今各家务要父慈子孝、兄爱弟敬、夫和妻随、长惠幼顺……谦和以处乡里。心要平恕,毋得轻意忿争;事要含忍,毋得辄兴词讼。”③

古代官员一旦听闻治内有不孝顺的子孙常常自责不已。真西山在查实吴良聪对其亲不孝后,认为:“当职忝为郡守,不能以礼义训人,致使民间有此悖逆,日夕惭惧,无地自容。……吴良聪罪该极刑,姑与从轻,杖脊二十,髡发,拘役一年,仍就市引断。使人知孝于其亲者,有司所深敬,不孝于其亲者,王法所必惩。”④有些官员甚至以摘下自己的乌纱帽的方式感化争讼者。清代魏息园编写《不用刑审判书》,其中大多通过教化的方法来使争讼双方自愿息讼。

古代上级官员对上控刑事案件的审查仍以息讼为上、息事宁人,其息讼方式仍是运用情理进行调处,避免当事人的进一步上控。《幕学举要》中说:“自理词讼,批断不妨详尽。能将两造情伪指出,则直者快,曲者畏,渐渐心平,可以息争,亦使民无讼之一道。”⑤即使依据情理从轻判决后也往往附加“勿再犯、再犯依律断”等告诫性的训诫语,如“不痛改

① 《名公书判清明集》卷之一“官吏门·申儆”之“劝谕事件于后”,中国社会科学院历史研究所宋辽金元史研究室点校,中华书局1987年版,第9页。

② 吴光等编校:《王阳明全集》(新编本),浙江古籍出版社2010年版,第646页。

③ 吴光等编校:《王阳明全集》(新编本),浙江古籍出版社2010年版,第560页。

④ 《名公书判清明集》卷之十“人伦门·孝”之“弟以恶名叱兄孝于亲者当劝不孝于亲者当惩”,中国社会科学院历史研究所宋辽金元史研究室点校,中华书局1987年版,第383页。

⑤ (清)万枫江:《幕学举要》,载《文白对照全文全译》之“权谋类”(第二十卷),伊犁人民出版社1999年版。

前非,定当照条断罪”[①]“敢再肆谋吞,定行重治毋悔”[②]“谕令自新,倘敢再犯,定坐如律”[③]“再为不风之波,前罪并治不贷”[④]“如再抗延,前罪并治不贷”[⑤]等,强调犯人“事后毋许挟仇生衅”[⑥],“痛自改悔,毋再多事,致滋罪戾可也”[⑦]。告诫当事双方或其家属勿要进行无休止的报复犯罪,犯人此后当痛自改悔,万不可再多事犯罪,否则,原本被从轻处罚的犯人将要依律定罪,严惩不贷。

汪辉祖《佐治药言》论息讼:“词讼之应审者十无四五。其邻里口角,骨肉参商细故,不过一时竞气,冒昧启讼,否则有不肖之人从中播弄。果能平情明切譬晓,其人类能悔悟,皆可随时消释。间有准理后亲邻调处吁请息销者,两造既归辑睦,官府当予矜全,可息便息,宁人之道。断不可执持成见,必使终讼,伤闾党之和,以饱差房之欲。”[⑧]

中国古代为追求无讼用“情理”调处解决纠纷和审判刑事案件仍然是现代社会化解纠纷、解决矛盾、减少犯罪的重要途径之一。当纠纷和犯罪行为发生时,不是考虑依法判决的结果,而是综合考虑多种因素,将“情”“理”融于“法”中,力求达到民众普遍满意的结果,实现案结事了人服。

① 《名公书判清明集》卷之十“人伦门·不孝”之“母讼其子量加责罚如再不改照条断”,中国社会科学院历史研究所宋辽金元史研究室点校,中华书局1987年版,第386页。

② (清)吴宏:《纸上经纶》卷四“谳语”之“遵批再控事”,载郭成伟、田涛点校整理:《明清公牍秘本五种》,中国政法大学出版社1999年版。

③ (清)吴宏:《纸上经纶》卷四“谳语”之“官焰屠民事”,载郭成伟、田涛点校整理:《明清公牍秘本五种》,中国政法大学出版社1999年版。

④ (清)吴宏:《纸上经纶》卷四“谳语”之“欺外难羁等事”,载郭成伟、田涛点校整理:《明清公牍秘本五种》,中国政法大学出版社1999年版。

⑤ (清)吴宏:《纸上经纶》卷四“谳语”之“欺绝占葬事”,载郭成伟、田涛点校整理:《明清公牍秘本五种》,中国政法大学出版社1999年版。

⑥ (清)吴宏:《纸上经纶》卷四“谳语”之“谋夺吞灭等事”,载郭成伟、田涛点校整理:《明清公牍秘本五种》,中国政法大学出版社1999年版。

⑦ (清)吴宏:《纸上经纶》卷四“谳语”之“欺孤吞占等事”,载郭成伟、田涛点校整理:《明清公牍秘本五种》,中国政法大学出版社1999年版。

⑧ 郭建:《师爷当家:明清官场幕后规则》,中国言实出版社2004年版,第149页。

（二）以人为本，慎刑重生

中国古代刑事审判强调“以人为本”“人命至重”。“以人为本”强调以“人”为一切行为的出发点，以有利于“人”为刑事审判的落脚点。“人”以活人为主，其后才是对死者家属的安抚。作为百姓生命财产最后保障的司法官更应将民命牢记心中。正如《戒石铭》所言的“尔俸尔禄，民膏民脂，下民易虐，上天难欺”，①宋太宗皇帝亲笔书写此十六字诫言赐予郡国，立于厅南，告诫各级官吏审判案件不要草菅民命。在刑事审判中司法官并不严格以案件的公正判决为最终目的，而是“慎刑重生”。“《旅》曰‘君子以明慎用刑而不留狱’”，②君子应审慎地动用刑罚并及时执行判决。

“先王重好生之德……君子怀慎法之心。”③在君主“重生”的倡导下，司法官员在处理疑狱时，在“守法为经”④的前提下，“当折中于法律”⑤，怀有好生之心，以道德教化、酌情说理为主要手段，在审理刑事案件时，对确定无疑部分，适当处以刑罚；案情有疑时，必须原情说理，以益于活人为主要目标，谨慎适用法律，灵活变通。

“人命重案，必须细心确审，各犯供吐，前后符合，不少游移，方成信案。”⑥凡有疑问，司法官便应依据情理提出疑问，追根究底，使自己常具为民求生之心。⑦ 因为“天有五气以育万物，木德以生，金德以杀，亦甚

① 参见（南宋）洪迈：《容斋随笔》续笔卷一之“戒石铭”，吉林大学出版社 2009 年版，第 187 页。

② 参见（南宋）洪迈：《容斋随笔》卷十二之“逸诗书”，吉林大学出版社 2009 年版，第 130 页。

③ （明）佚名：《新纂四六合律判语》卷之下之“刑律 · 淹禁”，载《明清公牍秘本五种》，郭成伟、田涛点校整理，中国政法大学出版社 1999 年版。

④ （明）佚名：《新纂四六合律判语》卷之下之“刑律 · 闻有恩赦而故犯”，载《明清公牍秘本五种》，郭成伟、田涛点校整理，中国政法大学出版社 1999 年版。

⑤ （明）佚名：《新纂四六合律判语》卷之下之“刑律 · 决法不如法”，载《明清公牍秘本五种》，郭成伟、田涛点校整理，中国政法大学出版社 1999 年版。

⑥ （清）吴宏：《纸上经纶》卷三“驳”之“殴后缢死”，载《明清公牍秘本五种》，郭成伟、田涛点校整理，中国政法大学出版社 1999 年版。

⑦ 参见《折狱龟鉴》卷八“矜谨”，载《景印文渊阁四库全书》（第七二九册），台北，台湾商务印书馆 1986 年版。

盩矣，而始终之序，相成之道也。先王有刑罚以纠其民，则必温慈惠和以行之。盖裁之以义，推之以仁，则震仇杀戮之威，非求民之死，所以求其生也”。①

朱熹认为：“盖圣人之法有尽而心则无穷，故其用刑行赏或有所疑，则常屈法以伸恩，而不使执法之意有以胜其好生之德，此其本心所以无所壅遏而得行于常法之外，及其流衍洋溢、渐涵浸渍有以入于民心，则天下之人无不爱慕感悦，兴起于善而自不犯于有司也。”②清人吴宏在为官审理刑事案件时谨记“慎重民命”理念，指出：“诚天地好生之心，卑职敢不仰体宪仁，再三详慎，以尽承审之职。但逐节推敲，细加驳诘，则知从前之疑，在慎重民命者不得不然而。”③凡有疑问，必以情理究实。

清代万枫江指出断狱要凭理：“理之所穷，情以通之。贾明序曰：律设大法，礼顺人情，非徇情也，徇情即坏法矣。听断总要公正，著不得一毫意见。为两造设身处地，出言平允方能折服人。尤戒动怒，盛怒之下，剖断未免偏枯，刑罚不无过当，后虽悔之，而民已受其毒矣。昔人云：上官清而刻，百姓生路绝矣。古今清吏，子孙或多不振，正坐刻耳。此言可为矫枉过中之鉴。总之，凡事留一分余地，便是积阴德于子孙也。”④

黄六鸿也指出在问拟重案时，“当思此案何处有可轻之情，所犯何人有可生之路、有可宽之罪、于律例有何条可引恰与之相合。求全案之可轻而不可得，则于所犯之人而求之。于所犯之人求其可生可宽，而又不得则于律例中求其可相援引者而委曲以合之。总之念念以生人宽人为要”。⑤

---

① 参见（元）脱脱等撰：《宋史》卷一九九“刑法志一”，中华书局1977年版，第4961页。

② （明）邱濬：《大学衍义补》卷一百“慎刑宪”之“总论制刑之义”，载《钦定四库全书荟要》卷二七一〇“经部”，摛藻堂四库全书荟要本。

③ （清）吴宏：《纸上经纶》卷一“招”之“休邑乡村等事”，郭成伟、田涛点校整理：《明清公牍秘本五种》，中国政法大学出版社1999年版。

④ （清）万枫江：《幕学举要·官方》，载李志敏主编：《中华资政绝学》卷四，光明日报出版社2002年版。

⑤ （清）黄六鸿：《福惠全书》卷十八“刑名部”之“贼盗上·问拟”，载官箴书集成编纂委员会编：《官箴书集成》（第三册），黄山书社1997年版。

除司法官审判案件时的“慎刑重生”外，中国古代历朝历代的录囚制、刑事案件的上报复核制，执行死刑时唐太宗时期的“三复奏”“五复奏”、宋代的“鞫谳分司制”“翻异别勘制”、明代的“朝审”、清代的“秋审”“朝审”等都体现了运用情理“慎刑重生”的精神。

(三)用刑中和，情罪允协

中国古代司法实践中，强调法官出于公心，用法、用情符合“中”的要求，即“中刑”“中罚”“中和”，在刑事审判的过程中，必须合法、合理、合情，应“依傍法意，斟酌人情，平心理断”。①

《周礼》中的三赦三宥等程序，就强调司法应“中和”。南宋洪迈认为，“天下万事不可过，岂特此也？虽造化阴阳亦然。雨泽所以膏润四海，然过则为霖淫；阳舒所以发育万物，然过则为燠亢。赏以劝善，过则为僭；刑以惩恶，过则为滥。仁之过，则为兼爱无父；义之过，则为为我无君。执礼之过，反邻于谄；尚信之过，至于证父。是皆偏而不举之弊，所谓过犹不及者。《扬子法言》云：‘周公以来，未有汉公之懿也，勤劳则过于阿衡。’盖谄王莽也。后之议者，谓阿衡之事不可过也，过则反，乃诮莽耳。其旨意固然”②。

刑事审判中，法官要尽可能做到“中和”。要做到“中和”，就必须做到以下几点：

首先，司法官自身必须要“公”。

做到“吾心如秤”，避免私意、武断与任意解释。“大明无私照，至公无私亲。”平时多学多做，勤谨修身，广察民情。“勿谓无知，居高听卑；勿谓何害，积小就大。乐不可极，乐极生哀；欲不可纵，纵欲成灾。”做百姓待人接物的模范。“勿内荒于色，勿外荒于禽。勿贵难得货，勿听亡国音。内荒伐人性，外荒荡人心。难得之货侈，亡国之音淫。勿谓我

① 参见廖峻：《〈名公书判清明〉中宋代司法审判的中庸理念及其方法》，载《贵州民族学院学报(哲学社会科学版)》2010年第1期。

② (南宋)洪迈：《容斋随笔》五笔·卷五之“万事不可过”，吉林大学出版社2009年版，第756页。

尊，而慢贤侮士；勿谓我智，而拒谏矜已。”“安彼反侧，如春阳秋露，巍巍荡荡，恢汉高大度；抚兹庶事，如履薄临深，战战栗栗，用周文小心。”“如衡如石，不定物以限，物之悬者，轻重自见；如水如镜，不示物以情，物之鉴者，妍媸自生。勿浑浑而浊，勿皎皎而清；勿没没而暗，勿察察而明。”取信于民，“使人以心，应言以行”。只要怀有“天下为公”的理念，必会取得百姓的支持和褒扬。①

只要“吾心如秤”、摒弃私情，公正司法，必能“情罪允协”、案结以平。宋代名公真德秀言：“公事在官，是非有理，轻重有度，不可以已私而拂公理，亦不可骫公法以徇人情。诸葛公有言：吾心有秤，不能为人作轻重。此有位之士所当视以为法也……是非之不可易者，天理也，轻重之不可逾者，国法也。以是为非，以非为是，则逆乎天理矣！以轻为重，以重为轻，则违乎国法矣！居官临民，而逆天理，违国法，于心安乎？雷霆鬼神之诛，金科玉律之禁，其可忽乎？故愿同僚以公心持公道，而不汩于私情，不挠于私请，庶几枉直适宜，而无冤抑不平之叹。”②只要存心为公，不受个人私情和他人私请干扰，就会作出公正的判决。

其次，对待当事人应“平”。

中国传统法律强调“以伦理轻重其刑”，与现代社会“法律面前人人平等”的基本精神相悖，但“情理法”传统超越平等并非为了维护特权，主要是为了实现“情罪允协”。

为了实现个案的“处断平允”“情罪允协”，司法官应公平对待当事人，除法律规定的特权外，审断刑事案件应不阿贵、不欺民，尽可能以平常之心追溯案件成因，在依法为据的基础上仔细斟酌律例之外的天理、人情。“既具引法条，照例行事，又不拘泥于条文字句，而能够体察法

① 参见（南宋）洪迈：《容斋随笔》五笔·卷七之“张蕴古大宝箴”，吉林大学出版社2009年版，第779页。

② 《名公书判清明集》卷之一“官吏门·申儆”之“谕州县官僚”，中国社会科学院历史研究所宋辽金元史研究室点校，中华书局1987年版，第6～7页。

意，调和人情。”[①]能够“揆之法意，酌于人情”，“以平其事”，唯有“事到本司，三尺具在，只得明其是非，合于人情而后已”，[②]最大限度地达到社会和谐与道德圆满的平允之断。

最后，定罪量刑时应“中”。

司法官在审判刑事案件时应根据犯罪行为人的危害程度和伦理情理的综合考量，达到用刑持平。宋代法官吴雨严认为：“听讼之法，公则平，私则偏。所谓私者，非必惟货惟来也，止缘忿嫉多而哀矜少，则此心私矣，所以不能作平等观。”[③]

为了实现“情法两尽”“情罪允协”“用刑持平”的目的，司法官在精通律例、参透其中意蕴的同时，还应知悉律例源泉的“人情”和“风俗”。[④] 王又槐在《办案要略》中曾对协助司法官审断案件的讼师提出过拟判的要求：“批发呈词，要能揣度人情物理，觉察奸刁诈伪，明大义，谙律例，笔简而赅，文明而顺，方能语语中肯，事事适当。奸顽可以折服其心，讼师不敢尝试其技。若滥准滥驳，左翻右覆，非但冤伸无绪，还会波累无辜，呈词日积而日多矣！”对呈告不予受理时，也必须将“不准缘由，批驳透彻，指摘适当，庶民心畏服，如梦初醒，可免上控。此等批词，不妨放开手笔，畅所欲言，但须字字有所着落，不可堆砌浮词也。果能批驳透彻，即有刁徒上控，上司一览批词，胸中了然，虽装饰呼冤，亦不准矣”[⑤]。

但每个地方的风土人情不同，司法官刚上任时，不可专务审判，必须先了解当地的风俗习惯和人情事理，否则，一旦判决与当地的民

① 梁治平：《法意与人情》，中国法制出版社2004年版，第249页。

② 参见《名公书判清明集》卷之七“户婚门·立继”之“立继有据不为户绝”，中国社会科学院历史研究所宋辽金元史研究室点校，中华书局1987年版，第215页。

③ 《名公书判清明集》卷之十“人伦门·母子”之“母子兄弟之讼当平心处断”，中国社会科学院历史研究所宋辽金元史研究室点校，中华书局1987年版，第361页。

④ 参见王泽文：《清代循吏的裁判依据研究》，甘肃政法学院2019年硕士学位论文，第18页。

⑤ （清）王又槐：《办案要略》之“论批呈词”，华东政法学院语文教研室注译，群众出版社1987年版，第69～70页。

意、人情相违背，百姓就会上诉不止、争论不休，在上控审转中承担不称职的后果。因此，司法官每审理一起诉讼，需要从堂下百姓之中选择数名长者来了解当地的风俗习惯，这样做自然会兼顾“情”与“法”。[①] 一个老成持重、经验丰富的司法官，不仅要饱读诗书之义理、详究律令之文义，还要熟谙民俗之情形，同时在临机决断上洞悉百变之案情，“斟酌引断”，只有这样才能在法律适用上做到无枉无纵。

古代刑事审判实践中的“用刑中和”“情罪允协”，在现代司法中仍然是法官的理想追求，只有在定罪量刑时做到“用刑持平”、情理与法兼顾，才能真正实现“公平司法”，提高民众对案件判决的可接受度，提高司法的公信力。

（四）以和为贵，敦睦乡邻

中国传统文化一直重视人与人之间的和睦相处，将“以和为贵”作为追求的价值目标。“家和万事兴”的“和”表现为家庭中的“夫和妻柔”“父慈子孝”“兄友弟恭”，人际交往扩大到乡邻为“睦邻”，再进一步扩大为国家稳定、社会和谐。“以和为贵”“敦睦乡邻”成了司法实践中法官处理家庭、乡邻、国家、社会问题的首要司法目标，如朱熹所言，“凡听五刑之讼，必原父子之亲，立君臣之义以权之。盖必如此，然后轻重之序可得而论，浅深之量可得而测”。[②] 宋人真西山在审断案件时常常是“遇亲戚骨肉之讼，多是面加开谕，往往幡然而改，各从和会而去。如卑幼讼分产不平，固当以法断，亦需先谕尊长，自行从公均分。或坚执不从，然后当官监析。其有分产已平，而妄生词说者，却当以犯分诬罔

① 参见（清）汪辉祖：《佐治药言》之“须体俗情”，载《续修四库全书编委会》编：《续修四库全书》（第七五五册）“史部·职官类”，上海古籍出版社2002年版。

② （南宋）朱熹：《晦庵先生朱文公文集》卷十四之“戊申延和奏札一”，载朱杰人、严佐之、刘永翔等编：《朱子全书》（第二〇册），上海古籍出版社、安徽教育出版社2002年版。

者断之”。[1]

宋代名公胡石壁特别强调宗族的和睦，认为：“自古及今，未有宗族和睦而不兴，未有乖争而不败”，是因为“叔伯兄弟，皆是祖先子孙，血气骨脉，自呼一源”。如果“伯叔兄弟自相欺凌，自相争斗，则是一身血气骨脉自相攻克”，就会“疾痛病患，中外交作，其死可立而待矣”。因此“圣贤教人，皆以睦族为第一事……祖先养育子孙，只望代代孝顺，人人爱友，以共保家业，以共立门户”[2]。他还强调乡邻之间务要和睦相处，只有和睦相处，才可以“有无相通，缓急相助，疾病相扶持，彼此皆受其利”[3]。兄弟之间的相争是由于“一时为利欲所蔽，无人以天理人伦开晓”[4]。因此，在纠纷裁决过程中，需要“以诚心实意教之以人伦，以感发其天理”[5]。

敦睦乡邻在刑事审判中最有效的办法是将情理融入法律中。“必先论其尊卑、上下、长幼、亲疏之分，而后听其曲直之词。”[6]在处理有关家族成员之间的纷争时，先将错置的名分予以拨正，再审断案件是非曲直，在法律与情理出现偏差时，偏向礼教，最终保持家族伦常的和睦关系，把无伤伦常、和睦乡邻作为司法的首要目标。

为了家庭的和睦，司法官在审断刑事案件时常常以恢复亲属间正常关系为最终目的，如对不孝罪的处罚，不仅要考虑法律的规定，还要考虑依法判决后给家庭关系带来的损害后果。“本合重作施行，以正不

① 《名公书判清明集》卷之一“官吏门 · 申儆”之“谕州县官僚劝谕事件于后”，中国社会科学院历史研究所宋辽金元史研究室点校，中华书局 1987 年版，第 10 页。
② 《名公书判清明集》卷之十“人伦门 · 兄弟”之“兄弟侵夺之争教之以和睦”，中国社会科学院历史研究所宋辽金元史研究室点校，中华书局 1987 年版，第 369 页。
③ 《名公书判清明集》卷之十“人伦门 · 乡里”之“乡邻之争劝以和睦”，中国社会科学院历史研究所宋辽金元史研究室点校，中华书局 1987 年版，第 393 页。
④ 《名公书判清明集》卷之十“人伦门 · 兄弟”之“兄弟侵夺之争教之以和睦”，中国社会科学院历史研究所宋辽金元史研究室点校，中华书局 1987 年版，第 369 页。
⑤ 《名明公书判清明集》卷之十“人伦门 · 兄弟”之“兄弟侵夺之争教之以和睦”，中国社会科学院历史研究所宋辽金元史研究室点校，中华书局 1987 年版，第 369 页。
⑥ （南宋）朱熹：《晦庵先生朱文公文集》卷十四之“戊申延和奏札一”，载朱杰人、严佐之、刘永翔等编：《朱子全书》（第二〇册），上海古籍出版社、安徽教育出版社 2002 年版。

孝之罪，又恐自此母子兄弟不复可以如初矣，且押下厢，就本人家决十五，令拜谢阿李，仍令四邻和劝。”[①]对某些应受惩处的轻微家事案件，断案者通常都会给予一定的劝和期，[②]由宗族乡邻进行劝解，恢复被损害的亲情伦理关系；如果在规定期限内仍不能改正，再犯类似罪行，就会告诫一并加重处罚。

前文于成龙妙断“赵廖两姓械斗案”条分缕析案件过程中的情理因素，强调宗族邻里之间团结的重要性，注重案件判决的同时对普通民众进行道德法制宣教和警示教育；这种“以和为贵”“敦睦乡邻”的价值目标使司法实践中情理法的运行模式排斥了简单的法条主义，司法官寻求情理法背后所蕴含的“敦睦乡邻”、稳定社会秩序的价值理念仍然具有极高的借鉴价值。

① 《名公书判清明集》卷之十“人伦门·不孝”之“母讼其子量加责罚如再不改照条断”，中国社会科学院历史研究所宋辽金元史研究室点校，中华书局1987年版，第386页。

② 参见金民：《从〈名公书判清明集〉中的亲属间诉讼看家事诉讼方式改革》，苏州大学2019年硕士学位论文，第12页。

第六章 “情理法”在现代刑事审判中的转化现状及困境

中国传统社会中,情理是法的基础,“合情”是首要的,“合理”退而次之,“合法”最次。[①] 经过两千多年发展后的现代法治社会,情理仍是法律的基础,是民众在社会生活中形成的被普遍认同的基本道理和是非准则,是人在社会中的最低要求,也是人性的基本常识。[②]

2014 年 10 月,习近平总书记在党的十八届四中全会指出:“国家和社会治理需要法律和道德共同发挥作用……既重视发挥法律的规范作用,又重视发挥道德的教化作用,以法治体现道德理念、强化法律对道德建设的促进作用,以道德滋养法治精神、强化道德对法治文化的支撑作用,实现法律和道德相辅相成、法治和德治相得益彰。”[③]

此后,无论是在立法上还是在司法实践中,全国都

---

① 参见范忠信、郑定、詹学农:《情理法与中国人——中国传统法律文化探微》,中国人民大学出版社 1992 年版,第 24 页。

② 参见陈忠林:《“常识、常理、常情”:一种法治观与法学教育观》,载《太平洋学报》2007 年第 6 期。

③ 《中共中央关于全面推进依法治国若干重大问题的决定》,载《人民日报》2014 年 10 月 29 日,第 1 版。

在全面贯彻实施“德治与法治相结合”的理念，在制定法律时，立法者对风俗民情、情理等道德因素进行了较大程度的考量，制定出了尽可能符合民意的法律，增强了法律权威，提高了人们的法律信仰。

刑事审判中“国法”“天理”“人情”的协调统一，不仅有利于增强法官行使权力的公信力，还有利于推进整个社会的积极发展和稳步前进。但个别法律条文仍存在不太符合民意民情之处，在立法完善之前，并不只能以牺牲个案正义为代价，司法者在具体个案的刑事审判中，以具体的法律条文为前提，通过自由裁量权的行使或法律解释等司法技术的运用，兼顾法律与情理，适当权衡人之情感、公众舆情、天道伦理等，对当事人明之以法、晓之以理、动之以情，做到裁决“适法”“合理”“入情”，既避免了司法正义的丧失，又真正做到案结事了人和，实现了法律效果、政治效果与社会效果的统一。

但目前刑事审判实践中，虽然有的法官对“情”“理”“法”的考量顺序与古代相比发生了较大的变化，“合法”最重要，“合理”次之，“合情”更次，但绝大多数法官仍偏重用法律条文审断案件，对个案中的不同情理考量不足；因此，有必要对“情理法”在现代刑事审判中的应用实践进行整理、分类归纳，分析“情理法”融合所面临的困境和存在的问题。

一、“情理法”在现代刑事审判中的转化实践典型案例

党的十八届四中全会通过的《中共中央关于全面推进依法治国若干重大问题的决定》中指出要坚持依法治国与以德治国相结合后，2015年2月最高人民法院发布《最高人民法院关于全面深化人民法院改革的意见——人民法院第四个五年改革纲要（2014—2018）》明确完善裁判文书说理的刚性约束机制和激励机制。[①] 2015年10月发布《最高人民法院关于在人民法院工作中培育和践行社会主义核心价值观的若干

① 参见《最高人民法院关于全面深化人民法院改革的意见——人民法院第四个五年改革纲要（2014—2018）》，载最高人民法院网2015年2月26日，https://www.court.gov.cn/shenpan/xiangqing/13520.html。

意见》要求，各级人民法院努力追求自由、平等、公正、法治的价值取向，尊重保障人权，充分发挥人民法院规范、指导、评价、引领社会价值的重要作用。

在此之前，各级人民法院在司法实践中也在积极进行新时代刑事审判“情理法”有机结合的探索尝试。在刑事审判中，考量“情理”因素有否、考量“情理”因素是否充分等，因情理审断的刑事案件主要体现为以下五个类型：

（一）因情理从轻处罚

1.“绝望母亲带脑瘫儿子跳湖案”

2009 年 11 月 23 日的黄昏，一位身心俱疲、几近崩溃的母亲，在两年的时间里，带着严重脑瘫的孩子辗转全国各地求医，仍不见希望后，在巨大的经济和精神压力下带着悲观绝望的心情，想与孩子一起摆脱病魔的折磨，便用购物的手提袋把自己和孩子套在一起，抱着孩子走进湖中。她被救生员救起来了，但孩子却失去了生命。当这位母亲因涉嫌故意杀人接受法律的审判时，她的丈夫流泪向法官求情，希望法官让支离破碎的家庭早日团聚、抚平创伤，给予重新开始的希望。法庭认为，这位母亲因极端的生活困境而陷入绝望，决意与其儿子同死，其犯罪背景不可复制、犯罪行为的发生具有一定的偶然性。况且，杀子之痛给她及其家庭所带来的伤害已不可估量，如继续关押她，则无异使其家庭遭受双重打击，最终作出缓刑判决。①

2.“老班勒死儿子案”

2007 年，村民老班之子因调戏妇女致使妻子出走，之后对老班非打即骂，老班为躲避其子的打骂被迫外出打工，其子又趁机奸侮了生母和妹妹。其子在一次醉酒后当着老班的面竟要侮辱自己的母亲，怒火万丈的老班用绳子将他勒死。老班之子奸污母亲、妹妹的行为严重违背

① 参见吴欣：《让公众触摸到法治的温度》，载新浪网，http://news.sina.com.cn/o/2014-01-14/085029236832.shtml。

了天伦人情，古代对此类行为均处死刑。老班勒死儿子后，全村人集体请愿从轻发落，最终，法院听取民意，考虑人伦，判处老班有期徒刑三年。[①]

3.“陆勇案”

2002年陆勇被查出患有慢粒白血病，需长期服用每盒售价高达23,500元的抗癌药“格列卫”，一年下来，需要28万多元的药费，身为针织品企业老板的陆勇也用不起。2004年6月开始，陆勇服用具有同类药效的印度仿制“格列卫”，每盒仅4000元，并在病友群中分享，病友们纷纷让其帮忙购药，人数一度达到了上千人。为方便购药，陆勇申请了3张信用卡，之后因涉嫌妨害信用卡管理罪、销售假药罪，2014年3月，被湖南省沅江市人民检察院提起公诉。陆勇被抓后，数百名病友联名为他求情，请求司法机关认定陆勇无罪，他们中既有大学教授，也有普通市民。“天价药”戳中了很多人的生存痛点，谁能保证自己或家人一辈子不生病呢？为了自己活命、帮助他人活命购买价廉的仿制抗癌药是人之常情，最终检察机关撤回了对陆勇的起诉，法院也对“撤回起诉”作出裁定。

4.“酒后打的跳车重伤案”

2016年的某日凌晨两点多，两名饮酒后打车的男子因车资问题与出租车司机发生争执，正在行车途中，一男子竟从后座车窗直接跳车，摔成重伤二级。一审法院判决司机无罪，检方不服提起抗诉，二审法院仍维持原判。

人民法院的两次判决都契合了公众对情理的认知逻辑。被害人的二级重伤是其自身擅自跳车所致，与因车资问题导致的争执并无直接关系；如果认定出租车司机过失致人重伤罪，可能会给公众造成“谁能闹，谁有理”“谁受伤，谁有理”的错误认知导向。法院终审判决司机无

① 参见张毅力、邹志远：《老人一怒勒死儿子 数百村民为他请命》，载《河南商报》2010年1月26日，A17版。

罪，既坚守了不能随意扩大刑事处罚范围的底线，又兼顾了对公众基本情理的认同，是一种合乎法理和情理的判决，守护了公序良俗，有利于社会善治。①

5.“台州冷某‘安乐死’案”②

冷某身患重病、生活无法自理，被自己的丈夫、女儿、女婿精心照顾，因不堪痛苦，逐渐产生厌世的情绪，多次要求女婿帮其购买自杀所用的老鼠药。2017 年 8 月，女婿帮其购买了老鼠药。冷某在丈夫、女儿、女婿跪在床前恸哭中服下药，头脑尚清醒时让女婿载其在马路上转悠数小时后死亡。法院审理后，认为三人作为死者冷某的亲属，对她具有扶助的义务，但女婿、丈夫在她提出自杀请求后却为其提供帮助，冷某服毒后，丈夫、女婿和女儿亦未尽救助义务，放任冷某死亡结果的发生，其行为均已构成故意杀人罪。

但是，法院经审理后认为，冷某身患系统性红斑狼疮等多种疾病，大剂量激素治疗等导致其体重暴增（从 90 多斤暴增到 150 多斤），骨质疏松，又由于意外摔断了腿，只能卧床，生活长期不能自理，自己不堪忍受，产生了厌世情绪；三被告人已经给予其充分照顾，不但将大部分的收入用于治疗，还向亲戚借钱看病，尽到了为人子女和丈夫的义务和责任；三被告人出于减轻自己亲人痛苦之情，协助买老鼠药自杀，本身就充满着深深的自责、无奈、悲恸甚至绝望；为免生养自己的母亲受苦受难、长期恩爱的妻子长期受病痛的折磨，故协助其自杀解脱痛苦。这些都情有可悯，但却与中国传统的伦理观念相违背，背离孝亲、夫和的人伦之理，协助自杀的行为也严重地触犯了刑律。因此，在法律的基础上，考虑人情与伦理、自首的情节等，冷某的丈夫和女婿均被判处有期徒刑三年，缓刑五年；女儿被判处有期徒刑二年，缓刑三年。

① 参见张智全：《“司机无罪判决”符合情理法》，载《人民法院报》2020 年 9 月 23 日，第 2 版。

② 参见《史上最有温度的法官寄语：冰冷的法庭，也有人心的温度》，载搜狐网 2019 年 1 月 21 日，https://www.sohu.com/a/290432875_120065590。

（二）因考虑情理导致判决不同

法官在审判刑事案件时是否考虑民众情理会导致刑事案件的审判结果不同，典型案例主要有以下几例：

1.“于欢案”

山东于欢之母向高利贷借款后无力偿还，放贷者追债时对于欢之母辱骂、侮辱，于欢激愤之下拿刀捅伤了四名讨债人员，导致一死、两重伤、一轻伤的严重后果。该案一审法官在事实认定中，虽然也认定死者杜某对于欢母亲存在侮辱行为，但在适用法律过程中却没有将其作为参考因素，认为情理因素只是辅助性理由，在量刑幅度上作为参考，不能作为依据，判决于欢无期徒刑。

一审判决后引起了公众的广泛关注，认为一审法院法官过于关注法律，对于欢反击辱母者中救母的真情、对高利贷者追债的痛恨以及对弱者的同情等情理考量不足。

该案激起了每个人内心深处对母亲的共鸣：母亲代表家，“有母才有家”、代表着慈爱和温暖，“母亲”是每一个人内心最柔软的称谓，电影、电视、文学作品还是现实中，我们把最美好的词赋予母亲。因此，该案使每个人都会产生深深的代入感：当自己的母亲受到侮辱时，在情理上都会像于欢那样用自己的一切力量进行反击。在道德上，救母是美德、善良，是为人子女的孝道本分，被整个社会提倡和赞赏；若母亲受辱，子女不反抗，则失去为人之本心，就是不孝，会被人诟骂。如果有人以卑劣方式侮辱了自己的母亲，并通过非法限制人身自由的方式使自己不能反抗，那么为保护母亲作出的反抗合情合理。“当自己的母亲受到黑恶势力凌辱时，作为男子汉，就应该挺身而出，采取‘以暴制暴’的方式对抗。”①

该案产生的根源是于欢母亲借高利贷未还后被追债，而高利贷行

① 《于欢案，道义输给了法律，可悲！》，载搜狐网 2017 年 6 月 23 日，https://www.sohu.com/a/151426004_789026。

为是非法的,往往和黑社会联系在一起,因追债行为导致的家破人亡案件屡有报道,人们对放高利贷者本身就深恶痛绝,当于欢及母亲被放高利贷者暴力追债时,激起了人们对放高利贷者的痛恨之情理。

中国古代情理法中包含着尊老爱幼、同情弱者的心理,弱者常常处于被动的、无助的、被欺辱的地位,需要他人和国家社会给予帮助。于欢及其母亲在面对数人的暴力追债中,处于弱者地位,自然引起了我们对弱者的同情、对恶霸的痛恨心理。

对弱者的同情、对高利贷追债的痛恨、对母亲的爱戴、对"辱母"反击的代入等情理使一审判决一经作出就引起情理与法理上的冲突。于欢因"护母杀人"而备受媒体和民众舆论的关注,围绕如何处理"情理法"的关系、如何理解正当防卫的规定等,几乎形成了全民讨论的热潮。国内很多专家学者及大多数民众都认为"于欢无罪",该案实际上是法律与情理的冲突;在社会伦理受到法律不公平的判决时,在通常情况下,法律应当酌情考虑情理。

二审法院充分地考量了民众的情理,认为于欢为了维护母亲的尊严、为了母亲免受伤害是出于对母亲的真情,符合大众对母亲的情感,其行为构成正当防卫,但属防卫过当,最终改判于欢有期徒刑五年。该案成为"2017 年推动法治进程十大案件"之一。二审的判决还原了清晰的案件事实,运用严密的法理论证,辅之以恰到好处的情理辨析,成为新时代我国刑事司法判决"情理法"兼顾的典型代表。

2."许霆案"

2006 年许霆在广州第一次取款 1000 元,其账户实际仅扣款 1 元后,利用自动取款机的故障,超额刷卡获利 17.5 万元。2007 年 12 月,一审法院按照盗窃罪判处许霆无期徒刑,因明显不符合民众情理,引起公众舆论。

刑事案件中,对被告人进行判决时酌定的依据往往被表述为"犯罪情节""主观恶性""社会危害性""后果"等法律概念;而酌定"情节",恰恰就是民众的"情理",酌定本身就是法官主观判断的结果。该案中,许霆的行为本身就是社会发展过程中刚刚出现的一个现象,以往从来没有遇到过银行失误导致这样的取款事情,对刚出现的此种事项骤然加上"盗窃罪",民众情理上难以接受。因此,判决被发布到网上后,法学教授、法院法官、著名律师、知名学者、银行高管、最高人民法院领导、全国人大代表对该案作出了分析,分析论证不仅包括案件本身,还有法官道德、执法方式、立法缺陷、银行管理、社会公平等,最终二审法院按盗窃罪判处许霆有期徒刑五年。①

3."赵春华案"

公安机关在巡查过程中发现赵春华于 2016 年 8 月至 10 月在天津市河北区李公祠大街亲水平台附近摆设射击摊位进行营利活动,②将其抓获后当场查获了涉案枪形物 9 支及相关的配件、塑料弹,其中的 6 支被天津市公安局物证鉴定中心鉴定为以压缩气体为动力的、能正常发射的枪支。

2016 年 12 月 27 日,一审法院经审理后认为,赵春华违反国家对枪支的管理制度,非法持有枪支,情节严重,已构成非法持有枪支罪;因赵春华当庭自愿认罪,认罪态度较好,具有坦白情节、系初犯,可以酌情从轻处罚,以赵春华犯非法持有枪支罪,判处其有期徒刑三年六个月。③

该案判决后引起社会舆论和法律界的广泛关注和巨大争议。有人认为,赵春华的射击枪支凭借着常识应该属于游戏娱乐用的仿真枪、玩具枪,与用于持枪抢劫中的军用、警用、狩猎等"枪"存在明显的差异,从外观、性能、构造上很难界定为刑法意义上的"枪"。赵春华本人认为涉案枪支就是玩具,没有非法持有枪支的故意。我国刑法中缺乏"枪支"

① 参见刘国华、李玲玲、李云滨:《许霆案引发的法理思考》,载《学术交流》2010 年第 2 期。

② 参见刘艳红:《"司法无良知"抑或"刑法无底线"? ——以"摆摊打气球案"入刑为视角的分析》,载《东南大学学报(哲学社会科学版)》2017 年第 1 期。

③ 天津市河北区人民法院刑事判决书,(2016)津 0105 刑初 442 号。参见《赵春华非法持有枪支罪一、二审刑事判决书全文》,载济南市槐荫区人民法院网 2017 年 2 月 13 日,http://jnanhyqfy. sdcourt. gov. cn/jnanhyqfy/375203/755889/1510397/index. html。

认定的标准，将其交由公安部制定的《公安机关涉案枪支弹药性能鉴定工作规定》和《枪支致伤力的法庭科学鉴定判据》解决，但“规定”一词过于宽泛、模糊，一审法院在判决书中也没有对民众常识中的“枪”与“非枪”进行充分说理，只是利用上述“规定”，绕开高位阶的《枪支管理法》，采用了公安部的行政规范性文件，且“该判据属内部文件，不能作为裁判的法律依据”。二审法院经过各方面的综合考量，尤其是民众对“枪支”的常识性理解，于 2017 年 1 月 26 日对赵春华酌情从宽量刑，依法改判有期徒刑三年，缓刑三年。①

这一判决不仅符合我国刑法规定和枪支管理政策，也体现了司法的人文关怀，实现了法理与情理的平衡，有助于引导社会公众加深对国家严格控枪政策的了解，增进公众对枪支属性和涉枪犯罪危害性的认识，进一步普及了涉枪犯罪的刑法知识。②

4.“王力军案”

2014 年 11 月至 2015 年 1 月，内蒙古农民王力军利用农闲到农民家中收购玉米，然后卖给粮库，借此赚取差价，经营数额 21 万多元，获利 6000 元，案发后主动退缴，并于 2015 年 3 月主动投案自首。2016 年一审法院认为王力军无证收购玉米的行为构成非法经营罪，以违反《粮食流通管理条例》相关规定为由，判处有期徒刑一年，缓刑二年，并处罚金人民币 2 万元。③ 宣判后，被告人王力军未上诉，检察机关未抗诉，判决生效。

该案判决经媒体报道后，引起了社会的广泛关注和巨大争议：普通民众认为，王力军的行为不仅未构成犯罪，反而是做了好事；因为粮库

① 参见天津市第一中级人民法院刑事判决书，(2017)津 01 刑终 41 号。转引自《赵春华非法持有枪支罪一、二审刑事判决书全文》，载济南市槐荫区人民法院网 2017 年 2 月 13 日，http://jnanhyqfy.sdcourt.gov.cn/jnanhyqfy/375203/755889/1510397/index.html。

② 参见《2017 年度人民法院十大刑事案件》，载《人民法院报》2018 年 1 月 6 日，第 4 版。

③ 参见《内蒙农民王力军无证收购玉米案（王力军非法经营案）》，载中国法院网 2018 年 1 月 3 日，https://www.chinacourt.org/article/detail/2018/01/id/3145183.shtml。

收购的玉米要求弄得干干净净,农民自己不可能都花好几万元买一台大型脱玉米粒机器,而且现在种地的大部分都是上了年纪的老人,要让他们自己脱好玉米再拉到粮库去卖,也不现实——他们没有这个体力,也没有大型的交通工具。因此,王力军专门购置了一辆二手四轮货车和一台玉米脱粒机。在自己赚钱的同时,让乡邻们足不出户把用汗水换来的收获变现,很受当地农民的欢迎。

一审判决虽然认定了王力军无证收购玉米的事实,且违反了我国粮食流通领域的有关规定,但却忽视了普遍民情,王力军的行为在农民和粮库之间起到了桥梁作用,客观上促进了粮食的流通,虽然具有一定的行政违法性,但其社会危害程度较小,并不具备刑事处罚的必要性。

2017 年,最高人民法院通过审判监督程序指令内蒙古自治区巴彦淖尔市中级人民法院再审,结合实际情况和普通民众的情理,改判王力军无罪。①

(三)虽考虑情理仍依法判决

"张扣扣案":1996 年,张扣扣的母亲汪秀萍与王自新发生矛盾,被王自新 17 岁的儿子王正军打伤头部,汪秀萍抢救无效死亡。当时王正军因未成年被判七年有期徒刑,张扣扣对此判决始终不满。20 多年后的 2018 年 2 月 15 日,张扣扣为母报仇,杀害仇家王自新和他的两个儿子,两天后张扣扣前往公安局自首。

一审法院虽考虑了张扣扣"为母复仇"具有一定程度上的情理因素,且具有自首情节,但在其母被害后始终没有摆脱内心的仇恨,再加上工作压力大、生活条件较差,最终导致心理失衡,在大年三十将王自新父子三人全部杀害,属于蓄意谋杀,且杀人后没有丝毫悔过意愿,又

① 参见《巴彦淖尔市临河区人民检察院指控原审被告人王力军犯非法经营罪一案再审刑事判决书》,载天津大学法学院网 2017 年 3 月 15 日,http://law.tju.edu.cn/info/1088/2506.htm。

自制汽油瓶烧毁王正军的汽车，其犯罪意识十分坚决，犯罪手段十分残忍，犯罪情节与后果均特别恶劣，犯罪嫌疑人具有巨大的人身危险性和社会危害性，所以必须依法严惩。最后判定张扣扣犯故意杀人罪，判处死刑，剥夺政治权利终身；犯故意毁坏财物罪，判处有期徒刑四年，决定执行死刑，剥夺政治权利终身。[①]

一审判决作出后，张扣扣当庭表示对一审判决不服提出上诉。二审法院认为，张扣扣虽然是为母复仇杀人、有自首情节，但故意连杀三人，犯罪性质太过恶劣，又故意毁坏财物，应当依法严惩，驳回上诉、维持原判。[②]

（四）因考虑情理导致判决反复

"李昌奎案"：2009 年云南省村民李昌奎因提亲失败，对女方先奸后杀，并对其 3 岁弟弟痛下杀手，之后迫于警方天罗地网地追捕，选择自首。一审时，他被昭通市中级人民法院判处死刑。2011 年 3 月云南省高级人民法院终审"改判死缓"，理由是李昌奎在犯案后自首，认罪、悔罪态度好，积极赔偿受害人家属经济损失。[③] 这一改判考虑了最高人民法院发布的指导法院系统办案的《人民法院量刑指导意见（试行）》（已废止）中的自首和积极赔偿可以从轻或减轻处罚的规定，但没有考虑李昌奎犯罪行为的社会危害性和法律对社会公众的引导作用，[④]在家属间和网络上引起了轩然大波。

情理上，李昌奎因被拒绝结亲就强奸杀人并残杀 3 岁幼童，是一个不知羞耻、不尊重他人生命和尊严、破坏道德底线的坏人；法律上，李昌

① 参见《张扣扣故意杀人、故意毁坏财物案宣判，一审被判处死刑》，载百家号 2019 年 1 月 8 日，htpps://baijiahao. baidu. com/s? id = 1622087182144977725&wfr = spider&for = pc。

② 参见《张扣扣案二审当庭宣判：维持一审死刑判决》，载海南省人民检察院网 2019 年 4 月 12 日，https://www. hi. jcy. gov. cn/webSite/module/M101/view/520082/00500008。

③ 参见《李昌奎案：求婚不成连害 2 命，一个 19 岁，一个 3 岁，二审死缓惹争议》，载搜狐网 2023 年 4 月 19 日，https://www. sohu. com/a/671198281_121687414。

④ 参见《聚焦李昌奎案》，载个人图书馆 2011 年 7 月 8 日，http://www. 360doc. com/content/11/0708/06/2660002_132256226. shtml。

奎犯罪手段特别残忍、情节特别恶劣、后果特别严重,是罪行极其严重、社会危害极大的罪犯,构成了故意杀人罪、强奸罪,却因“自首和忏悔”免死,为公众所不能容忍。[①] 民众对二审改判李昌奎死缓的结果极为不满。2011 年 8 月 22 日,云南省高级人民法院经再审后改判李昌奎死刑,剥夺政治权利终身,并依法报请最高人民法院核准死刑。[②]

(五)因情理从重判决

“徐玉玉案”:2016 年 8 月 19 日晚,刚考上大学的临沂市罗庄区的徐玉玉被陈某辉以发放贫困学生助学金为由电信诈骗 9900 元;8 月 21 日,徐玉玉与父亲一起去派出所报警,后在回家途中因身体不适被送入医院,经抢救无效后死亡。公安机关出具了死亡原因分析报告,徐玉玉被诈骗后出现忧伤、焦虑、情绪压抑等不良精神和心理状况,进而导致心源性休克,进行心肺复苏后继发多器官功能衰竭。[③] 8 月 23 日,该案的 6 名犯罪嫌疑人被抓获;2017 年 4 月 17 日,山东检察机关依法对“徐玉玉案”提起公诉。

该案虽然诈骗数额不足 1 万元,徐玉玉死亡与其个体体质差有关,但是电信诈骗犯罪成本低、风险小、回报高,一旦得手很容易被效仿和传播,形成犯罪“黑色产业链”。尽管公安机关通过短信、电视、新闻媒体等方式不断提醒民众防范,但电信诈骗仍无处不在、防不胜防。除普通民众外,大学生、大学教师、医生、公务员、企业老板等,都有可能成为电信诈骗的对象,全国每年诈骗导致受害人死亡的事件屡见不鲜;这直接侵害和威胁了广大人民群众财产、生命安全,扰乱了社会秩序,给国家安全和社会稳定带来极大隐患。

2017 年 6 月,山东省临沂市中级人民法院公开开庭审理,判决该案首犯陈某辉无期徒刑,剥夺政治权利终身,并处没收个人全部财产;分

---

① 参见《聚焦李昌奎案》,载个人图书馆 2011 年 7 月 8 日,http://www.360doc.com/content/11/0708/06/2660002_132256226.shtml。

② 参见张敏:《舆论与司法的冲突与平衡》,载《法制与社会》2011 年第 34 期。

③ 参见王羽:《徐玉玉电信诈骗案主犯一审被判无期》,载《上海企业》2017 年第 8 期。

别判处六名被告人郑某锋、熊某、黄某春、陈某生、郑某聪、陈某地有期徒刑十五年、十二年、十二年、七年、六年、三年,并处罚金人民币60万元、40万元、20万元、15万元、10万元、10万元,并责令各被告人向被害人退赔诈骗款项。[①]

二、“情理法”深度融合在现代刑事审判中的必要性

习近平总书记在党的十九大报告中提出“深化依法治国实践”“努力让人民群众在每一个司法案件中感受到公平正义”[②]的要求。最高人民法院先后印发多份规范性文件,推动公正司法审判与弘扬社会主义核心价值观有机结合;2020年5月提出要求,“让司法有力量、有是非、有温度”。[③] 在刑事审判中实现“情理法”的深度融合成为每个法官在每个刑事个案中的必然要求。

(一)有助于法官合理地解释法律

在现代社会,曾经的熟人社会的“人情法则”并不仅仅局限在生活上的互相帮助,还逐渐地与“社会资本”结合,在求职升迁、子女入学、投资项目、资源分配等方面给予更加广泛的“帮助”。这种“人情法则”体现在当代刑事审判中,合情理审断案件与传统的“情理法”兼顾的司法价值取向基本契合,其核心是审判的结果公正、合理,又不拘泥于“法律”。

法官在刑事案件的审判过程中,既应从法律专业角度分析案情,还应以普通人的正义理念去理解法律。但是许多法律规范都具有一定的抽象性和滞后性,个别条文可能还存在不适应社会发展、不符合绝大多

① 参见《“徐玉玉被电信诈骗案”一审宣判 主犯陈文辉被判无期徒刑》,载中国法院网2017年7月19日,https://www.chinacourt.org/article/detail/2017/07/id/2928287.shtml。

② 习近平:《决胜全面建成小康社会,夺取新时代中国特色社会主义伟大胜利》,载《习近平著作选读》(第2卷),人民出版社2023年版。

③ 参见王珊珊、王俏、姜佩珊、马欣:《“让司法有力量、有是非、有温度”——人大代表听取和审议最高人民法院工作报告侧记》,载《人民法院报》2020年5月26日,第1版。

数人情理的漏洞,而社会政治、经济、文化生活复杂万变、丰富多彩,需要用大众能够接受的情理进行弥补。为了使法律更加贴近生活、弥补漏洞,就需要法官充分地了解普通人的情理观念,积极发挥自己的能动性和创造性,运用自己的专业知识和专业技能,在自己的常识和经验基础上对法律条文进行合乎情理的解释,灵活地运用情理因素,尽最大可能地寻找法律与情理的平衡点,努力作出合法公正、符合民意的好判决。

(二)有助于对普通民众进行崇德向善教育

司法裁判应当守护社会道德底线,弘扬美德义行。在刑事审判中实现“情理法”的深度融合,能够让社会热点案件审判成为面向全民的法治公开课,同时对普通民众进行崇德向善教育。前文“于欢案”的终审判决,成功地捍卫了于欢涉案行为所承载的孝敬母亲的人伦价值;老班因勒死奸污母妹的儿子被法院从轻判处有期徒刑三年,体现了对“子奸母”大逆不道行为的痛恨;“陆勇案”中法院裁定“撤回起诉”体现了常人身患绝症又无钱购买活命药时,陆勇扶危济困、善良互助的中华民族传统美德;“酒后打的跳车重伤案”中法院判决司机无罪对“谁闹,谁有理”“谁伤,谁有理”的错误认知导向进行了纠正。

只有在整个审判过程中对涉案人员及其亲属进行道德情理教育,充分酌情说理,以“情”感化,努力寻求“情理法”之间的最佳契合点,才能增强裁判的可接受性,让被害人及其近亲属得到心理平衡,使其信服国法,接受裁判,息诉罢访,让普通民众信任法律、体会司法公正,增强刑事审判的社会认可度。

(三)有助于平安中国、和谐中国建设

社会和谐稳定是“平安中国”建设的核心要素,安定的生活环境、良好的社会秩序是人类延续和社会发展的基本前提。和谐稳定的社会应该是一个平安的社会,国家安定太平,人民安居乐业;因此,平安、稳定是人民生活幸福安康的基本要求。当各种矛盾纠纷发生时，全社会都应积极主动化解；这既是维护社会大局稳定的现实需要，也是“平安中国”建设的着眼点。“平安中国”建设离不开“公平司法”。在每个刑事案件的审判中深度融合“情理法”有利于实现案结事了人和，避免涉案人员上诉、上访，在提升民众对司法公正的信任度的同时，更有助于平安中国建设，最终实现政治效果、法律效果和社会效果的有机统一。

“政治效果”侧重于对政治稳定的评价，指司法机关的刑事审判行为对党和政府的形象、社会政治稳定产生的影响和结果，从“是否违反党的路线方针和政策”“是否影响党和政府的形象”等方面进行评价。良好的政治效果有利于维护党和政府的形象，有利于促进党的路线方针政策的贯彻落实，有利于巩固党的执政地位，有利于维护国家的长治久安。①

“法律效果”侧重于对法律适用确定性的评价，指司法机关对案件及争议的事项作出评判、处理后所产生的法律影响；评判的标准主要是“是否违反法律”，更多地体现对法官形式正义的评价。

“社会效果”侧重于案件适用法律后的判决是否公正、合理，指司法裁判后社会各界和人民群众评价和认可程度，不评判案件审理程序，只评价裁判结果“是否合情合理”，更多体现为对法官判决实质正义的要求。良好的社会效果有利于实现秩序、公平、正义等基本价值，体现法纪的本质，从而得到社会的认同。

司法裁判应在追求不影响党和政府的形象前提下，在法律公正的基础上兼顾社会公正，体现对民意的尊重。

正是因为“于欢案”受到广泛关注，才牵出了背后以吴某占为首的15人涉黑团伙。2018年4月12日开庭审理吴某占涉黑团伙案，共有

---

① 参见王占福：《浅议查办案件工作三个效果的统一》，载《中国监察》2008年第22期。

15 名被告人，涉及 9 个罪名[①]。

法官在审理过程中要正确把握宽严相济的刑事政策，“该宽则宽，当严则严，宽严相济，罚当其罪”：既要惩罚犯罪，又要保障人权；既应依据法条审判，维护法律的权威性和稳定性，还应深度融合情理，换位思考，得出合乎民众情理的判决，助力“平安中国”建设。

三、“情理法”在现代刑事审判中的转化困境

2018 年 6 月，最高人民法院出台指导意见，明确了裁判文书应“体现法理情相协调，符合社会主流价值观”。[②] 2019 年 10 月，《最高人民法院关于加强刑事审判工作情况的报告》进一步要求，各级法院的司法审判应“兼顾天理国法人情，尊重群众朴素情感和公平正义观……”[③]以严谨的法理彰显司法的理性，以公认的情理展示司法的良知。

但是由于缺乏具体的可操作性实施方案和参照标准，各地各级人民法院在刑事审判中对“情理”进行考量仍持谨慎态度。自 2018 年到 2022 年 5 月 10 日，在中国裁判文书网上以“情理法”为关键词查询到刑事案由共 20 篇，2018 年到 2021 年分别为 7 篇、5 篇、7 篇、1 篇，凡是涉及亲情伦理的都没有进行详细论证，只是使用“都”“均”“皆”等概括性副词以及“统一”“兼顾”等动词，如“与情理法皆不符”“与情理法皆悖”“情理法有机统一”“兼顾情理法”等。以“社会主义核心价值观”为关键词进行搜索，2018 年、2019 年、2020 年三年分别为 13 篇、13 篇、16 篇。2021 年 2 月，最高人民法院发布指导意见，[④]要求在裁判文书中坚

---

① 参见江山：《于欢案背后吴学占团伙涉黑案开庭》，载《中国青年报》2018 年 4 月 13 日，第 3 版。

② 参见《最高人民法院关于加强和规范裁判文书释法说理的指导意见》，载中国法院网 2018 年 6 月 12 日，https://www.chinacourt.org/article/detail/2018/06/id/3335921.shtml。

③ 参见周强：《最高人民法院关于加强刑事审判工作情况的报告——2019 年 10 月 23 日在第十三届全国人民代表大会常务委员会第十四次会议上》，载中国法院网 2019 年 10 月 26 日，https://www.court.gov.cn/zixun-xiangqing-194071.html。

④ 参见《关于深入推进社会主义核心价值观融入裁判文书释法说理的指导意见》，载最高人民法院网 2021 年 2 月 18 日，https://www.court.gov.cn/fabu-xiangqing-287211.html。

持法治与德治相结合、以人民为中心的原则，立足时代、国情、文化，综合考量法、理、情等因素，准确阐明事理，详细释明法理，积极讲明情理，力求讲究文理，不断提升司法裁判的法律认同、社会认同和情理认同。此后各级法院在刑事判决中运用“社会主义核心价值观”进行论证呈现大幅增长的趋势，但在中国裁判文书网上仍只检索到类似刑事判决87篇。

以上情况说明全国各级法院虽然在积极尝试用“情理法”、社会主义核心价值观审判刑事案件，但详细论证涉案情理并公开上传到裁判文书网上的不多，“情理法”在刑事审判中的应用实践仍然存在诸多问题。

（一）审判依据和参考的部分法律条文及司法解释缺乏人情味

1. 审判依据的个别法律条文不严谨，缺乏人情味

世界上任何一个国家制定的成文法都具有滞后性、模糊性等局限，许多法律条文在制定颁行后不久可能因社会的快速发展变化与所调整的社会关系脱节，甚至滞后于社会经济的发展需要。

我国正在全面推进依法治国，中国特色社会主义法治体系正在逐步完善，制定颁行的法律能够最大可能地体现民众认可的情理，正如北京大学陈兴良教授所说，“一种圆满的完善的法应当具有人情味，内含一种情理，没有情理的法是一种桎梏、一种奴役，所以，法应当具有人情基础。法不仅应有秋风扫落叶般的严酷，还要有春风煦日般的温暖。只有这样的法才是我们要追求的”。①

在中国古代存在两千多年之久的“亲属容隐制”必然有其存在的合理性，它在协调各种社会关系、维护伦理道德、促进社会和谐稳定等方面均有着不可替代的天然优势。中华人民共和国成立以来的刑事立法将“亲亲相隐”视作封建糟粕而抛弃，不仅不允许“亲亲相隐”，反而违反普通人的朴素情感，提倡“亲亲相举”“大义灭亲”“送子归案”。《刑法》第310条“窝藏、包庇罪”的犯罪主体是一般主体，没有对近亲属窝藏包庇

① 宋君华：《法律，请等一等情理》，载《检察日报》2011年9月1日，第3版。

进行单独的量刑说明,罪犯的近亲属隐瞒包庇也会构成此罪,这种严格规定显然与亲人间的趋利避害、维护所爱的本性相违背。

虽然现行《刑事诉讼法》第193条第1款规定“经人民法院通知,证人没有正当理由不出庭作证的,人民法院可以强制其到庭,但是被告人的配偶、父母、子女除外”,但是该款未能体现亲亲相隐之中的情与法平衡适当,仅认可特定亲属间不出庭作证的合法性,对亲属间为使犯罪嫌疑人得利而行使的包庇行为并无相关规定,且对特定亲属的免证权只规定了庭审环节被告人近亲属可以不被强制出庭作证,以避免在法庭上和被告人当面对质,出现尴尬局面,伤及家庭和气;①虽然体现了一定的人性,但并非被告人近亲属可以拒绝作证,实际还是要求他们作证的,只是不能强制要求其出庭而已,与其他证人一样有如实作证的义务,在案件侦查和审查起诉阶段,侦查机关和公诉机关可以传唤被告人的近亲属作证,被告人的近亲属不能拒绝,②其证人证言可以在法庭上宣读,而且可以不出庭作证的仅限于配偶、父母、子女,不包括同胞兄弟姊妹,比法定的近亲属范围要狭窄。③ 虽然最高人民法院对其进行了解释,规定“证人提供的对与其有亲属或者其他密切关系的当事人有利的证言,其证明力一般小于其他证人证言”,④但这只是规定了民事诉讼领域亲属的证言效力问题。2019年修改后删除了此条,仍没有明确规定亲属之间的免证权,更没有考虑公共道德、社会伦理、民众价值观念以及国家利益、公共政策等因素,只强调公民向国家承担公法上的作证义务。

而家庭是社会的最基本的单元和细胞,如果家庭得到了国家法律

① 参见苏怡:《亲亲相隐与中国当代法律制度》,载《法制与社会》2016年第14期。

② 参见王海军:《试论我国刑事诉讼中亲属拒证权制度的建构》,载《中国司法》2014年第3期。

③ 参见陈宝成、何玥晴:《专家解读刑诉法草案:被告亲属仍有如实作证义务》,载新浪网,https://news.sina.com.cn/c/2011-08-31/063023079270.shtml。

④ 参见《〈最高人民法院关于民事诉讼证据的若干规定〉第77条之(五)》,载最高人民法院网2001年12月6日,http://gongbao.court.gov.cn/QueryArticle.html?title。

的精心呵护,社会就有了和谐稳定的基础。亲属之间的作证义务缺乏人情味,会导致家庭成员之间情感破裂、良心丧失、道德沦丧。

这种缺乏人情味的法律条文容易使人与人之间丧失基本的信任,既不利于维护一般的社会伦理,也不利于家庭和谐和社会稳定。因此,立法者在制定法律的过程中,应当密切关注与法律条文相关的社会民众的情理因素,注意法律规范与情理的统一、法律规范对公序良俗等民众情理的吸取,尽量做到情理和法的融合:既要体现法律形式上的公平正义;更要体现普通民众实质上的道德情感,反映普通民众共同认可的善良风俗习惯。

2. 刑事审判参考的个别司法解释僵化,本身不合情理

对于法律中空白罪状规定的模糊性缺陷,司法实践中往往通过司法解释进行最大限度的消解。最高人民法院对模糊性法律条文的解释在刑事审判实践中起到了很好的指导作用。但是最高人民法院的个别司法解释内容僵化,本身不合民众情理。如前述"赵春华案"一审、二审法院所适用的有关枪支的解释本身不合情理。

首先,司法解释在界定"情节严重""情节特别严重"的情形时惯用数量,其本意是对法官的自由裁量权进行规制,但有时规定的数字起点过低、幅度过于详细,在某种程度上又束缚了法官融情说理的空间。[①]其次,根据《最高人民法院关于审理非法制造、买卖、运输枪支、弹药、爆炸物等刑事案件具体应用法律若干问题的解释》(以下简称《枪支、弹药、爆炸物解释》)第1条第1款第1项和第2条第1项的规定,"情节严重"的枪支标准规定为5支以上,是来自很多年前社会经济发展水平不高时的司法实践,当今社会互联网、高科技得到了飞速发展,再用多年以前的标准显然已不能为民众所接受。最后,综合考量"情节严重"的量刑因素很多,如方法、手段、数量、社会影响等,"数量"只是其中一

① 参见蔡延:《多维角度看司法实践中情理法融合的缺失——赵春华持枪案为例的分析》,载《萍乡学院学报》2019年第2期。

种被考量的因素，但在《枪支、弹药、爆炸物解释》中“数量”却成了考量“情节严重”的决定性因素。“赵春华案”引起民众热议，有关专家也纷纷对该案进行论证。司法机关也注意到了《枪支、弹药、爆炸物解释》的不合理之处。2018 年 3 月公布的《最高人民法院、最高人民检察院关于涉以压缩气体为动力的枪支、气枪铅弹刑事案件定罪量刑问题的批复》明确规定，在决定是否追究刑事责任以及如何裁量刑罚时，“不仅应当考虑涉案枪支的数量，而且应当充分考虑涉案枪支的外观、材质……以及行为人的主观认知、动机目的、一贯表现”。该批复对“枪支”犯罪的规定使过往单独以数量论情节的不合理状况得到改善，是融情理、合常识的体现。①

（二）上级法院缺少对下级法院融合情理的系统指导与激励机制

1. 缺少融合情理的可操作性的制度设计和典型案例数据库

“情理法”结合在刑事审判的事实认定、适用法律和裁判文书释法说理等各个阶段都会出现，但在刑事审判过程中如何认定事实中的情理、适用法律条文时如何理解法律条文所蕴含的情理观念和价值、刑事判决书中如何进行充分的释法说理等问题，最高人民法院并没有进行统一适用“情理法”的制度设计，也没有对具有可操作性的程序规则及标准进行系统指导；这就使各级人民法院在刑事审判中难以把握“情理法”融合的限度，不敢自由裁量。

互联网时代，各级法院间的信息沟通交流极为方便，最高人民法院会定期评选公布刑事指导性案例，但情理考量并不是指导性案例的评选标准，也未建立法理情融合的典型案例数据库和定期公布类似的典型指导性案例，涉及情理因素的刑事审判只能由各级法院进行探索，具体的适用大多依赖于法官个人的自觉；当依据情理进行判决时，还会因

---

① 参见蔡延：《多维角度看司法实践中情理法融合的缺失——赵春华持枪案为例的分析》，载《萍乡学院学报》2019 年第 2 期。

法官性格、人生阅历、性别等因素使判决存在较大差异。

2. 缺乏适用“情理法”的激励机制

刑事审判不仅对被告人及利害关系人的行为进行评判，更是对普通民众进行警示性教育。刑事案件的审判质量高低决定着司法公正的可信度；对法官审判质量的考核除案件量、案件是否被改判、再审等指标外，还应注重对审判过程及判决书质量的考核。目前，全国法院为了激励法官制作优秀的裁判文书，定期开展优秀裁判文书的评选；其通用评选标准有结构合理、规范，语言文字准确、流畅，事实清楚、证据充分，论证清楚、透彻，裁判结果明确、具体、无歧义，等等，但未能将判决书中是否充分论证情理作为评选的标准之一。2021 年公布的第三届全国法院“百篇优秀裁判文书”中，刑事类的有 26 篇，但没有一篇在裁判事由中从“情理法”的角度进行论证判决，也没有体现社会主义核心价值观的具体论证。这导致各级人民法院和主审法官在撰写判决书时缺乏探索刑事审判融合“情理法”的积极性。

3. 刑事判决书格式固化，法官缺乏融合“情理法”的容错空间

自 1999 年 4 月最高人民法院审判委员会通过《法院刑事诉讼文书样式》（样本）以来，各级人民法院在原有刑事判决书样式的基础上，对其中的说理进行了探索，使裁判说理较此前更透彻，但大多数的刑事判决书仍严重格式化，在罗列完证据内容后，依据刑法的某个具体条文，径直得出判决结论，对因婚姻家庭、邻里纠纷等民间矛盾激化引发的故意犯罪案件以及其他涉及情理的案件，很少看到逻辑严密的推理、辨析和情理论证。

根据现行《刑事诉讼法》的规定，法官的刑事判决“必须以事实为根据，以法律为准绳”，法律条文可靠性强，适用之后产生的风险小，即使在个案适用中发生错误，也应归责于立法者。相反，个案中的情理和道德具有模糊性，适用上具有较大的弹性和空间，[1]需要法官具备丰富的

① 参见范忠信、陈会林主编：《法理学》，中国政法大学出版社 2012 年版，第 298 页。

社会经验和高超的裁判技巧，一旦说理不当，出现情理论证与民众情感冲突，容错空间较小，可能会影响主审法官的考核结果，进而影响其晋级晋职，带来职业风险与名誉损毁。

因此，对主审法官来说，说理是一项吃力不讨好的活儿，“多一事不如少一事”，依法审判更为简便易行，适用原有格式制作判决书、尽可能避开情理的论证，可以防止出现言辞上的失误。这种情况使法官不敢探索刑事判决情理论证的新模式、新方法。

4. 缺少个案审判时全过程酌情说理的要求和类案指导性意见

目前，各级法院都要求法官在作出刑事审判时，能够对涉案法律条文进行“释明”，但缺少对个案事实认定、举证质证、争议焦点辩论等全过程的酌情说理要求，法官除对法律条文本身进行释明外，不愿对涉案情理主动释明、论证，更缺少对参与庭审人员的宣示性教育，不能引起被告人、被害人、涉案人员亲属以及旁听人员情感上的共鸣，削弱了刑罚的教育警示作用。

自 2012 年以来，少数法院在创新化解家事纠纷中开始倡导用“法官寄语”的方式适用情理。青云谱区人民法院院长认为，“法官寄语”就是“法官用人性化的语言，在判决书中对当事人进行感化、教育，让其体味到关爱和希望，并给其以启发，从而修复和重塑亲属等领域的人际关系”①。“在庭审过程以及判决后对于社会常识、人伦情理等给予充分的解释和说明，既可以彰显裁判文书的人文关怀，又可以彰显司法裁判的理性以及更能为人接受。”②

重庆市开州区人民法院为了凸显“情理”在家事案件中的情感弥合、修补作用，对当事人情绪对立严重、亲情伦理迷失的家事案件，通过在裁判文书的附页加入劝说、劝导、教育、感化当事人的“法官寄语”，积极弘扬家庭美德，增强当事人、公众对裁判内容和结果的接受程度，彰

① 魏长根、杨琦、付文玉：《青云谱法院判决书附法官寄语“好有爱”》，载中国法院网 2013 年 7 月 4 日，https://www.chinacourt.org/article/detail/2013/07/id/1021371.shtml。

② 贾立慧：《法律现代化中的法理与情理之冲突》，载《沙棘(科教纵横)》2010 年第 10 期。

显司法的人性化。甚至还专门制定“法官寄语”制度,对其宗旨、理念、定性、适用范围与注意事项等进行明确规定,确保“法官寄语”制度的可操作性。一是明确要求。要求法官要结合案件需要,抓住情感的症结,精心撰写法官寄语。法官寄语应注重情、理、法交融,传递司法温暖,引导当事人树立“以法为绳”“以和为贵”“以情为重”的思想观念,防止生硬裁判裁而未化以及对亲情的冰冷分割。二是明确范围。七类案件可以撰写法官寄语,即婚姻基础较好、婚后感情较好的离婚案件,一方当事人情绪特别激动的家事案件,一方当事人患病等特殊困难需要对方扶助的案件,双方当事人均要求或均不要求抚养子女的案件,涉家暴、赌、黄家事案件,需要化解父母子女、兄弟姐妹之间情感恩怨的案件,其他案件。三是落实责任。要求以试点的家事法庭为主体和责任部门,由家事法庭对全院的家事案件试行“法官寄语”制度进行业务指导,严格落实“法官寄语”制度,情理交融,切实化解矛盾纠纷。①

在刑事判决中个别法官尝试用“法官寄语”的方式适用情理,运用人性化的语言,从亲情、邻里情、夫妻情以及换位后的情理出发,感化教育当事人,使其体味到被人关爱,给予其希望,进而修复和重塑原有的亲情,“拉近法律和当事人之间的距离,引起当事人的反思,督促其自觉履行义务,真正做到服判息诉”。②

如天津市河西区人民法院“未成年人故意伤害案”的主审法官张宇明的“法官寄语”:“当你持刀伤人时,你可曾想到,一个和你一样的花季少年将承受一辈子的伤痛。两个并不富裕的家庭都将背上沉重的负担。你应该看见开庭时受害人母亲难以抑制的悲哀;你应该看见法警将你带出法庭时你母亲的泪眼;你应该看见你父亲为了筹钱赔偿一夜白头。我们相信,经历过这些,你会长大。”

---

① 参见出智周:《重庆开州:家事案件“法官寄语”彰显司法温情》,载中国法院网 2017 年 1 月 12 日,https://www.chinacourt.org/article/detail/2017/01/id/2511865.shtml。

② 王春、文丽娟:《562 份法官寄语折射出怎样的司法温情》,载《法治日报》2021 年 10 月 28 日,第 4 版。

“你要学会感恩，感恩你的父母，贫寒的家庭筹借巨款，为了弥补你的过错；感恩受害人的父母，他们背负着永远的伤痛，选择原谅你的行为；感恩社会，国家对于未成年人的特殊保护，使你有机会走出高墙，重新开始。希望在缓刑期间，你能接受矫正机关的监督，重新背起书包，继续完成学业。每一个犯罪的孩子都是折翼的天使，我们愿意帮你重铸一双翅膀，送你飞，飞向蓝天！”①

这段言辞中肯、充满感情的寄语让被告人彻底悔过自新、重燃生活的信心和希望。

“武汉15岁少年抢劫判刑案”的承办法官程娟的法官寄语：“何某，一枚硬币抛起来，落下来不会每一次都代表失败。人生的故事串起来，不会每一段都上演悲哀。不要说命运总是个坏小孩，只要你真心对待，它也会很可爱。成人比成功更重要，经历比成就更重要，勇敢比退缩更重要，对话比对抗更重要……将来的人生之路，无论走到哪里，都请记得我们在用期待和祝福的目光看你，加油！”②

“内蒙古自治区包头市固阳县4人盗伐林木案”的主审法官王荣华的“法官寄语”：“树木是人类最好的朋友，毁坏树木就是毁坏人类自己的家园……‘绿水青山就是金山银山’的理念应当深入每一个公民的心中，爱护环境造福子孙后代的可持续发展思想应当植根于每一个公民的脑海。前人栽树，后人乘凉，希望四被告人能充分认识到自己犯罪行为的危害，提高思想认识，拿出实际行动，及时补救自己的错误行为，将犯罪行为的社会危害性降到最低。希望后人乘凉的茂盛树木中，有你们亲手栽下的那一棵。”3月底的植树季节，4被告人及其家人在案发现

---

① 《判决书附法官暖心寄语：经历过犯错 希望你长大》，载今日头条2015年9月19日，https://www.toutiao.com/article/6196132314717225474/?upstream_biz=toutiao_pc&source=m_redirect。

② 梁爽：《法官判决书寄语写“命运不是坏小孩”被赞“萌”》，载杭州网，https://news.hangzhou.com.cn/shxw/content/2012-02/01/content_4053166.htm。

场种下了60棵杨树。[1]

上述带有浓浓人情味的“法官寄语”，既能使被告人从心灵深处愿意改过自新，又能取得被害人及其亲属的谅解，有利于化解矛盾、稳定社会秩序。但是这种“法官寄语”只是个别法院的工作倡导和少数法官的探索行为，并不是各级法院的硬性要求，尚未成为一种普遍性的自觉行为。

即使尝试刑事判决中充分地释法说理酌情的案件，很多法院在个案判决后也缺少对案件的归纳整理，尤其缺少上级法院对下级法院审理的涉及情理论证案件的整理汇总，尚未按照父母子女、夫妻、兄弟姊妹等之间的亲情伦理等进行分类并形成对下级法院审理同类案件的指导性意见，使主审法官在涉及情理的判决中缺乏参考，不敢轻易论证。

(三)法院系统内部缺乏情理冲突沟通协调和舆情处理机制

当涉及亲情伦理的刑事案件发生时，往往因法官缺少对伦理的考量，引起网络民众的热议和批评，从而舆情发生。而主审法官更容易受自己对情理的理解以及民众舆情等因素的影响而裁决案件，当事人及其亲属都尽可能站在有利于自己的立场理解情理，普通民众受自身经历、学识、生活环境、经济水平、舆论引导等诸多因素的影响，对涉案情理也有不同的理解，三者之间不可避免地会产生情理认知与法律意图的冲突，法院系统内部却缺少解决冲突的沟通协调与舆情处理机制。

1. 法院系统内部缺乏情理冲突的沟通协调机制

目前，全国各级人民法院内部、上下级法院之间和不同法院之间大多缺少专门的情理法冲突沟通协调机构和专职人员，一旦案件涉及情理与法的冲突，不能给主审法官提供有益的参考，除网络舆情反响比较大的刑事案件，主审法官及所在法院特别谨慎外，只要未被公众关注的

① 参见贺治蒙：《一篇法官寄语 带来绿色希望》，载搜狐网2019年4月18日，https://www.sohu.com/a/308963750－120058134。

案件，法官只固守法条，尽量把复杂的案件事实简单化，未充分考虑当事人的情况和涉案情理，作出的裁判不能更好地惩罚教育被告人、化解被害人与被告人之间的矛盾，甚至加重他们之间的仇恨。

有些地区的法院对某一刑事案件的审判进行了“情理法”融合的初步探索，因不同地区、不同级别的法院之间缺乏有效的沟通协调机制，当类似案件出现时，不能借鉴已有案件对情理考量的经验和做法，也没有可以咨询借鉴的协调机构，致使判决与民众情理之间产生较大差别，容易使民众怀疑法律，失去对法院和法官公正判决的信任。

2. 各级法院内部缺乏舆情处理机制

刑事审判中的民众情理具有普遍性和广泛性，普通民众针对具体个案的事实、法律适用、裁判结果以及法官言行等方面表达自己的看法，提出自己的意见或建议，体现了普通民众的公平正义观和价值观，既能对法官的定罪量刑行为进行监督，又能给法官公平合理地审断案件提供更多的参考意见或建议，促使法官对案件作出准确的判断；个别刑事案件引发的舆情有些是审判过程不够公开透明导致的，但更多的是因裁判释法说理不够透彻清晰、逻辑推理不够严谨、言辞不够谨慎，甚至与民众普遍认同的道德伦理不符。因此，刑事判决应充分吸收民众的公正意见。

在网络信息和自媒体时代，民众参与司法的积极性得到了很大提高，他们往往通过社交媒体网络开设博客、朋友圈转发、拍摄短视频、热点讨论等方式对所涉案件表达自己的判意。民众表达判意时往往有很强的代入感，因对所涉案情不能全面、准确地把握，很容易道听途说、断章取义，盲人摸象式地发表不全面、不正确或非理性的想法和意见，有时被别有用心的人或媒体操纵利用，形成舆情风暴，影响审判独立。这就要求刑事案件的审判应尽可能与社会民众情理相吻合，对网络舆情进行及时处理。

目前，各地法院都在积极探索沟通民意的有效方式。如浙江省绍兴市中级人民法院在司法实践中探索的“阳光司法”，通过专门网络及时披露司法信息，设立民意咨询员征求案件的民意民情，安排专人对民众关心的法律法规及相关问题进行详细解释，有效地促进了民众与司法机关信息对称。[①] 徐州市中级人民法院建立了民众意见收集机制，将民众意见中最有价值的部分挑选出来纳入法官判决中，以适当的方式使民众意见与法律结合。[②] 上海第一中级人民法院官网上推出了“院长在线”集约化平台，每周固定时间，院长在该平台与网民交流，倾听、收集网民意见。[③]

多数法院也探索设立了院长信箱、诉讼服务热线等措施，但只限于社会民众关注度高的案件审理过程中的民意收集和反馈，一般刑事案件只是在判决后引起舆情才被动收集相关信息，因宣传力度不够，多数民众并不知道反映途径；且基本上未建立案件判决后的舆情风险预警和处理机制，即使个别法院有尝试，也不具备可行性和推广性；各级法院缺少内设的舆情处理机构及专职人员，也几乎没有建立舆情处理平台，缺少案发后到裁决前的相关信息收集、反馈及处理的有效途径，在涉案舆情尤其是民众情理与法律规定相违背时，不能及时作出反应。

（四）法官缺乏适用情理的自觉性

在中国裁判文书网上以刑事、情理、山东、2010—2020 年为关键词搜索得出了大约 36 个刑事案件，在刑事判决书涉及情理部分，几乎都没有进行论证，多数以一句话概括。如在涉及夫妻相害案件中，没有对夫妻关系的情理论证，起不到维系夫妻关系稳定、家庭和睦的作用。2014 年“曹某萍故意杀人罪二审刑事附带民事裁定书”中曹某萍杀夫：“鉴于本案系家庭内部成员之间的矛盾所引起，被害人对案件的引发具

① 参见侯欣一、邹晓玫：《在与民意的良性互动中提升司法公信力》，载《人民法院报》2013 年 4 月 18 日，第 5 版。

② 参见郭士辉、袁长伟、杨梅花：《司法面对民意：倾听、沟通、引导——江苏徐州中院民意沟通机制调查》，载《人民法院报》2010 年 7 月 29 日，第 5 版。

③ 参见李劼、敖颖婕：《上海一中院健全网络民意搜集反馈机制》，载《人民法院报》2009 年 12 月 15 日，第 1 版。

有过错,并且原审被告人曹某萍具有自首情节,依法可对其从轻处罚。”2017 年“冯某锦故意杀人复核刑事裁定书”中:“一审鉴于案件系婚姻家庭矛盾所引发,且被告人有自首情节,对其从宽判处死刑。”2018 年的“谷某娟故意杀人案”中:“被告人谷某娟故意杀人手段残忍、后果严重,应依法惩处,考虑到本案系因家庭矛盾引发、到案后能够如实供述主要犯罪事实,并取得部分被害人亲属的谅解,可酌情对其从轻处罚。”“张某亮故意伤害案”中:“被告人张某亮酒后仅因家庭琐事即对妻子李某头面部等身体多部位拳打脚踢,致其死亡。”“栾某芬故意杀人案”中:“栾某芬故意非法剥夺他人(丈夫)生命,致人死亡,其行为构成故意杀人罪,鉴于系婚姻家庭矛盾引发,栾某芬归案后如实供述犯罪事实,对其依法判处死刑,可不立即执行。”没有对家暴导致的杀人案件进行夫妻感情、家暴危害性的情理论证。

在涉及父母子女相害的案件中,法官也是以“家庭内部矛盾引发”概括,没有论证刑事案件发生后对原有的亲密关系所造成的伤害。如“侯某强奸案”中:“上诉人侯某利用其与被害人长期共同生活,系被害人继父的特殊身份,长期对被害人实施强奸,依法应当从严惩处。”“徐某春故意杀人罪”中:“徐某春与母亲产生矛盾后,不能正确处理,不顾母亲的养育之恩,违背传统的伦理道德,杀害自己的亲生母亲,情理难容。鉴于本案因家庭内部矛盾引发,社会危害程度相对较小,对其可酌情从轻处罚。”对强奸继女的乱伦行为没有进行伦理上的分析和教育,对徐某春弑母的不孝行为虽然也说“情理难容”,但仅用“家庭内部矛盾引发”一句话就从轻处罚。“王某甲故意伤害其母王某乙案”中:“鉴于本案系因家庭矛盾产生,被害人王某乙对该案的发生及矛盾的激化存在一定过错……可酌情从轻处罚。”

法官不愿论证情理或简单用“因涉及家庭事务或因夫妻不睦”等一句话概括涉案情理,原因是多方面的:

1. 法官适用情理时的价值判断与民众的价值判断存在很大出入

法官受自己的出身、学习和工作经历、成长环境、受教育程度和专业知识等诸多因素的影响，在适用情理时的价值判断与民众的价值判断之间可能存在很大出入。

法官在实践中对自己认为是正义的"情理"的理解和把握往往根源于自己长年累月所形成的生活常识、常理、常情以及长期从事法律职业所形成的价值判断。在这种价值判断下形成的正义理念，一般具有较高的稳定性，但又能随着具体个案中的情理而发生变化，如"宽严相济"的刑事政策对"宽""严"的界定离不开法官对具体案件的情理进行度量。

普通民众对情理的理解和价值判断多出于情理、道德、伦理等一般人的朴素思想；在不了解或没有完全了解案件之前，依靠经验、媒体的报道或道听途说，预测案件的处理结果，有时还会根据当事人案外的行为或品行评判案件的处理结果。如当被告人是弱者时，民众所具有的"同情弱者"的本性会要求对被告人从轻处罚；当被害人是弱者时，民众就会普遍要求对被告人从重处罚。

普通民众关注的刑事案件，涉案事实基本上是根据媒体报道。媒体为了自身的存在和发展，在为公众提供信息和监督社会的同时，有时为博取读者眼球，往往推波助澜、断章取义，选择自己的价值倾向语言进行报道；有时还会将犯罪新闻进行娱乐化处理，用文学性的叙事手法报道犯罪新闻，对犯罪新闻背后的法理和犯罪的原因及对策着墨较少；[①]且经常使用一些不适当的词，给报道对象贴上标签。但由于新闻媒体本身带有较强的"纪实性、及时性、稀缺性"光环，往往更容易受到民众的关注，尤其是网络媒体中的各种所谓的新闻报道，[②]使犯罪新闻更容易迅速演变成一个公共舆论事件，引发"合法不合理"的争议；甚至有时故意激化民愤，用偏向性的语言诱使民众对案件中的各方进行道

① 参见李立景：《犯罪新闻娱乐化解构——法学与传播学双重视角的批判性解读》，载《河北科技大学学报（社会科学版）》2009 年第 2 期。

② 参见徐舟：《情理法：犯罪新闻报道规避媒介审判的要素》，载《新闻研究导刊》2017 年第 15 期。

德伦理上的评判，形成“一边倒”的舆论狂潮。

2006年“彭宇案”发生后法院判决前，新闻媒体已经在主观上给案件性质贴上了标签：彭宇是案件的受害者，被扶的老太太动机被质疑，可能就是为了讹诈。报道的标题有：《金陵晚报》的《输了官司彭宇哭了 法院一审判决认定非见义勇为》，《钱江晚报》的《拍“案”惊奇：良知的证明还是阿Q的逻辑》，《南方都市报》的《彭宇：以后还有谁敢做好事》，《羊城晚报》的《见人跌倒你别扶?》，等等。从这些标题就可看出各大新闻媒体通过各自的途径将自己的主观判断传达给读者或关心事件的民众，形成了大众的观点，进而对案件产生了一定程度上的影响。①

因此，新闻媒体诱导下所呈现的网络舆论虽然多数基于民众的情理，但具有非理性、情绪化和不独立的缺点，②导致民众了解的案件事实不全面，少数民众通过媒体表达的民意可能是基于媒体片面报道的事实和自己的立场及理解，有时是一种裹挟着偏见的民愤、民怨，并不能反映普通民众的情理。

如果法官在刑事案件的审判过程中过于考虑民众对案件的处理结果是否满意，过于强调司法裁判的社会效果，就很容易受到社会舆论和新闻媒体报道的干扰，影响对该案件作出公正的裁判。

法官在刑事案件的审判过程中更多关注形式正义，根据裁判者是否中立、双方当事人是否平等、程序是否科学有效率、程序是否公开、解决纠纷的程序是否文明等③标准评判案件是否符合形式正义的要求，并从保障社会和谐稳定的大环境出发，对案件事实中包含的普通民众难以察觉的人际关系及背景进行剖析。

刑事判决后，普通民众更关心个案中的实质正义，习惯用“是否合

---

① 参见张浩：《对“罗生门”事件的法律思考》，载《知识经济》2011年第21期。

② 参见孙笑侠：《公案的民意、主题与信息对称》，载《中国法学》2010年第3期。

③ 参见孙笑侠：《法的形式正义与实质正义》，载《浙江大学学报(人文社会科学版)》1999年第5期。

情合理”、是否符合他们所认同的“情理”来判断判决结果的好坏、对错，合法与否倒在其次，至于“制度设计是否合理”“举证责任如何分配”等程序正义不太关心。

法官和普通民众之间对案件适用情理上的理解差异和不同的价值判断，就需要法官在一定范围内合理地引入民众普遍遵循的情理规则，及时有效地回应公众的呼声，这样法律才会被民众接受并信仰。[①] 法国激进的资产阶级革命家罗伯斯比尔曾说：“法律的效力是以它所引起的爱戴和尊重为转移的，而这种爱戴和这种尊重是以内心感到法律公正和合理为转移的。”[②]

刑事审判要真正实现案件结果的公平正义，就需要法官适用法律的形式正义与民众情理追求的实质正义相一致，实现二者之间的价值平衡；但这种平衡的“度”很难把握，致使法官在相关案件中尽可能不适用情理，避免与民众情理产生冲突，这就很难达到刑事审判案结事了、惩恶扬善、教育警示他人的目的。

2. 法官的逻辑推理能力和“情理法”融合的司法技艺有待进一步提高

刑事判决书能否案结事了人服，很大程度上取决于法官的逻辑推理能力和法理情融合的论证技巧。

刑事判决中，法官依照法律条文的具体规定、参考最高人民法院的指导性意见，除确定无疑的自然法则具有最高决断力的始源性公理外，剩下的一切经验法则均应是经过缜密分析、符合逻辑的。而法官逻辑推理能力的提升能最大限度地体现刑法的严厉性和谦抑性：对被告人进行警示和教化，使其心服口服；对被害人及家属用贴心语言进行说理，让其感受到刑法已经起到了保护法益的机能。

2018 年《最高人民法院关于加强和规范裁判文书释法说理的指导

① 参见谭丽丽：《作为一种民间资源的情理——其进入当代中国司法的途径与技术》，载《甘肃政法学院学报》2009 年第 3 期。

② ［法］罗伯斯比尔：《革命法制和审判》，赵涵舆译，商务印书馆 1965 年版，第 73 页。

意见》要求审判文书中的“释法说理”应该阐明事理、释明法理、讲明情理、讲究文理，具体做法是：“要阐明事理，说明裁判所认定的案件事实及其根据和理由，展示案件事实认定的客观性、公正性和准确性；要释明法理，说明裁判所依据的法律规范以及适用法律规范的理由；要讲明情理，体现法理情相协调，符合社会主流价值观；要讲究文理，语言规范，表达准确，逻辑清晰，合理运用说理技巧，增强说理效果。”①

在最高人民法院的指导意见出台后，地方各级法院刑事审判实践中裁判文书中的说理部分有了较大的进步，但判决书的格式化现象仍然存在，在案件量刑理由的说理方面仍较为简略。“赵春华案”“陆勇案”的一审判决在事实上与法律本身的规定并无多少出入，但在判决书中没有进行充分的融情说理。“于欢案”的一审判决尽管提到了“辱母”的情节，但处理较为粗糙，没有对其进行充分说理，甚至看不到“情理”对一审判决的任何影响，导致裁判结果遭受民众的热议。“彭宇案”中，一审法院认定彭宇与老太太相撞，符合证据规则，多年后彭宇亦承认相撞事实。② 但判决书在双方是否相撞的分析中，由“不是你撞的，你怎么会扶？”推断出“你扶的就是你撞的”，此逻辑推理存在缺陷，完全排除了他人做好事的可能，与民众“扶老携幼”的传统主流价值观相背离，民众感觉自己的正义观受到了很大的冲击，由此引发舆论，至今有人倒地后的“扶不扶”成为人们道德良心的一大沟坎，其根源之一即在于法官缺乏论证情理的逻辑方法和“情理法”融合的司法技艺。

（五）社会缺乏多元协作机制，法官对涉案情理了解不深

刑事案件发生后，最贴近民众生活、最了解民众情理的基层组织、工作单位等，没有专门人员主动收集相关信息，除个别被询问人员外，缺乏与侦查机关、公诉机关、律师事务所及法院就涉案情理主动沟通的

---

① 《最高人民法院关于加强和规范裁判文书释法说理的指导意见》，载中国法院网 2018 年 6 月 12 日，https://www.chinacourt.org/article/detail/2018/06/id/3335921.shtml。

② 参见江必新：《坚持法理情的统一　切实让人民群众感受到公平正义》，载《人民司法》2019 年第 19 期。

渠道,使涉案情理和普通民众情理无法在庭审和判决中得到充分体现。

1. 案发地基层组织或单位情理表达途径不畅通,缺乏正确引导

刑事案件发生后,最了解案件实情、犯罪嫌疑人成长和感情经历、被害人及其亲属状况的村委会、居委会或街道社区没有对涉案情理表达的有效途径,除个别通过朋友圈、QQ群、微信群、博客等发表意见外,真正了解情况的民众没有机会和途径有效表达该案涉及的特殊情理和民众普遍情理;即使个别法院设立了相关的沟通表达渠道,也因宣传不到位等不为普通民众所知晓,不能为法官审判案件提供情理上的参考。

2. 侦查机关的案卷笔录和检察机关的公诉意见缺少情理因素的挖掘

案发后执行侦查任务的公安机关对涉案人员、事实之间的情理在调查、询问、讯问过程中能够有机会进行深入的了解,但侦查、审讯、询问时往往忽视其中的情理因素,使提供给法庭的讯问笔录、询问笔录等案卷材料缺乏可供法官参考的情理内容。

检察机关提起公诉前,根据侦查机关提供的案卷材料进行调查核实时,往往忽视对涉案情理的深入了解,在庭审时也不能为主审法官提供涉案情理的论证材料。

3. 辩护律师及被害人律师对涉案情理的论证不够深入

庭审过程中,往往只给予被告人、被害人或其亲属表达情理的机会,但受口才、学识、经历、感情等因素的影响,他们往往表达不太清晰完整,容易冲动片面化。

辩护律师及代理律师虽然站在当事人立场,对涉案情理有深刻的认识,但主要从自首、初犯、悔罪等量刑情节上提出意见,对涉案情理进行深入论证的较少,无法为法官提供情理论证的借鉴。

第七章 “情理法”在现代刑事审判中的实践路径探索

习近平总书记在党的十九大报告中提出“坚定文化自信”“推动社会主义文化繁荣兴盛”①。党的十九届六中全会通过的决议指出：“中华优秀传统文化是中华民族的突出优势，是我们在世界文化激荡中站稳脚跟的根基，必须结合新的时代条件传承和弘扬好。”②党的二十大报告进一步提出，“弘扬社会主义法治精神，传承中华优秀传统法律文化”“推进文化自信自强”。③“情理法”是中华优秀传统文化中法律文化的精华。要建设中国特色社会主义法治体系，必须兼容并蓄，吸收借鉴几千年来相传已久的法律文化的精髓。

西方的法律价值观念以个人主义为核心，个人权利

---

① 习近平：《决胜全面建成小康社会，夺取新时代中国特色社会主义伟大胜利》，载《习近平著作选读》（第2卷），人民出版社2023年版。

② 《中共中央关于党的百年奋斗重大成就和历史经验的决议》，载中国政府网，https://www.gov.cn/zhengce/2021-11/16/content_5651269.htm。

③ 习近平：《高举中国特色社会主义伟大旗帜 为全面建设社会主义现代化国家而团结奋斗——在中国共产党第二十次全国代表大会上的报告（2022年10月16日）》，载《中国共产党第二十次全国代表大会文件汇编》，人民出版社2022年版。

至上，国家和社会的法律、制度、习惯等均围绕个人展开，虽保障了每个个体尊严与权益，但缺乏对国家和社会的整体关注，把个人作为独立的个体与充满血缘亲情的人类群体对立。因此，自私、冷漠、恐惧、缺乏安全感和人情味等成为西方社会的通病。而中国传统法律文化强调团体本位，重视情理，人情、天理、国法有机统一，社会浑然一体，“情理法”兼顾成为中国传统法律文化的精髓。因此，必须摈弃西方的个人至上价值观，充分吸收借鉴团体本位、富有人情味的中国传统法律。在当前依法治国的进程中，我们不能单方面讲人情，还要坚持法律的底线，同时顾及普通民众的常情常理。①

如何在现代社会做到“情理法”的有机统一，并对其进行创造性转化和创新性发展则成为立法、行政、司法等机关都要考虑的急切问题。现代刑事审判中，“情理法”的深度融合，首先，应准确把握新时代“情理法”的内涵，并将其创新性发展为“法理情”；其次，应创造性地应用于刑事审判的全过程，例如，制定“情理法”融合的方式和标准规范等、建立“情理法”冲突沟通协调论证机制以及舆情处理机制、法官自身提高融合“情理法”自觉性和论证技巧；最后，应加强多元协作，为法官深度融合“情理法”提供参考等。

一、准确把握新时代“情理法”的内涵

中国传统社会中，受儒家以道德教化为主、以刑罚处罚为辅的“德主刑辅”法律思想影响，刑事审判中的“情理法”以“合情”为首、“合理”次之、“合法”更次。② 经过两千多年发展后的现代中国，虽然情理仍是被民众普遍认同的基本道理和是非准则，是制定法律的基础，但在法治中国建设视域下，“情理法”在司法实践中应该创造性发展为“法理情”，“合法”最重要、“合理”次之、“合情”更次。

① 参见王方玉：《中国式法理思维探析——法、理、情的融合》，载《河北法学》2014 年第 5 期。
② 参见范忠信、郑定、詹学农：《情理法与中国人——中国传统法律文化探微》，中国人民大学出版社 1992 年版，第 24 页。

(一)新时代的“法”

新时代的“法”是指国家立法机关制定或发布、代表着国家和社会整体利益、体现人民意志和主张的、具有普遍约束力的一系列规范的总称。在刑事审判领域主要包括以下几个方面:

1. 刑事审判中依据的法律

全国人民代表大会及其常委会制定的刑法及刑法修正案、刑事诉讼法、与定罪量刑有关的法律和决定以及立法机关对法律条文作出的与法律具有同等效力的解释。

2. 刑事审判参照的行政法规、部门规章

实践中,审判刑事案件时还应对行政法规和部门规章予以参照:一是国务院制定的与办理刑事案件有关的行政法规以及在全国范围内具有普遍约束力的行政措施、决定和命令;二是公安等机关制定和发布的有关办理刑事案件和行政执法案件的部门规章。这些行政法规和规章虽然不能独立决定定罪量刑,但在认定犯罪和量刑时具有辅助作用,也应依法参照,严肃对待。

3. 刑事审判参考的司法解释等

刑事审判中可参考的司法解释应指最高人民法院、最高人民检察院针对刑法和刑事诉讼法所作的解释、规定等,包括“解释”“规定”“决定”“批复”四种,一般以“通知”、“决定”、“意见”、“纪要”、“指导意见”和“规程”等形式出现。① 其中,最高人民法院发布的关于办理刑事案件的司法解释最为重要。

此外,最高人民法院、最高人民检察院与党政机关联合发布的规范性文件和最高人民法院、最高人民检察院的业务部门对法律适用疑难问题所作的“答复”、国家立法机关的法制工作部门对立法所作的“答复”以及最高人民法院、最高人民检察院定期发布的一些指导性案例等也可以为同类刑事案件的审判提供参考。

---

① 参见胡云腾:《执法办案如何做到法理情兼顾》,载《法律适用》2020年第17期。

(二)新时代的"理"

当代刑事审判应当践行的新时代的"理",除传统"天理"包含的自然之理、天道之理、人伦之理外,还应包括现代刑事法学理论和现代法治理论等法学理论的"法理";不仅包括适应现实需要的传统法学理论和域外法学理论,还包括法学基础理论和各种部门法的观点和理论。

现代刑事法学理论具体包括犯罪概念、犯罪构成和刑罚处罚等刑法学基础理论以及刑事诉讼程序、诉讼证据理论等刑事诉讼法学理论,法官在对各类刑事案件进行审判时,都应将刑事法学理论作为审判理念的指导和裁判说理的依据,背离刑事法学理论的裁判与违背天理的裁判都是经不起实践和历史检验的。[①] 当然新时代"理"中的天道之理和人伦之理需要摒弃传统"理"中落后的内容,剔除其中的封建迷信和"尊卑贵贱"的身份法。

现代法治理论以习近平法治思想和中国特色社会主义法治理论为主要内容,体现社会主义核心价值观。我国宪法中明确规定国家的一切权力属于人民,人民是国家和社会的主人,人民是中国共产党执政最深厚的根基,是强党兴国的根本所在。习近平法治思想以"十一个坚持"为主干、"以人民为中心",强调"坚持法治为了人民、依靠人民、造福人民、保护人民"。[②] 人民群众的公平正义观念就是天理,人民是天,人民是地,人民群众的根本利益至高无上。

在刑事审判中应该最大限度追求法律正义,体现人民群众的公平正义理念,同时要兼顾社会普遍正义。在判断罪与非罪、善良与邪恶、公平与不公平、正义与非正义等问题上,只有得到人民群众的认同和支持,最大限度地契合和反映人民群众的公平正义观念,才是新时代"理"的体现。

中国特色社会主义法治理论是马克思主义法学基本原理创造性转

① 参见胡云腾:《执法办案如何做到法理情兼顾》,载《法律适用》2020 年第 17 期。
② 参见卓泽渊:《习近平法治思想要义的法理解读》,载《中国法学》2021 年第 1 期。

化后的科学理论,强调将现代社会普遍性的法治理论同中国具体的法治实践紧密结合,体现为以党的十八大提出"富强、民主、文明、和谐,自由、平等、公正、法治,爱国、敬业、诚信、友善"24 个字为主要内容的社会主义核心价值观。2015 年 10 月,最高人民法院发布指导意见,要求全国法院深刻领会社会主义核心价值观的丰富内涵,切实增强司法裁判的可接受性和被认同性,努力让人民群众在每一个司法案件中感受到公平正义。①

(三)新时代的"情"

新时代的"情"有别于个体自然人的私情和领袖的个人好恶,是生活在法治现代化国家的中国人民逐渐形成的、对法律理性认识及感性评价的公众情感和法律意识。除与古代相同的世情、人情、宽容之情外,还应包括:

1. 体现惩罚罪恶的"正义之情"

刑事审判不仅要惩罚客观犯罪之行为,还要谴责犯罪者的主观之恶;既要让犯罪分子感受到生命、健康、财产上的伤害,又让其受到精神上的痛苦和良心的谴责;既要让被害方及其亲属感受到法律的保护和情感上的安慰,还要让其他普通民众感受到普遍的公平正义。②

2. 体现刑罚功能的"扬善之情"

在刑事审判过程中,法官通过论证人之常情,让当事人和普通民众感受到刑罚向善扬善的价值取向,刑事审判在惩罚恶行的同时为社会增加更多的善行,引导和鼓励民众实施善行,善待行善之人,引领全社会形成追求良善的良好风尚。

3. 体现对弱势群体的"关爱之情"

刑事案件中如果涉及弱势群体的当事人,往往会牵连很多民生和

---

① 参见《最高人民法院关于在人民法院工作中培育和践行社会主义核心价值观的若干意见》,载最高人民法院网 2015 年 10 月 13 日,https://www.court.gov.cn/fabu/xiangqing/15791.html。

② 参见胡云腾:《执法办案如何做到法理情兼顾》,载《法律适用》2020 年第 17 期。

实际问题，需要法官通盘考量，协调各方关系帮助解决困厄，尽量帮助当事人挽回损失或尽可能补偿被害方因犯罪行为所遭受的损失，帮助弱势群体渡过难关。①

4. 体现社会公众和新闻媒体的“舆论之情”

快速发展的信息网络时代，互联网的发达为司法机关正确引导民意社情提供了良好条件，也为司法机关了解和把握民意舆情提供了巨大的方便。因此，法官在刑事审判中必须深入了解社情民意、尊重公众和采纳新闻媒体的有益建议，及时了解网络舆情，注意与社会公众和新闻媒体保持互动，让社会公众更好地感受到司法公正和刑事个案中的温暖人情。

总之，中国传统的“情理法”在现代社会应对其内涵进行创造性改造和创新性发展，使其成为适应时代发展的“法理情”。在制定与实施法律时均应坚持以新时代的情理为渊源和依托，遵循社会生活的普遍经验和生活常识，通过法、理、情的融合，赋予法律以“日常生活中经验法则”的鲜活生命力；②立法上以批判的态度借鉴吸收符合时代发展需要的情理，剔除或改造落后于时代发展的情理；在刑事审判中坚持公平司法，尊重以情理为基础的民意，使裁判结果合法合情合理。③

二、法律条文和司法解释等应尽可能合乎民众情理

在当前平安中国、法治中国建设的进程中，刑事审判既不能固守单纯法律观点、机械执法、孤立办案，也不能偏重普通民众的常情常理、不守法律的底线。作为刑事审判的依据、参照和参考，法律法规和司法解释等应当是符合公平正义、伦理道德和民众情理的“良法”

① 参见胡云腾：《执法办案如何做到法理情兼顾》，载《法律适用》2020年第17期。

② 参见吴斌：《刑事司法中“情理法”兼顾的理论与实践——以传统法律经验为基础》，烟台大学2019年硕士学位论文，第5页。

③ 参见蔡虹、夏先华：《情与法的交融：司法裁判中适用情理研究》，载《山东科技大学学报》2018年第1期。

"良释"。

(一)法律条文应尽可能合乎民众情理

国家立法机关制定的法律条文不仅要符合社会的发展规律、顺应人性的发展,以保障人权为基本价值取向,维护公民的基本权利,还应遵循社会的道德良知,将民众认可的人情本性等情理因素融入其中,充分挖掘地方风俗和民族习惯中合理的部分,让法律合民情、存人伦,反映民众追求的公平、正义、自由、和谐等正确价值观,使法律变得更有"温度"、更易被中国民众认可。

因此,在国家立法机关制定法律或修订法律条文时应对传统情理法进行批判地继承和吸收,充分考量其合理内涵,消除个人狭隘的"私情"观念;在坚持法律至上的前提下,将传统情理法观念中对"情""理""法"价值位阶的排序改为"法""理""情",最大限度地体现和尊重人民意志和利益。① 在修订法律的过程中,充分考虑符合社会主义核心价值观的民情民意,在法律上正式确立"亲属免证权"和"作证豁免权",使刑事审判的法律依据更符合现代社会的人情伦理和客观国情。

(二)司法解释应体现民众情理的要求

现代社会的经济政治生活经常发生急剧的变化,相对稳定的法律在实施过程中必须随之进行调整,对不宜修改的法律条文本身作出适应社会需求、符合民众人情和普遍伦理的解释,使"情理"因素深入"法"的实施环节。在司法实践中最高人民法院及时对相关法律条文作出解释、指导各级法院的刑事审判。如最高人民法院 2010 年出台的司法解释《关于贯彻宽严相济刑事政策的若干意见》规定:对危害国家安全犯罪和严重暴力犯罪等要依法从重处罚;而对于亲属以不同形式送被告人归案或协助司法机关抓获被告人,未成年人犯罪,老年人犯罪,以及因恋爱、婚姻、家庭、邻里纠纷等民间矛盾激化引发的犯罪,被告人

---

① 参见王利明:《法律至上是法治的要义》,载王利明:《人民的福祉是最高的法律》,北京大学出版社 2013 年版。

案发后对被害人积极进行赔偿并认罪悔罪等应酌情从宽处罚，这些充分体现了“法顺人情”的精神特质。2014 年，《最高人民法院关于常见犯罪的量刑指导意见》（已废止）对老年人、未成年人、限制行为能力的精神病人、又聋又哑的人和盲人等弱势人员犯罪的，先适用量刑情节对基准刑进行调节后再适用其他量刑情节调节，这体现“尊老爱幼”、体恤弱者的公众情理；同时，应对涉及家庭成员之间的父母子女慈孝情、兄弟姊妹手足情、夫妻情等案件的法律条文及时作出解释，指导各地法院的刑事审判实践。

三、建立上级法院对下级法院融合情理审判的指导与激励机制

（一）要求个案审判全过程酌情说理，形成酌情说理类案指导性意见

在最高人民法院的统一指导下，法官审判每一个具体刑事案件都应进行全过程酌情说理，对庭审时的情理释明、宣示性教育到刑事判决时的事实认定、物证书证的效力认定、证人证言的采纳、自首等量刑情节的考量等进行全过程论证。开庭审理时，法官对涉案法律条文进行释明的同时，还要充分说明情理在家庭、社会中的重要性，尤其是涉及婚姻家庭的夫妻情、父母子女之间的亲情和兄弟姊妹之间的同胞情，应予以充分的宣示性教育，以引起当事人及民众在情理上的共鸣。

刑事判决时，应要求法官从事实认定、证据的取舍、量刑的轻重等各个环节进行情理的充分论证，对能引起被告人、被害人及其亲属以及普通民众情感共鸣的情理较多论证；不宜在判决书正文中说明的，也可以在判决书后附录“法官寄语”，对涉案当事人及其亲属进行宣示性情理法教育，激发被告人悔过自新、重拾生活的信心，给其亲人以新的希望，也使被害人及其亲属获得心理上的疏导，谅解被告人，稳定家庭，稳定社会。

各级法院还应设专职人员定期进行案件整理汇总并上报到上一级人民法院，上一级人民法院对上报案件如家人、邻里、朋友、同事等情理

进行分类汇总，涉及同一类型情理较多的刑事案件，尽量形成指导性意见，方便下级法院刑事案件主审法官在涉及情理的判决中参考。

（二）建立指导性规则、操作规范以及典型案例数据库

1. 最高人民法院建立“情理法”深度融合的指导性规则和操作规范

最高人民法院应该针对全国范围内的经济、文化、社会、风俗人情等情况以及各省、自治区、直辖市上报的刑事审判中出现的问题建立融合情理审判的系统指导，制定指导性规则和具有可行性的操作规范。具体应包括融合情理的案件范围，审判过程中对事实的认定、证据的取舍、适用的具体法律条文等所蕴含的情理观念和价值解释，刑事判决书中涉案情理的界定、情理与法冲突时的考量、“情理法”深度融合的标准等。

2. 各级人民法院可以建立自己“情理法”深度融合的案例数据库

法院系统应建立自下而上的深度融合“情理法”的典型案例数据对接途径。应由基层法院挖掘、中级人民法院收集整理上报、高级人民法院汇总整理上报、最高人民法院汇总精选发布。

基层法院主审法官将自己所审理的深度融合情理的2～3件轻罪刑事案件汇总到所在法院，在院长的统一领导下，由专人负责建设相应典型案例数据库，按照案件性质和涉案情理类型进行整理，法院每年年初从上一年度汇总的涉情理刑事案件中挑选5～10件上报中级人民法院。

各中级法院应设专人负责案例数据库的建立。主审法官按照法院要求，每年对自己主审的重大刑事案件尽可能地深度融合“情理法”，挑选其中最能反映“情理法”深度融合的案件提交所在人民法院；在分管院领导主持下，对本院主审法官提交和本辖区基层法院上报的深度融合“情理法”的典型案件进行集体商讨确定，由案例数据库建设负责人按照一定的格式和标准（如案件性质、情感分类、犯罪原因、典型意义、推广的价值等）对涉及情理的案件进行类型化整理，导入案例数据库；由法院分管领导采用线上审阅或事后抽查的方式确保录入数据库的案

例无政治错误或关键用语错误。

类型化的案例数据库可以使不同法院的法官在审断同类案件时，能够有所参考，实现“同案同判”，避免同类案件有的依据法理、有的依据情理判决。当主审法官依据情理进行判决时，类型化的案例就不会因法官不同的性别、性格、人生阅历等因素影响自由心证认定，使判决差别存在，进而提升民众对刑事判决的认同、提升司法公信力。

中级法院还应不断更新、完善相应数据库，尤其是引起社会关注、能够激发民众善良情感的热点案件，每年挑选其中的 5 ~ 10 件典型案件上报高级人民法院。

高级法院安排专人负责案例数据库建立，汇总整理中级法院上报的案件，对案件类型相同、涉案情理相似的案件以每年年初会议形式进行研讨；参会人员除相关院领导、高级法院的资深刑事审判法官外，还应吸收中级法院主持了解相应案例数据库的分管领导参加；将上一年对社会影响巨大、能够在其他省份进行推广的典型案件上报到最高人民法院，为最高人民法院相应的案例库建设提供案例，并为所辖下级法院刑事审判中深度融合“情理法”的方式和标准提供一定的参考。

3. 最高人民法院定期发布深度融合“情理法”的典型案例

最高人民法院设立专职人员建立深度融合情理法的典型案例数据库。专职人员在每年接收各省、自治区、直辖市高级人民法院上报的深度融合“情理法”的典型案例的基础上，从全国的角度，按照一定的类型继续整理汇总，建立系统完善的案例数据库，对其中社会影响巨大、能够引导各级法院参考的典型案例进行研究商讨，确定其中的某一案件成为全国性指导案件，每 5 年发布一次，供全国各级法院参考，以实现此类案件的类型化目标。如前文所述的“于欢案”的二审判决，即最高人民法院发布的有关情理深度融合审判的典型案例，各级人民法院的法官在审理同类刑事案件时，可查找相关的指导性案例，使自己主审的刑事案件的审判能够实现“情理法”的深度融合。

（三）建立刑事审判深度融合情理法的激励机制

1. 完善法官考评标准

各级法院应将法官在刑事审判中是否进行充分的酌情说理作为评选和考核优秀法官的重要标准之一。对刑事案件判决书质量的考核内容应该包括法官针对被告人、被害人及其亲属和旁听民众对涉案的人情世故、舆论民情、人伦天理等内容是否逐一进行充分的说理说情，对涉案法律条文蕴含的价值理念和民众情理是否进行充分说明，能否起到教育涉案人员和普遍性的警示教育教化作用等。

2. 完善优秀裁判文书评选标准

将是否充分论证情理作为评选优秀裁判文书的重要标准。根据2021年最高人民法院的指导性意见，[①]各级人民法院应当完善优秀裁判文书考评激励机制，将是否运用社会主义核心价值观释法说理，对被告人、被害人及其亲属是否进行劝诫、疏导、鼓励进而警示教育作为评选的主要标准，必要时也可单独进行优秀“法官寄语”的评选活动。

为了激励法官在刑事判决书中充分融合理情、体现社会主义核心价值观，可以要求每名法官每年在自己主审的案件中探索撰写1～2篇含有“情理法”融合的判决书，基层法院每年评选一次，中级法院可以每2年评选一次，高级法院可以每4～5年评选一次。考核标准和考核方式应由法院领导、刑事审判庭指导和资深法官组成的优秀法理情刑事裁判文书考评小组制定并组织实施，对法官自荐的刑事判决书进行评查，精神奖励与物质奖励并重，并将评选结果作为法官业绩考评的重要参考。

3. 鼓励深度融合“情理法”的文书上网

鼓励各级法院的刑事案件主审法官尽可能将自己主审的涉及情理的刑事判决书经所在法院初步审查同意后上传到中国裁判文书网或人

① 参见《关于深入推进社会主义核心价值观融入裁判文书释法说理的指导意见》，载最高人民法院网2021年2月18日，https://www.court.gov.cn/fabu/xiangqing/287211.html。

民法院案例库;这种做法既有利于法官在刑事判决中积极论证涉案情理,又可以为其他法官提供参考,还可以为其他民众了解涉案情理提供方便,起到警示教育他人的作用。

(四)拓展法官制作刑事判决书的容错空间

在刑事判决书原有格式不进行大的改动、严守"以事实为根据,以法律为准绳"的前提下,赋予法官自由裁量的容错空间。资深法官可以充分发挥自己社会经验丰富、深知人情世故的优势,探索"情理法"深度融合的判决书撰写新方法;年轻法官利用网络技术好、信息化应用能力强、思维活跃、勇于创新的优势,突破原有固化的刑事判决书格式,探索体现时代特征和新技术的刑事判决书新模式。对刑事判决书中有瑕疵或容易引起异议的情理论证,可以由同一审判庭成员集体讨论修正,减少民众对该判决书不必要的误解;即使因情理言辞论证偶有失误,只要不是故意或明显错误,不作为评判法官审判工作实绩和年终考核的依据。

四、构建法院系统内部"情理法"冲突沟通协调和舆情处理机制

(一)构建法院系统内部"情理法"冲突沟通协调机制

1. 加强基层法院内部"情理法"冲突的沟通协调

基层法院内部应组成由刑事审判庭法官及院领导参加的沟通协调小组,当主审法官审理刑事案件涉及情理与法冲突、无法抉择时,由审判长决定上报沟通协调小组召开会议协商,必要时可以邀请涉案人员的亲属、邻居、基层或单位工作人员参加。会议应深入了解涉案人员及亲属的情理、普通民众情理,分析情理与法冲突的根源,对认为情理与法不太冲突的案件则由合议庭依法判决;认为存在冲突经沟通协调后能解决的,在判决时加以考量,尽可能将一般刑事案件中的"情理法"冲突问题在本法院内部予以解决。

2. 加强上下级法院间情理法冲突的沟通协调

基层人民法院对自己法官主审的复杂、社会影响较大、情理与法可能产生严重冲突、无法裁量的刑事案件应主动上报到中级人民法院。中级人民法院由分管副院长和资深刑事案件法官组成协调委员会,协调不成的,可以组织召开研讨会或座谈会,讨论该案件中情理与法冲突的根源以及刑事审判中如何兼顾;对具有典型意义、社会影响极大的案件可以组织专家论证会,论证专家由主审法官、经验丰富的资深法官、社会学家、心理学家以及专业知识和社会阅历丰富的法律专家、法学教授、著名律师等人员组成,主要讨论:该刑事案件依据的法律和情理是什么?情理与法律为什么会产生冲突?依法律判决与依情理判决所带来的社会后果是什么?民众会对此有何反应?如何实现案结事了人和?经过充分论证后形成“情理法”冲突案件的专家论证意见,交给承办法官参考。

3. 加强不同地区法院间“情理法”冲突的沟通协调

一般由中级及以上人民法院的协调委员会负责,由审理刑事案件所在地法院分管副院长主持,组织该案主审法官、其他地区同类案件主审法官以座谈会、网络会议等形式进行,在沟通协调后整理汇总相关内容,提出解决冲突的建议;除提供给相关主审法官外,还应导入相应的数据库,为之后解决同类“情理法”冲突案件提供指导。

(二)各级法院内部应建立舆情风险处理机制

1. 各级法院应建立一套适合本单位的舆情预警方案

各级法院可以根据本地区经济文化发展的水平、风俗习惯、容易发生刑事案件的性质等,构建刑事案件审判过程中容易出现的舆情收集、可能存在的风险预警、舆情处理的具体程序和规范、案件判决后的宣示性教育等一套舆情预警方案。

2. 各级人民法院应内设舆情风险处理机构

根据 2019 年最高人民法院提出“深化人民法院内设机构改革。统筹推进内设机构改革和审判执行组织建设……优化内设机构设置,建立职能划分明确、运行高效顺畅的内设机构体系”①的要求，根据本地区的实际情况，参照全国其他各地法院应对舆情的探索式经验，各级人民法院应在政治部原有内设机构的基础上，增设舆情风险处理处或舆情风险处理办公室，将其作为了解和把握社情民意、沟通反馈民众情理的主要桥梁，由民意咨询员、舆情信息收集员、网络信息反馈员等专职人员组成。这些专职人员在熟悉相关法律知识的同时，应该具备专业技术技能，能够熟练运用互联网和大数据。

民意咨询员专门负责与民众沟通交流，对民众提出的法律、法规、政策咨询进行详细解释，引导民众在网络上表达观点时能够在法律的框架之内进行，了解法律的重要性和权威性，从法律的角度认识情理，对所涉案件能够辨伪存真，冷静、客观地表达观点；不能出现过激言论，也不能出现为民众道德、法律所不能容忍的言论。

舆情信息收集员专门负责涉案网络舆情信息的收集、整理与反馈，加强舆情研判，及时发现舆情风险，监测各大网站平台与己相关的舆情，也可以利用专业的舆情系统工具进行监测，经初步审查认为有可能引起网络舆情的信息及时汇报法院领导，将民众意见中最有价值的部分挑选出来提供给该案主审法官参考。

网络信息反馈员主要负责将法院收集到的网络信息处理意见及时反馈给民众，及时披露涉案信息，第一时间发布分析、研判的结果。对一些敏感性强、公众关注度高、社会影响大的案件，负责舆论引导，积极与媒体沟通，确保报道客观公正；防止出现背离事实真相的不当炒作，误导公众。在注重保障热点案件公众知情权的同时，还应妥善处理为当事人保密和保障公众知情权的关系。②

① 《最高人民法院关于深化人民法院司法体制综合配套改革的意见——人民法院第五个五年改革纲要（2019—2023）》，载最高人民法院网 2019 年 2 月 27 日，https://www.court.gov.cn/fabu-xiangqing-144202.html。

② 参见任高潮：《政法干警核心价值观的精神内涵及要求》，载《人民法院报》2012 年 4 月 11 日，第 5 版。

3. 各级法院应建立网络舆情处理平台

2019年最高人民法院提出应"加强智能辅助办案系统建设,完善类案推送、结果比对、数据分析、瑕疵提示等功能"。[①] 因此,各级人民法院应充分利用现代化的信息技术,建立网络舆情处理平台,由民意咨询员和舆情信息收集员负责平台的日常运转;除日常的法律咨询、民意沟通、信息收集、舆情反馈外,各级法院还应通过公告等形式对民众进行正确的引导,宣传在网络上表达意见的法律底线。

各级法院应该充分利用网络舆情处理平台,对本院审理的热点刑事案件进行法治宣传,分析法律问题,解答民众对该案的法律疑问,分析案件所蕴含的法理,传达法院的裁判思路,进而增强民众法律意识,引导民众尽可能站在中立的立场上对案件进行评价、反映普通民众的情理,不因小集团或自己的私心干扰刑事审判;对普通民众不了解事实真相所引发的舆情,应该及时说明真相,加以疏导。

五、提高法官审判刑事案件深度融合情理的积极性

(一)加强法官自身修养、牢记"司法为民"的理念

1. 法官应加强自身修养,杜绝私心

刑事审判中实现"情理法"的有机结合,既要靠国家完善的法律制度,更要靠法官自身的智慧、良知和经验。作为一名理性的法律人,即使没有审判质量考核的要求,法官在面对社会问题时也应自觉做到远离激情、保持理性,重视情理。

但是,法官也有自己的私心和私情,即使在案件中没有故意的舞弊行为,也会受人情世故等各种非理性因素的影响;在主审刑事案件尤其是疑难案件时,参考情理的空间很大,法官对案件的审判既要依靠自己的生活经验,还要根据自己的心证。如果在审断案件时不秉持公心、心

---

① 参见《最高人民法院关于深化人民法院司法体制综合配套改革的意见——人民法院第五个五年改革纲要(2019—2023)》,载最高人民法院网2019年2月27日,https://www.court.gov.cn/fabu-xiangqing-144202.html。

怀良善、体恤民情，不考虑民众的情理，就会受“人物关系、身份背景”等与裁判结果无关的因素影响，导致案件的判决不合民众情理，判决无法执行。

因此，作为司法正义的维护者，法官应加强自身修养。“廉、仁、公、勤四者，乃为政之纲要。”①在刑事审判中，尽可能地摒弃个人私情，在准确查明各方面客观情况的前提下，不受个人好恶、偏见和情感等因素的影响，自觉抵制权力、关系、人情、利益等各种因素的干扰，不办“关系案”“人情案”“金钱案”；而是换位思考，从当事人和利益关系人的角度去分析案情。

2. 法官应牢记“司法为民”的理念

“司法为民”是党和政府“以人为本”“以人民为中心”的理念在司法裁判中的体现，是从根本上关注人的发展，更是尊重人性的表现。②法官在刑事审判过程中，在依据法律规定的前提下，应提高政治站位、把握政策要求，牢记“司法为民”的理念，更好地满足人民群众对公平正义的价值追求，善于倾听人民意愿、关注知晓有关的社会道德风俗和民众生活习惯，遵循人民群众的普遍观念，尊重普通民众的朴素情感和道德诉求，探寻案件背后的民众情理，做到“推己以议物，舍状以探情”“尽己情察审”；③同时，不苛责完人，容小过、存大体，在具体审判时兼顾对弱势群体的保护，与当事人和利益关系人以及社会民众达成合理的共识，确保审判结果既在法律规范允许的裁量范围内，又充分顾及与案件相关的民众情理因素，让人民群众更好地感受到公平正义。

（二）加强法官培训，使法官了解同类刑事案件的民众情理

法官在审理刑事案件时不但要细致地审查案卷；也要注重研究、综

① 《名公书判清明集》卷之一“官吏门”之“劝谕事件于后”，中国社会科学院历史研究所宋辽金元史研究室点校，中华书局 1987 年版，第 13 页。

② 参见张文显：《法治与国家治理现代化》，载《中国法学》2014 年第 4 期。

③ 参见霍存福：《中国传统法文化的文化性状与文化追寻——情理法的发生、发展及其命运》，载《法制与社会发展》2001 年第 3 期。

合分析、谨慎取舍，以完整的证据链条呈现事实真相；还应善于倾听，态度温和，耐心听取被告人、被害人及其亲属、相关证人的陈述和申辩，坚持以情感人，换位思考。这就需要法官具备综合素养，了解同类刑事案件的民众情理。

一名优秀的法官既应当是一名法律人，精通法律，以深厚的法律功底作支撑；还应当是伦理学家、政治学家、逻辑学家、语言学家、法律宣传者等。[①] 但目前部分高校法学院所提供的很多知识并非法官必须掌握的，而法官必备的很多知识法学院又无法提供。[②] 法学院无法提供的知识应是法律专业知识外的政治学、伦理学、社会学、心理学、经济学等其他学科知识以及司法会计、司法鉴定、现场勘查勘验、互联网等。例如，法官在掌握社会学中的情理和民俗习惯后，眼界将更加开阔，能在更大的格局上作出合情合理的判决。[③] 即使所学的法律专业知识以及其他相关知识早已随着时代的发展而落后于社会，其他领域的专业知识和综合性知识也是法官了解民众情理的重要途径。因此，在原有法官培训制度的基础上，加入社会综合培训。

社会综合培训包括集中培训和行业培训两种方式。

1. 集中培训

原有的法官培训有些属于网络培训；但在多数情况下，网络培训流于形式，效果最好的应该是集中培训。可以聘请各行业专家进行专题讲座，就心理学、社会学、政治学、网络技术等对法官进行培训。可以采用半天专家教授相关专业知识、半天组织法官自由讨论的方式，使法官更深入地了解该专业领域的常理常情，也可以探讨与之相关的自己主审案件经常遇到的“情理法”冲突问题。

---

① 参见田成有：《法官的修炼》，中国法制出版社2011年版，第7～8页。

② 参见苏力：《法官素质与法学院的教育》，载《法商研究》2004年第3期。

③ 参见刘宏、李语嫣：《司法裁判的多元知识需求》，载《人民法院报》2012年8月24日，第6版。

2. 行业培训

法官脱下法袍也是个普通百姓。法官要想审判案件晓之以理、动之以情、"情理法"完美统一,就必须熟悉社会常识、经验和民众情理,具备社会道德、公共良知、社会常识等人文素养。一个没有社会常识的人,即便有高深的法律学问,也不能适应时代环境,因此,研究法律,必须注意到社会变迁、社会的现状、社会的趋势。① 只有注意到社会的变迁、熟知社会生活领域中的常识,才能在刑事审判中作出更有说服力的裁判。法官需要从错综复杂的人际关系和社会现实中总结提炼被民众认可的经验和常识,并将其吸收反映到刑事审判中。卡多佐明确地申明:"我将尽自己的绵薄之力,把那些悸动着、喧嚣着渴望得到表达的社会和经济力量引入法律。"②

行业培训的目的是让法官熟悉社会经验常识和民众情理。最简便易行的方式便是跨行业交流。但这种跨行业的交流不可能让每一位法官在每个行业都进行训练,因此,可以根据法官主审的案件类型进行:每年有一个月或每几年有半年时间让法官进入相关行业踏踏实实地与行业相关人员进行深入的交流,丰富法官的社会经验,提高法官的综合人文素养,使其更好地了解民众情理。

(三)增强庭审时释理说情的自觉性

刑事案件的被告人在庭审时对自己行为后果给被害人及其亲属造成的伤害并没有深刻的体会。法官在庭审时通过对情理的论证,如对被害人父母、子女等亲人的伤害,对人伦亲情、社会稳定的破坏以及自己被判刑后给自己家人造成的伤害等进行充分论证,可以让被告人有更深刻的体会。对亲属间存在暴力殴打、伤害、虐待、遗弃等行为的被告人,法官从情理上阐述血缘亲情的重要性,对被害人及其亲属造成的

① 参见孙晓楼:《法律教育》,中国政法大学出版社 2004 年版,第 112 页。

② [美]本杰明·内森·卡多佐:《法律的生长》,刘培峰、刘骁军译,贵州人民出版社 2003 年版,第 48 页。

难以磨灭的伤害,对自身及年迈父母、幼小子女以及孩子成年后的职业生涯造成的伤害进行论证,使被告人从内心深处对自己的所犯罪行进行反思忏悔、积极赔偿被害人进而自觉服从判决,为以后改善与亲属间的关系、建立和睦家庭奠定基础。普通被告人的刑事案件也可以从被告人被判刑后对父母的养育之恩、妻子的恩爱之情、对未成年子女教育的缺席、对他人造成的亲情上的伤害、对社会公序良俗的损害、对社会和谐稳定造成的后果等情理因素进行论证。这种庭审中的情理论证既可以他人之情理推被告人之情理,还可用民众之情理警示教育他人、预防或减少同类案件的发生。

(四)提高逻辑推理能力和融合“情理法”的司法技艺

1.提高逻辑推理能力

具备法律逻辑推理能力是刑事审判尤其是刑事判决中必不可少的一项技能。法官在审断案件时不可能分毫不差地重新还原过去所发生的客观事实,只能根据自己的社会生活经验,在基本的社会常识、常理、常情下对碎片化的客观案件事实进行认定,之后拼凑成一个无限趋近于真相的法律事实。[①] 这就需要法官在认定事实、关注情理后将经验性的“情理”与“罪”之间建立起逻辑上的关联。除具有最高决断力的始源性公理外,其他的一切经验、常识、常情均应经过严密的逻辑推理方可谨慎运用;尤其是论证程序中的实情与情理之间的内在逻辑,必须深入分析。

训练逻辑推理能力的最好方法是加强法律逻辑学的学习。法律逻辑学课程并不是每个大学法学专业学生的必修课程;即使学习过此课程,在学习时也不一定能够弄通弄懂。法官在接触了很多实务工作后重新学习该门课程,可以更好地提高自己的逻辑推理能力,最大限度地体现刑法的严厉性和谦抑性。

---

① 参见蔡延:《情理法融合视野下的刑事个案正义》,载《四川警察学院学报》2020 年第 2 期。

2. 提高融合“情理法”的司法技艺

融情说理是裁判的灵魂，是案件事实与审判结论连接的纽带，是法官审判工作之结晶，情理在判决文书说理中的重要价值不容小觑。[①] 在说理环节中体现情理与法的深度融合，可以提高判决文书的公正性、权威性与公信力。

前述“于欢案”“赵春华案”“陆勇案”等热点案例的一审判决事实上与法律本身的规定并无多么荒谬的出入，但民众总感觉正义观受到了冲击，由此引发舆论狂潮，其根本原因就在于判决书中没有进行充分的融情说理。

“以法律为准绳”是刑事裁判的基本要求，“融情说理”是刑事裁判的灵魂。当法律与情理在具体案件中发生冲突时，法官在案件事实的基础上应以法律论证为主导、以融情说理为补充。

“法律论证”主要体现个案依据的法律规范与立法原意、立法目标是否一致。如果一致，可从原意或目的上对法律条文进行解释。如果不一致，则可借助法律原则，推断该原则的适用是否与案件判决后民众的公平正义的价值理念相一致，即与民众的情理协调。

“融情说理”体现在个案中首先是对被告人犯罪过程的情理论证。对被告人的成长经历、犯罪过程等犯罪心理进行推理，可以借鉴德国刑事判决书中对心理刻画的论证，叙述被告人及被害人的成长、生活轨迹，突出其情感，彰显其道德品行是有情有义还是残酷无情，告诫人们残酷无情的人可能遭到法律严惩，有情有义的人值得法律同情。

“融情说理”还体现在对普通民众的情理论证。“融情”是将民众普遍认同的人情、反映时代内容的人情融入裁判中。“说理”是“通过语言文字进行交流，其目的是促使活动参与者采取某种立场”。[②] “裁判

① 参见谭丽丽：《作为一种民间资源的情理——其进入当代中国司法的途径与技术》，载《甘肃政法学院学报》2009年第3期。

② 参见鞠实儿：《论逻辑的文化相对性——从民族志和历史学的观点看》，载《中国社会科学》2010年第1期。

说理”是“裁判者对案件事实的认定与裁判结果的逻辑演绎”。[①] 即使在判决后也应对不予采纳的理由进行适当的常人情理论证，使被告人能够心服口服。例如，一些具备辨认能力的精神障碍患者，不一定具有相应的控制能力，但其智商可能高于常人。前述“张扣扣案”中的辩护律师从一审的庭前会议开始申请对被告人张扣扣进行精神障碍鉴定，但均被法院驳回。张扣扣虽然有辨认能力，但并不能确定其是否具有控制能力，在对其不予进行精神鉴定和不准许专家证人出庭作证的情况下，根据我国刑法的相关规定，应当将存疑利益分配给被告人，[②]并应当在法院的判决书中对驳回精神障碍鉴定的申请从法理和情理上进行适当的阐释，使被告人和其他民众明了不予精神障碍鉴定的理由。

六、加强社会多元协作，为法官适用情理提供参考

基层组织或单位、侦查机关、公诉机关以及律师事务所等方面加强协作，建立法院主导下的多元情理信息收集渠道，为忙于案件审查、无暇时时关注案发后的网络舆情的法官提供参考和素材。

（一）建立基层民情信息收集小组和平台

在基层组织或单位成立信息采集工作小组，由街道、社区或单位领导、网格员、“知心大姐”和专设民情信息收集员组成。民情信息收集员一般由具备一定的心理学、社会学知识及社会经验丰富的退休乡贤或人缘好、热心公益、熟悉本地情况、德高望重、善于与人交流的村民、居民担任，通过拉家常的方式对民情民意走访调研，平时深入街道社区或单位，了解民情、采集民意、倾听民声、讲解相关政策法规，刑事案件发生后配合公安机关收集涉案民众心声和看法，调取涉案人员的信息。信息采集工作小组应就民情信息收集员所收集的信息进行讨论、分析、

---

① 参见孙华璞、王利明、马来客主编：《裁判文书如何说理》，北京大学出版社 2016 年版，第 1 页。

② 参见柳婧：《法理与情理的辩证关系及冲突解决——以张扣扣案件为视角》，河北经贸大学 2020 年硕士学位论文，第 24 页。

甄别。

各社区或街道还应建立民情信息收集平台，聘请专业人员维护平台的正常运转，由各社区干部、单位职工、网格员全面协作，将辖区内户籍人口、流动人口及与之相关联的民政优抚、医疗卫生、社会保障等基本信息录入基础信息数据库，并确保信息的完整、准确、有效；同时根据社区变动情况及时调整、完善，通过不定期发布的易发案例，对民众进行法治教育，引导民众在法律的框架内正确表达涉案意见。

（二）侦查机关、公诉机关做好涉案人员及民众情理的收集

案发后公安机关在侦查阶段，除要求基层组织提供相关的情理信息外，在查证事实、讯问犯罪嫌疑人、询问证人时，应深入了解其中的情理因素，并在笔录中加以详细记载，为检察机关提起公诉提供情理方面的证据材料。

检察机关提起公诉时，除对侦查阶段提供的案卷材料涉及情理因素加以详细说明外，在量刑建议中，还应全面考量被告人、被害人、涉案亲属、普通民众的情理要求，在公诉意见中详细论述，为法官庭审时的释法、释理、说情、进行宣示性教育提供参考。

（三）律师事务所的律师应对涉案情理进行深入说明

律师事务所的辩护律师和代理律师在发表辩护意见和代理意见时，应对被告人的情感进行深入挖掘，剖析其成长的经历、犯罪时的心理和情感，对被害人及其亲属对被告人的仇恨，对自己情感的烙印式伤害以及被告人行为对自己、亲属及他人、社会的危害等进行充分表述，为法官量刑时酌情说理提供一定的参考。

七、完善有关网络媒介等法律法规，加大普法宣传力度

（一）完善有关网络媒介等相关法律法规，防范新闻炒作

为防范网络媒介利用民众情感对尚未判决的刑事案件予以炒作，立法机关应出台相应的法律法规，对媒体报道进行规制，在刑事审判的

不同阶段，引导网络媒介客观、公正地报道，在案发后判决前，可以报道案件的客观事实，对案件审理的程序性问题适当评论，对有关人员的工作作风客观评价，起到监督和适当增加压力的效果；但要保持中立立场，不允许作出提前预判，影响法官的自由心证。刑事判决生效之后，可以在法律的范围内自由报道和评论。①

同时，新闻媒体在进行犯罪新闻报道时还应尽可能还原案件本身的事实，把民众对案件的关注点引导至案件所涉及的法律法规；同时，应增加法学名家对案件分析的报道，引导受众尝试以科学客观的态度从法律的角度关注案件、分析案件。② 大众媒介在报道有关犯罪案件时还应注重舆论的正面引导，不传播小道消息，注重维护司法尊严，不预判刑事案件，保障社会平稳有序的发展。如果网络媒体在刑事案件发生后以偏概全、恶意炒作、扰乱视听，对司法工作人员进行人身攻击、人格侮辱或网络搜索等网络暴力，必须对直接责任人和负有领导责任的相关领导以及网络平台的经营管理者进行严惩。

(二)加大普法宣传力度，增强民众表达情理时的法律意识

网络时代的民众往往通过虚拟空间发表观点，进行交流。而网络的隐蔽性特征往往使民众想当然地认为自己可以自由地在网络平台上发表意见、无限制地进行评价，还可以自由地转引、转发相关文章；受众只看到自己的网名，并不知道自己是谁，也就不会影响自己的现实利益。评论案件时往往天马行空，并不考虑自己所表达的观点和转引、转发的文章是否符合法律的规定，有没有对他人、社会造成不利影响，以致一起普通的刑事案件在网络上引起全社会关注后，片面理解案情的民众基于个人的情理理解，气愤之下“人肉搜索”，把当事人及其亲属、与当事人关系密切的同学、朋友的工作、学习、生活等相关信息全部搜

① 参见王人博、朱健：《“舆论审判”还是“媒体审判”？——理念辨析与解决之道》，载《阴山学刊(社会科学版)》2007 年第 2 期。

② 参见徐舟：《情理法：犯罪新闻报道规避媒介审判的要素》，载《新闻研究导刊》2017 年第 15 期。

索后发布到网络上；不了解案情的网络民众再从中断章取义，对当事人及其亲属进行骚扰，甚至年幼的孩子也不放过，使其在学校受到同学的排挤和辱骂，严重影响其身心健康。还有的刑事案件判决结果被新闻媒体报道出来后，有些民众认为判决不公，就把主审法官的所有个人信息层层搜索后公布到网络上，对其进行人身骚扰、人格侮辱和谩骂。这些行为既违反了法律、扰乱社会秩序，更是干扰法官审断案件，以致原本合法合情合理的判决在网络上发酵后，被刻意营造出一个“法不近人情”的舆论环境，从而使司法人员为缓解舆论冲击而不得不改变判决，影响司法程序的有序进行。①

因此，应加大普法宣传力度，增强民众的法律意识，让其从法律的角度重新认识情理。

普法宣传主要宣传宪法、法律、法规以及相关部门规章和所在地区地方政府的规章，每几年从高校法学教师、律所律师、法官、检察官以及司法局工作人员中评选宣讲团成员，统一制作普法宣传的课件和内容，定期到自己所负责的机关、学校、社区、企业、村镇等进行普法宣传，有时可以由高校法学本科学生以社会实践的方式进入相应社区和村镇进行普法宣传和法律咨询，进行社会主义法治教育。

积极创新法律宣传途径，增强法律宣传的趣味性。除举办相关法律问题座谈会、演讲外，还可以举办各种法律竞赛；尤其是在青少年群体中举行的法律知识竞赛、演讲竞赛，既可以充实青少年群体的法律知识，又可以提高语言表达能力，还能激发运用法律知识维护自身及亲属合法权益的兴趣和学习动力。

此外，为了让民众愿意了解法律的内容，还应采用民众喜闻乐见的漫画、戏曲、电影、小品、歌谣等形式进行普法宣传，多角度宣传法律精神。对当地发生的热点刑事案件可以聘请法律专家为当地民众讲解案

① 参见徐舟：《情理法：犯罪新闻报道规避媒介审判的要素》，载《新闻研究导刊》2017 年第 15 期。

情、解释法律条文背后的法治精神、情理考量及案件所蕴含的法理以及法院的相关裁判思路,增强民众法律意识,指引民众注重自身行为的合法性,将自身情理置于法律的范围内。直接告知民众不要做损人不利己的行为,在平时与他人交流和在网络上表达自己的观点时,应当基于现实、考虑法律的相关规定以及他人、集体、国家和社会的利益;若逾越法律的边界,不但使自己受到法律的制裁,也会给他人、社会造成不可挽回的伤害。

综上所述,中国古代的“情理法”经过现代的创造性转化,应发展为现代的“法理情”:既有古今通行的“情理法”,又能更好地体现习近平法治思想和社会主义核心价值观。在刑事审判中,经过各级人民法院和法官的共同努力,在原有成效的基础上,构建刑事审判中“法理情”融合的有效路径,使每一个案件都尽可能做到“以法为据、以理服人、以情感人”,让每一个案件中的当事人“既感受到法律的权威和尊严,也感受到党和政府的关怀和温暖,最大限度增加和谐因素”,[①]实现政治效果、法律效果和社会效果有机统一,助力平安中国建设。

① 参见李建华:《人民日报:推进依法治国必须抓住“关键少数”——深入学习贯彻习近平同志在十八届四中全会上的重要讲话》,载人民网,http://opinion.people.com.cn/n/2015/0121/c1003-26422820.html。

参考文献

一、有关古代史籍及出土简牍

1.《定例全编》，康熙五十四年京都荣锦堂刊本，东洋文化研究所藏。

2.（清）张玉书等纂：《康熙字典》，清康熙五十五年内府刊本。

3.《定例成案合镌续增》，康熙五十八年刊本，吴江乐荆堂藏版。

4.（清）王又槐编辑：《刑钱必览》，清乾隆五十八年新镌本。

5.（北宋）张耒撰：《张右史文集》，载张元济辑：《四部丛刊本》卷五三，商务印书馆（景上海涵芬楼藏旧钞本）1929年重印。

6.（清）刘宝楠：《论语正义》，载国学整理社辑：《诸子集成》（第一册），中华书局1954年版。

7.（清）王先谦：《荀子集解》，载国学整理社辑：《诸子集成》（第二册），中华书局1954年版。

8.（晋）王弼注：《老子注》，载国学整理社辑：《诸子集成》（第三册），中华书局1954年版。

9.（清）戴望校正：《管子校正》，载国学整理社辑：

《诸子集成》(第五册),中华书局 1954 年版。

10.(战国)商鞅:《商君书》,严万里点校,载国学整理社辑:《诸子集成》(第五册),中华书局 1954 年版。

11.(清)焦循:《孟子正义》,载国学整理社辑:《诸子集成》(第一册),中华书局 1954 年版。

12.钱熙祚校:《慎子》,载国学整理社辑:《诸子集成》(第五册),中华书局 1954 年版。

13.(清)皮锡瑞撰:《经学通论》,中华书局 1954 年版。

14.(南宋)李心传撰:《建炎以来系年要录》,中华书局 1956 年版。

15.(清)徐松辑:《宋会要辑稿》,中华书局 1957 年版。

16.(南宋)宋慈:《洗冤集录》,法律出版社 1958 年版。

17.杨伯峻译注:《孟子译注》,中华书局 1960 年版。

18.(北宋)王钦若等编:《册府元龟》,中华书局 1960 年版。

19.陈义钟编校:《海瑞集》,中华书局 1962 年版。

20.(汉)班固撰,(唐)颜师古注:《汉书》,中华书局 1962 年版。

21.《宋大诏令集》,中华书局 1962 年版。

22.(南朝宋)范晔撰,(唐)李贤等注:《后汉书》,中华书局 1965 年版。

23.(西晋)陈寿撰,(南朝宋)裴松之注:《三国志·吴书》,中华书局 1971 年版。

24.(梁)沈约撰:《宋书》,中华书局 1974 年版。

25.(唐)房玄龄等撰:《晋书》,中华书局 1974 年版。

26.(北齐)魏收撰:《魏书》,中华书局 1974 年版。

27.(元)脱脱等撰:《辽史》,中华书局 1974 年版。

28.(清)张廷玉等撰:《明史》,中华书局 1974 年版。

29.(唐)李延寿撰:《南史》,中华书局 1975 年版。

30.(后晋)刘昫等撰:《旧唐书》,中华书局 1975 年版。

31.(北宋)欧阳修、(北宋)宋祁撰:《新唐书》,中华书局 1975

年版。

32.(清)王夫之:《读四书大全说》,中华书局1975年版。

33.(清)王夫之:《张子正蒙注》,中华书局1975年版。

34.(元)脱脱等撰:《宋史》,中华书局1977年版。

35.《白居易集》,顾学颉校点,中华书局1979年版。

36.(南宋)真德秀:《西山先生真文忠公文集》,商务印书馆四部丛刊初编本1979年版。

37.(汉)许慎撰,(清)段玉裁注:《说文解字注》,上海古籍出版社1981年版。

38.(北宋)苏轼撰:《东坡志林》,王松龄点校,中华书局1981年版。

39.(南宋)洪迈:《夷坚支志》,载《夷坚志》(第三册),何卓校点,中华书局1981年版。

40.(清)董诰等编:《全唐文》(第十三册),中华书局1983年版。

41.程俊英撰:《诗经译注》,上海古籍出版社1985年版。

42.(南宋)桂万荣辑,(明)吴讷删正:《棠阴比事》,中华书局1985年版。

43.(清)沈家本撰:《历代刑法考》,邓经元、骈宇骞点校,中华书局1985年版。

44.黎靖德编:《朱子语类》(第一册),王星贤点校,中华书局1986年版。

45.(元)马端临撰:《文献通考》,中华书局1986年版。

46.(明)高攀:《大明律集解附例》,台北,台湾学生书局有限公司(明万历间浙江官刊本)1986年版。

47.(汉)刘向撰:《说苑》,载《说苑校证》,向宗鲁校证,中华书局1987年版。

48.《名公书判清明集》,中国社会科学院历史研究所宋辽金元史研究室点校,中华书局1987年版。

49.(清)王又槐:《办案要略》,华东政法学院语文教研室注译,群众出版社 1987 年版。

50.(唐)杜佑撰:《通典》,王文锦等点校,中华书局 1988 年版。

51.邱汉平编:《历代刑法志》,群众出版社 1988 年版。

52.杨伯峻编著:《春秋左传注》,中华书局 1990 年版。

53.(明)余象斗辑:《廉明公案》,载《古本小说丛刊》第二八辑,中华书局 1991 年版。

54.(清)苏舆撰:《春秋繁露义证》,钟哲点校,中华书局 1992 年版。

55.王利器撰:《盐铁论校注(定本)》,载《新编诸子集成》(第一辑),中华书局 1992 年版。

56.(汉)刘向、(汉)王利器撰:《新语校注》,载《新编诸子集成》(第一辑),中华书局 1992 年版。

57.(清)陈立撰:《白虎通疏证》,吴泽虞点校,中华书局 1992 年版。

58.(南宋)朱熹集注:《四书》,顾美华标点,上海古籍出版社 1995 年版。

59.(南宋)李焘撰:《续资治通鉴长编》(第二十一册),上海师范大学古籍整理研究所、华东师范大学古籍研究所点校,中华书局 1995 年版。

60.(清)毕沅校注:《墨子》,吴旭民标点,上海古籍出版社 1995 年版。

61.(清)王先慎:《韩非子集解》,姜俊俊标校,上海古籍出版社 1996 年版。

62.刘俊文撰:《唐律疏议笺解》,中华书局 1996 年版。

63.(清)徐栋辑:《牧令书》,载官箴书集成编纂委员会编:《官箴书集成》(第七册),黄山书社 1997 年版。

64.(清)袁守定:《图民录》,载官箴书集成编纂委员会编:《官箴书集成》(第五册),黄山书社 1997 年版。

65.(清)黄六鸿:《福惠全书》,载官箴书集成编纂委员会编:《官箴书集成》(第三册),黄山书社 1997 年版。

66. 汪受宽:《孝经译注》,上海古籍出版社1998年版。

67. (明)薛允升撰:《唐明律合编》,怀效锋、李鸣点校,法律出版社1999年版。

68.《明清公牍秘本五种》,郭成伟、田涛点校整理,中国政法大学出版社1999年版。

69. (清)沈之奇撰:《大清律辑注》,怀效锋、李俊点校,法律出版社2000年版。

70. (北宋)傅霖撰,(元)东原郗韵释,(元)益都王亮增注:《刑统赋解》卷上"一韵",载《续修四库全书编委会》编:《续修四库全书》(第九七二册)"子部"之"法家类"影印本,上海古籍出版社2002年版。

71. (南宋)朱熹:《论语集注》,载朱杰人、严佐之、刘永翔主编:《朱子全书》(第六册),徐德明、黄坤点校,上海古籍出版社、安徽教育出版社2002年版。

72. (五代)孙光宪撰:《北梦琐言》,贾二强点校,中华书局2002年版。

73. (南宋)朱熹撰:《晦庵先生朱文公文集》,载朱杰人、严佐之、刘永翔主编:《朱子全书》(第二〇册),徐德明、黄坤点校,上海古籍出版社、安徽教育出版社2002年版。

74. (南宋)谢深甫:《庆元条法事类》,载《续修四库全书编委会》编:《续修四库全书》(第八六一册),上海古籍出版社2002年版。

75. (明)李东阳等奉敕撰,(明)申时行等奉敕重修:《大明会典》,载《续修四库全书编委会》编:《续修四库全书》(第七九二册),上海古籍出版社2002年版。

76. (清)徐灏:《说文解字注笺》,载《续修四库全书编委会》编:《续修四库全书》(第二二六册),上海古籍出版社2002年版。

77. (清)汪辉祖:《佐治药言》,载《续修四库全书编委会》编:《续修四库全书》(第七五五册),上海古籍出版社2002年版。

78.(清)汪辉祖:《学治臆说》,载《续修四库全书编委会》编:《续修四库全书》(第七五五册),上海古籍出版社2002年版。

79.(清)蒲松龄撰:《聊斋志异》,张式铭标点,岳麓书社2002年版。

80.(清)崑岡等修,(清)吴树梅等纂:《钦定大清会典》,载《续修四库全书编委会》编:《续修四库全书》(第七九四册),上海古籍出版社2002年版。

81.(清)万枫江:《幕学举要》,载李志敏主编:《中华资政绝学》卷四,光明日报出版社2002年版。

82.(清)于成龙:《械斗》,载金人叹、吴果迟编著:《断案精华:大清拍案惊奇》(上册),海峡文艺出版社2003年版。

83.(清)祝庆祺等编:《刑案汇览三编》,北京古籍出版社2004年版。

84.(清)贺长龄:《皇朝经世文编》,载《魏源全集》(第十八册),岳麓书社2004年版。

85.(清)曾衍东:《小豆棚》,盛伟校点,齐鲁书社2004年版。

86.《文明判集残卷》,载杨一凡、徐立志主编:《历代判例判牍》(第一册),俞鹿年、汪世荣、闫晓君等整理,中国社会科学出版社2005年版。

87.(清)李钧:《判语录存》,载杨一凡、徐立志主编:《历代判例判牍》(第十册),俞鹿年、汪世荣、闫晓君等整理,中国社会科学出版社2005年版。

88.(清)沈沾霖纂辑:《江苏成案》,载杨一凡、徐立志主编:《历代判例判牍》(第八册),俞鹿年、汪世荣、闫晓君等整理,中国社会科学出版社2005年版。

89.(清)全士潮等纂:《驳案汇编》,载杨一凡、徐立志主编:《历代判例判牍》(第七册),俞鹿年、汪世荣、闫晓君等整理,中国社会科学出版社2005年版。

90.(清)魏息园撰:《不用刑审判书》,载杨一凡、徐立志主编:《历代判例判牍》(第十二册),俞鹿年、汪世荣、闫晓君等整理,中国社会科学出版社 2005 年版。

91. 郭彧译注:《周易》,中华书局 2006 年版。

92. (南宋)楼钥撰:《攻媿集》,载曾枣庄、刘琳主编,四川大学古籍整理研究所编:《全宋文》第二六三册·卷五九三三,上海辞书出版社、安徽教育出版社 2006 年版。

93. (清)胡文炳:《折狱龟鉴补》,载陈重业主编:《折狱龟鉴补译注》,北京大学出版社 2006 年版。

94. 胡平生、陈美兰译注:《礼记·孝经》,中华书局 2007 年版。

95. (北齐)颜之推:《颜氏家训》,檀作文译注,中华书局 2007 年版。

96. (明·清)黄宗羲:《明夷待访录》,李伟译注,岳麓书社 2008 年版。

97. (清)徐士林:《徐雨峰中丞勘语》,载《明清法制史料辑刊》(第一编)(第十一册),国家图书馆出版社 2008 年版。

98.《尚书》,慕平译注,中华书局 2009 年版。

99. (南宋)洪迈:《容斋随笔》,吉林大学出版社 2009 年版。

100. (明)王阳明:《王阳明全集(新编本)》,吴光等编校,浙江古籍出版社 2010 年版。

101. (清)方大湜:《平平言·桑蚕提要》,吴克明点校,湖南科学技术出版社 2010 年版。

102. (清)李毓秀,郑永安编著:《弟子规》,云南人民出版社 2011 年版。

103. (清)顾炎武:《日知录》,黄汝成集释,栾保群、吕宗力校点,上海古籍出版社 2013 年版。

104. (南宋)袁采撰:《袁氏世范》,国家图书馆出版社 2015 年版。

105. (清)陈宏谋辑:《官箴:从政遗规》,党建读物出版社 2015 年版。

106. (清)陈宏谋辑:《官箴:〈从政遗规〉选译》,张华译,党建读物出版社 2015 年版。

107.(清)沈家本:《寄簃文存》,商务印书馆 2015 年版。

108.(清)纪昀,孙建军主编:《阅微草堂笔记》,吉林文史出版社 2017 年版。

109.(明)王阳明:《传习录》,陆永胜译注,中华书局 2021 年版。

110.(明)丘濬:《大学衍义补》,载《钦定四库全书荟要》卷二七二〇,摛藻堂四库全书荟要本。

111.《鼎锓法丛胜览》,明刻本,北京图书馆藏。

二、近现代专著

(一)国内学者专著

1. 冯友兰:《中国哲学史》,商务印书馆 1949 年版。

2. 谢觉哉:《谢觉哉日记》(上卷),人民出版社 1984 年版。

3. 费孝通:《乡土中国》,北京大学出版社 1988 年版。

4. 谢觉哉:《谢觉哉文集》,人民出版社 1989 年版。

5. 陈鹏:《中国婚姻史稿》,中华书局 1990 年版。

6. 范忠信、郑定、詹学农:《情理法与中国人——中国传统法律文化探微》,中国人民大学出版社 1992 年版。

7. 王云海主编:《宋代司法制度》,河南大学出版社 1992 年版。

8. 胡星桥、邓又天主编:《读例存疑点注》,中国人民公安大学出版社 1994 年版。

9. 梁治平:《清代习惯法:社会与国家》,中国政法大学出版社 1996 年版。

10. 张晋藩:《中国法律的传统与近代转型》,法律出版社 1997 年版。

11. 汪世荣:《中国古代判词研究》,中国政法大学出版社 1997 年版。

12. 冯友兰:《中国哲学史新编》(上),人民出版社 1998 年版。

13. 黄宗智:《民事审判与民间调解:清代的表达与实践》,中国社会科学出版社 1998 年版。

14. 公丕祥主编:《法制现代化研究》(第 4 卷),南京师范大学出版社 1998 年版。

15. 未了、文菡编著:《明清法官断案实录》(上册),光明日报出版社 1999 年版。

16. 宁致远、顾克广主编:《法律文书实例选编》,高等教育出版社 2000 年版。

17. 范忠信:《中国法律传统的基本精神》,山东人民出版社 2001 年版。

18. 郭成伟主编:《中华法系精神》,中国政法大学出版社 2001 年版。

19. 徐复观:《中国人性论史 · 先秦篇》,上海三联书店 2001 年版。

20. 蒙培元:《情感与理性》,中国社会科学出版社 2002 年版。

21. 程帆主编:《我听冯友兰讲中国哲学》,中国致公出版社 2002 年版。

22. 梁治平:《法辨:中国法的过去、现在与未来》,中国政法大学出版社 2002 年版。

23. 瞿同祖:《中国法律与中国社会》,中华书局 2003 年版。

24. 尹先敦:《历代官署衙门楹联选》,中国文联出版社 2003 年版。

25. 梁治平:《法意与人情》,中国法制出版社 2004 年版。

26. 孙晓楼:《法律教育》,中国政法大学出版社 2004 年版。

27. 马小红:《礼与法:法的历史连接》,北京大学出版社 2004 年版。

28. 崔永东:《中西法律文化比较》,北京大学出版社 2004 年版。

29. 郭建:《师爷当家:明清官场幕后规则》,中国言实出版社 2004 年版。

30. 梁漱溟:《中国文化要义》,上海人民出版社 2005 年版。

31. 李泽厚:《实用理性与乐感文化》,生活 · 读书 · 新知三联书店

2005 年版。

32. 范忠信、尤陈俊、翟文喆编校:《中国文化与中国法系——陈顾远法律史论集》,中国政法大学出版社 2006 年版。

33. 顾元:《衡平司法与中国传统法律秩序——兼与英国衡平法相比较》,中国政法大学出版社 2006 年版。

34. 黄宗智:《清代的法律、社会与文化:民法的表达与实践》,上海书店出版社 2007 年版。

35. 刘馨珺:《明镜高悬:南宋县衙的狱讼》,北京大学出版社 2007 年版。

36. 戴建国:《宋代刑法史研究》,上海人民出版社 2008 年版。

37. 胡平仁主编:《法理学》,湖南人民出版社 2008 年版。

38. 那思陆:《中国审判制度史》,上海三联书店 2009 年版。

39. 陈金全、汪世荣主编:《中国传统司法与司法传统》(上),陕西师范大学出版社 2009 年版。

40. 金观涛、刘青峰:《观念史研究:中国现代重要政治术语的形成》,法律出版社 2009 年版。

41. 马小红:《中国古代社会的法律观》,大象出版社 2009 年版。

42. 范忠信、陈景良主编,中南财经政法大学法律文化研究院编:《中西法律传统》(第 7 卷),北京大学出版社 2009 年版。

43. 郭成伟、关志国:《清代官箴理念对州县司法的影响》,中国人民大学出版社 2009 年版。

44. 邓勇:《试论中华法系的核心文化精神及其历史运行:兼析古人法律生活中的“情理”模式》,法律出版社 2010 年版。

45. 田成有:《法官的修炼》,中国法制出版社 2011 年版。

46. 赵晓耕主编:《观念与制度:中国传统文化下的法律变迁》,湘潭大学出版社 2012 年版。

47. 范忠信、陈会林主编:《法理学》,中国政法大学出版社 2012 年版。

48. 胡适:《中国哲学史大纲》,中华书局2013年版。

49. 王利明:《人民的福祉是最高的法律》,北京大学出版社2013年版。

50. 林端:《韦伯论中国传统法律:韦伯比较社会学的批判》,中国政法大学出版社2014年版。

51. 陈景良主编:《文化底蕴与传统法律》,湖北人民出版社2014年版。

52. 刘永青:《情礼之间——论明清之际的礼学转向》,人民出版社2014年版。

53. 劳思光:《新编中国哲学史》(第3卷)(上),生活·读书·新知三联书店2015年版。

54. 孙华璞、王利明、马来客主编:《裁判文书如何说理:以判决说理促司法公开、公正和公信》,北京大学出版社2016年版。

55. 陈顾远:《中国法制史概要》,商务印书馆2017年版。

56. 张杰:《社会主义法治视野下情理法传统的重拾与反思》,中国社会科学出版社2021年版。

57.《习近平著作选读》(第2卷),人民出版社2023年版。

(二)国外学者译著

1. [德]黑格尔:《法哲学原理》,范扬、张企泰译,商务印书馆1961年版。

2. [法]罗伯斯比尔:《革命法制和审判》,赵涵舆译,商务印书馆1965年版。

3. [美]D. 布迪、[美]C. 莫里斯:《中华帝国的法律》,朱勇译,江苏人民出版社1995年版。

4. [英]休谟:《人性的断裂》,冯援译,光明日报出版社1996年版。

5. [日]滋贺秀三等:《明清时期的民事审判与民间契约》,王亚新、梁治平编,法律出版社1998年版。

6. [德]马克斯·韦伯:《论经济与社会中的法律》,张乃根译,中国大百科全书出版社 1998 年版。

7. [美]本杰明·内森·卡多佐:《法律的生长》,刘培峰、刘骁军译,贵州人民出版社 2003 年版。

8. [日]寺田浩明本编主编,[日]川村康本卷主编:《中国法制史考证》(丙编·第 3 卷),姚荣涛译,中国社会科学出版社 2003 年版。

9. [美]黄仁宇:《万历十五年》,中华书局 2007 年版。

10. [日]太宰治:《如是我闻》,侯绪梅译,北京理工大学出版社 2015 年版。

11. [日]佐立治人:《清明集的法意与人情》,载杨一凡、[日]寺田浩明主编:《日本学者中国法制史论著选》(宋辽金元卷),中华书局 2016 年版。

三、论文及报纸、网络等文章

(一)期刊论文

1. 任继愈:《试论"天人合一"》,载《传统文化与现代化》1996 年第 1 期。

2. 范忠信:《中西法律传统中的"亲亲相隐"》,载《中国社会科学》1997 年第 3 期。

3. 俞荣根:《天理、国法、人情的冲突与整合——儒家之法的内在精神及现代法治的传统资源》,载《中华文化论坛》1998 年第 4 期。

4. 王志强:《南宋司法裁判中的价值取向——南宋书判初探》,载《中国社会科学》1998 年第 6 期。

5. 范忠信:《中国传统法律文化的哲学基础》,载《现代法学》1999 年第 2 期。

6. 张晋藩:《重塑中华法系的几点思考——三论中华法系》,载《南京大学法律评论》1999 年第 1 期。

7. 张汉静、丁相顺:《"情法两尽"及其社会基础》,载《法学家》2000 年第 4 期。

8. 吕志兴:《"春秋决狱"新探》,载《西南师范大学学报(人文社会科学版)》2000 年第 5 期。

9. 何勤华:《清代法律渊源考》,载《中国社会科学》2001 年第 2 期。

10. 霍存福:《中国传统法文化的文化性状与文化追寻——情理法的发生、发展及其命运》,载《法制与社会发展》2001 年第 3 期。

11. 陈亚平:《情・理・法:礼治秩序》,载《读书》2002 年第 1 期。

12. 张卫国:《德性人格与情;理;法》,载《益阳师专学报》2002 年第 1 期。

13. 郭成伟、孟庆超:《论"天道"观对中国传统法律的影响》,载《政法论坛》2003 年第 5 期。

14. 苏力:《法官素质与法学院的教育》,载《法商研究》2004 年第 3 期。

15. 邓勇:《论中国古代法律生活中的"情理场"——从〈名公书判清明集〉出发》,载《法制与社会发展》2004 年第 5 期。

16. 徐忠明:《明清刑事诉讼"依法判决"之辨正》,载《法商研究》2005 年第 4 期。

17. 柏桦、崔永生:《"情理法"与明代州县司法审判》,载《学习与探索》2006 年第 1 期。

18. 吴俊明、刘延红:《试论中国传统法律思维之现代转型》,载《延安大学学报(社会科学版)》2006 年第 2 期。

19. 张从容:《疑案・存案・结案——从春阿氏案看清代疑案了结技术》,载《法制与社会发展》2006 年第 4 期。

20. 王志强:《制定法在中国古代司法判决中的适用》,载《法学研究》2006 年第 5 期。

21. 李文玲:《中国古代的"无讼"理念与现代"和谐"社会》,载《甘肃社会科学》2006 年第 5 期。

22. 李启成:《"常识"与传统中国州县司法——从一个疑难案件(新会田坦案)展开的思考》,载《政法论坛》2007 年第 1 期。

23. 徐忠明:《清代中国司法裁判的形式化与实质化——以〈病榻梦痕录〉所载案件为中心的考察》,载《政法论坛》2007 年第 2 期。

24. 郭忠:《法理和情理》,载《法律科学(西北政法学院学报)》2007 年第 2 期。

25. 王人博、朱健:《"舆论审判"还是"媒体审判"?——理念辨析与解决之道》,载《阴山学刊(社会科学版)》2007 年第 2 期。

26. 陈忠林:《"常识、常理、常情":一种法治观与法学教育观》,载《太平洋学报》2007 年第 6 期。

27. 龚胜华:《清代民事审判的依据》,载《法制与社会》2007 年第 11 期。

28. 张正印:《事实的敞开:情理法判案模式的合法性构造》,载《东方法学》2008 年第 3 期。

29. 王占福:《浅议查办案件工作三个效果的统一》,载《中国监察》2008 年第 22 期。

30. 李立景:《犯罪新闻娱乐化解构——法学与传播学双重视角的批判性解读》,载《河北科技大学学报(社会科学版)》2009 年第 2 期。

31. 谭丽丽:《作为一种民间资源的情理——其进入当代中国司法的途径与技术》,载《甘肃政法学院学报》2009 年第 3 期。

32. 王斐弘:《敦煌法制文献中的情理法辨析》,载《兰州学刊》2009 年第 9 期。

33. 鞠实儿:《论逻辑的文化相对性——从民族志和历史学的观点看》,载《中国社会科学》2010 年第 1 期。

34. 汪雄涛:《明清判牍中的"情理"》,载《法学评论》2010 年第 1 期。

35. 廖峻:《〈名公书判清明集〉中宋代司法审判的中庸理念及其方法》,载《贵州民族学院学报(哲学社会科学版)》2010 年第 1 期。

36. 王贵东:《德国刑事判决书说理方法之考察及其启示——以 Ks1/59 诉布拉奇刑事判决书为视角》,载《法律适用》2010 年第 1 期。

37. 徐忠明:《凡俗与神圣:解读“明镜高悬”的司法意义》,载《中国法学》2010 年第 2 期。

38. 郭星华、隋嘉滨:《徘徊在情理与法理之间——试论中国法律现代化所面临的困境》,载《中南民族大学学报(人文社会科学版)》2010 年第 2 期。

39. 张中秋:《概括的传统中国的法理观——以中国法律传统对建构中国法理学的意义为视点》,载《法学家》2010 年第 2 期。

40. 刘国华、李玲玲、李云滨:《许霆案引发的法理思考》,载《学术交流》2010 年第 2 期。

41. 范忠信:《“期待之可能性”与我国刑事法的“法治圣贤定位”——从“亲亲相隐”的角度观察》,载《广东社会科学》2010 年第 2 期。

42. 孙笑侠:《公案的民意、主题与信息对称》,载《中国法学》2010 年第 3 期。

43. 张文显:《和谐精神的导入与中国法治的转型——从以法而治到良法善治》,载《吉林大学社会科学学报》2010 年第 3 期。

44. 崔明石:《话语・意指・权力——结构主义理论进路下的传统情理法文化》,载《太原理工大学学报(社会科学版)》2010 年第 4 期。

45. 崔明石:《事实与规范之间:情理法的再认识——以〈名公书判清明集〉为考察依据》,载《当代法学》2010 年第 6 期。

46. 贾立慧:《法律现代化中的法理与情理之冲突》,载《沙棘(科教纵横)》2010 年第 10 期。

47. 陈登武:《再论白居易“百道判”——以法律推理为中心》,载《台湾师大历史学报》第 45 期(2011 年)。

48. 崔明石:《情理法的正当性:以“情”为核心的阐释——以〈名公书判清明集〉为考察依据》,载《吉林师范大学学报(人文社会科学版)》2011 年第 2 期。

49. 康建胜:《情理法与传统司法实践》,载《青海社会科学》2011 年第 2 期。

50. 张正印:《还原与反思:清代情理法判案实践的“民、刑”差异》,载《甘肃政法学院学报》2011 年第 2 期。

51. 刘道纪:《法律内的天理人情》,载《政法论坛》2011 年第 5 期。

52. 张浩:《对“罗生门”事件的法律思考》,载《知识经济》2011 年第 21 期。

53. 凌斌:《法律与情理:法治进程的情法矛盾与伦理选择》,载《中外法学》2012 年第 1 期。

54. 汪习根、王康敏:《论情理法关系的理性定位》,载《河南社会科学》2012 年第 2 期。

55. 徐阳:《“舆情再审”:司法决策的困境与出路》,载《中国法学》2012 年第 2 期。

56. 陈亦欣:《浅析刑事审判中应坚持情理法的统一为审判依据》,载《法制与经济(中旬)》2012 年第 2 期。

57. 康建胜、卫霞:《传统司法中的“能动”主义及其价值——以情理法为视角》,载《甘肃社会科学》2012 年第 2 期。

58. 胡克明:《我国传统社会中的情理法特征——交互融合与互动共生》,载《浙江社会科学》2012 年第 3 期。

59. 陈金钊:《实质法治思维路径的风险及其矫正》,载《清华法学》2012 年第 4 期。

60. 李正斌:《天理 · 国法 · 人情》,载《北京人大》2012 年第 8 期。

61. 咸冠南、李玄文:《浅谈司法实践中“情、理、法”的应用》,载《法制与经济(下旬)》2012 年第 10 期。

62. 钟小安:《论师爷佐幕的价值观》,载《办公室业务》2012 年第 14 期。

63. 周安平:《涉诉舆论的面相与本相:十大经典案例分析》,载《中国法学》2013 年第 1 期。

64. 郑瑶、李建明:《网络舆论对刑事审判的影响》,载《河南社会科学》2013 年第 4 期。

65. 杨秋生、施光磊:《天理于中国传统法律文化观念的源本性》,载《社会科学辑刊》2013 年第 6 期。

66. 陈林林、王云清:《论情理裁判的可普遍化证成》,载《现代法学》2014 年第 1 期。

67. 张晋藩:《中国古代司法文明与当代意义》,载《法制与社会发展》2014 年第 2 期。

68. 张中秋:《传统中国法的精神及其哲学》,载《中国法学》2014 年第 2 期。

69. 云南省大理市司法局银桥司法所:《传统文化中的处世哲理》,载《人民调解》2014 年第 2 期。

70. 王海军:《试论我国刑事诉讼中亲属拒证权制度的建构》,载《中国司法》2014 年第 3 期。

71. 张文显:《法治与国家治理现代化》,载《中国法学》2014 年第 4 期。

72. 周洁:《论刑事判决书说理与法官释法权的衔接》,载《中北大学学报(社会科学版)》2014 年第 4 期。

73. 李德嘉:《传统司法中的人情及其现代意义》,载《沈阳工业大学学报(社会科学版)》2014 年第 5 期。

74. 王方玉:《中国式法理思维探析——法、理、情的融合》,载《河北法学》2014 年第 5 期。

75. 练崇潮:《人情社会、情感异化与现代人的安身立命》,载《江西社会科学》2015 年第 5 期。

76. 谢晖:《法治思维中的情理和法理》,载《重庆理工大学学报(社会科学)》2015 年第 9 期。

77. 刘烨:《论情、理、法的结合在中国传统法律文化中的价值》,载《湖北经济学院学报(人文社会科学版)》2016 年第 2 期。

78. 苏怡:《亲亲相隐与中国当代法律制度》,载《法制与社会》2016

年第14期。

79. 杨秋生:《法治的骨架、灵魂与神经——对汪习根情理法关系理性定位的理解与思考》,载《学术探索》2016年第10期。

80. 周庆华:《"裁判文书说理的技巧与规则"研讨会发言摘登》,载《人民司法(应用)》2016年第25期。

81. 刘艳红:《"司法无良知"抑或"刑法无底线"?——以"摆摊打气球案"入刑为视角的分析》,载《东南大学学报(哲学社会科学版)》2017年第1期。

82. 李帅、黄颖:《情理在法律裁判中的运用——以家事裁判为例》,载《法律方法》2017年第2期。

83. 王利、王一卒:《论传统情理法观念在我国现代法治社会中的适用》,载《南昌师范学院学报》2017年第3期。

84. 霍存福:《汉武帝对问与傅隆议迁徙两案的"情理法"》,载《法律适用(司法案例)》2017年第6期。

85. 王羽:《徐玉玉电信诈骗案主犯一审被判无期》,载《上海企业》2017年第8期。

86. 范依畴、范忠信:《从两姓械斗案妙判看于成龙巧用情理法》,载《法律适用》2017年第10期。

87. 徐舟:《情理法:犯罪新闻报道规避媒介审判的要素》,载《新闻研究导刊》2017年第15期。

88. 胡兴东:《宋元断例新考》,载《思想战线》2018年第1期。

89. 蔡虹、夏先华:《情与法的交融:司法裁判中适用情理研究》,载《山东科技大学学报(社会科学版)》2018年第1期。

90. 张本顺:《"法意、人情,实同一体":中国古代"情理法"整体性思维与一体化衡平艺术风格、成因及意义》,载《甘肃政法学院学报》2018年第5期。

91. 杨鹏程:《中国古代社会的情理法》,载《皖西学院学报》2018年第6期。

92. 王聪:《从情理法看我国古代判词的现代价值》,载《理论观察》2018 年第 9 期。

93. 蔡延:《多维角度看司法实践中情理法融合的缺失——赵春华持枪案为例的分析》,载《萍乡学院学报》2019 年第 2 期。

94. 苏亦工:《清代“情理”听讼的文化意蕴——兼评滋贺秀三的中西诉讼观》,载《法商研究》2019 年第 3 期。

95. 郑成良、张杰:《困境与调和:权力结构与司法正义之关系——以〈驳案新编〉为案例依据》,载《理论探索》2019 年第 3 期。

96. 胡学瑾:《论传统文化中的裁量精神》,载《云南大学学报(社会科学版)》2019 年第 5 期。

97. 舒国滢:《“法理”:概念与词义辨正》,载《中国政法大学学报》2019 年第 6 期。

98. 高洁:《“法术势”结构下中国传统司法审判的制度研判与启示——基于〈折狱龟鉴〉的反思》,载《中南财经政法大学研究生学报》2019 年第 6 期。

99. 李奋飞:《论司法决策的社会期望模式——以“于欢案”为实证切入点》,载《法学》2019 年第 8 期。

100. 于游:《传统法律文化中“情理法”融合的当代价值》,载《经济师》2019 年第 12 期。

101. 江必新:《坚持法理情的统一　切实让人民群众感受到公平正义》,载《人民司法》2019 年第 19 期。

102. 张杰:《花开两面:人情在司法难题中的双重面向——基于“天理—国法—人情”的法文化解读》,载《民间法》2019 年第 1 期。

103. 蔡延:《情理法融合视野下的刑事个案正义》,载《四川警察学院学报》2020 年第 2 期。

104. 杨天钥:《论传统“情理法”文化对当代法律的价值研究》,载《文化学刊》2020 年第 6 期。

105. 陈冬雪、巴图:《从敦煌“放妻书”浅议唐代和离制度》,载《青年文学家》2020 年第 12 期。

106. 胡云腾:《执法办案如何做到法理情兼顾》,载《法律适用》2020 年第 17 期。

107. 卓泽渊:《习近平法治思想要义的法理解读》,载《中国法学》2021 年第 1 期。

108. 袁周斌、贾欣雨:《论行政法律规范更具可接受性的路径——基于陕西榆林“芹菜案”的思考》,载《湖北警官学院学报》2023 年第 2 期。

109. 张杰:《刑事审判中情理的运用模式与文化逻辑——以 749 份刑事判决书为例》,载《法制与社会发展》2023 年第 3 期。

(二)硕博士论文

1. 顾元:《衡平司法与中国传统法律秩序——以清代诉讼案例为主要素材兼与英国法相比较》,中国政法大学 2002 年博士学位论文。

2. 王静:《清代州县官的民事审判——一个法律文化视角的考察》,吉林大学 2005 年博士学位论文。

3. 胡月明:《从〈名公书判清明集〉看南宋的情理法》,吉林大学 2006 年硕士学位论文。

4. 陈娜:《中国古代司法中的情理探析》,吉林大学 2007 年硕士学位论文。

5. 彭斌:《清代情理审判研究》,湘潭大学 2010 年硕士学位论文。

6. 崔明石:《话语与叙事:文化视域下的情理法》,吉林大学 2011 年博士学位论文。

7. 黄岩:《“情理法”在清末的断裂与新生》,吉林大学 2011 年硕士学位论文。

8. 阳洋:《传统儒家文化与体育道德失范的思考》,湖南师范大学 2013 年硕士学位论文。

9. 陈小洁:《中国传统司法判例中的情理表达——以清代〈刑案汇览〉为对象的分析》,南京师范大学 2014 年博士学位论文。

10. 杨秋生:《当代中国法学学者情理法观的文化思考》,吉林大学2018年博士学位论文。

11. 陈晓出:《晚明亲属杀伤案件研究——以秩序与亲情的冲突为视角》,辽宁大学2018年硕士学位论文。

12. 周芳芳:《我国刑事判决说理的场域视角研究》,吉林大学2018年博士学位论文。

13. 安庞靖:《中国传统司法的形式化追求——基于李觏法制思想为个案的研究》,中国政法大学2019年博士学位论文。

14. 吴斌:《刑事司法中"情理法"兼顾的理论与实践——以传统法律经验为基础》,烟台大学2019年硕士学位论文。

15. 闫敏:《论司法裁判中情理法结合的有效路径》,华东政法大学2019年硕士学位论文。

16. 王泽文:《清代循吏的裁判依据研究》,甘肃政法学院2019年硕士学位论文。

17. 金民:《从〈名公书判清明集〉中的亲属间诉讼看家事诉讼方式改革》,苏州大学2019年硕士学位论文。

18. 郭栋:《中国古代司法裁判中的情理探究》,河南大学2020年硕士学位论文。

19. 丁啟洋:《以情理法为切入点的中国传统综合法思维》,中国人民公安大学2020年硕士学位论文。

20. 张杰:《现代法治视野下情理法传统的重拾与反思》,吉林大学2020年博士学位论文。

21. 柳婧:《法理与情理的辩证关系及冲突解决——以张扣扣案件为视角》,河北经贸大学2020年硕士学位论文。

22. 杨鹏程:《宋代刑案奏裁制度研究》,安徽大学2020年硕士学位论文。

(三)报刊文章

1. 李劼、敖颖婕:《上海一中院健全网络民意搜集反馈机制》,载《人民法院报》2009 年 12 月 15 日,第 1 版。

2. 张毅力、邹志远:《老人一怒勒死儿子 数百村民为他请命》,载《河南商报》2010 年 1 月 26 日,A17 版。

3. 林筱发:《重视网络民意贵在落实》,载《人民法院报》2010 年 5 月 18 日,第 2 版。

4. 郭士辉、袁长伟、杨梅花:《司法面对民意:倾听、沟通、引导——江苏徐州中院民意沟通机制调查》,载《人民法院报》2010 年 7 月 29 日,第 5 版。

5. 宋君华:《法律,请等一等情理》,载《检察日报》2011 年 9 月 1 日,第 3 版。

6. 刘秋苏、宋华俊:《法律要有权威,先要有人情味》,载《人民法院报》2011 年 11 月 27 日,第 8 版。

7. 任高潮:《政法干警核心价值观的精神内涵及要求》,载《人民法院报》2012 年 4 月 11 日,第 5 版。

8. 宋晓明、雷继平、林海权:《自由裁量权的行使及其规制》(上),载《人民法院报》2012 年 5 月 16 日,第 7 版。

9. 刘宏、李语嫣:《司法裁判的多元知识需求》,载《人民法院报》2012 年 8 月 24 日,第 6 版。

10. 侯欣一、邹晓玫:《在与民意的良性互动中提升司法公信力》,载《人民法院报》2013 年 4 月 18 日,第 5 版。

11.《中共中央关于全面推进依法治国若干重大问题的决定》,载《人民日报》2014 年 10 月 29 日,第 1 版。

12. 孙季萍:《传统司法与医道之契合》,载《人民法院报》2016 年 7 月 22 日,第 5 版。

13.《2017 年度人民法院十大刑事案件》,载《人民法院报》2018 年 1 月 6 日,第 4 版。

14. 江山:《于欢案背后吴学占团伙涉黑案开庭》,载《中国青年报》2018 年 4 月 13 日,第 3 版。

15. 王智锋:《情理法交融让司法更有温度》,载《人民法院报》2019年5月9日,第2版。

16. 王珊珊、王俏、姜佩珊、马欣:《“让司法有力量、有是非、有温度”——人大代表听取和审议最高人民法院工作报告侧记》,载《人民法院报》2020年5月26日,第1版。

17. 李广宇:《科举与判词的繁荣——〈判词经典〉之五》,载《人民法院报》2020年7月31日,第7版。

18. 张智全:《“司机无罪判决”符合情理法》,载《人民法院报》2020年9月23日,第2版。

19. 牟治伟:《为什么说法律不外乎人情》,载《人民法院报》2021年5月14日,第6版。

20. 王春、文丽娟:《562份法官寄语折射出怎样的司法温情》,载《法治日报》2021年10月28日,第4版。

21. 何莉:《兼顾国法天理人情 彰显司法公平正义》,载《人民法院报》2021年11月18日,第5版。

22. 姜玉峰:《传承和弘扬好中华优秀传统文化》,载《人民日报》2021年12月30日,第5版。

23. 习近平:《高举中国特色社会主义伟大旗帜　为全面建设社会主义现代化国家而团结奋斗——在中国共产党第二十次全国代表大会上的报告(2022年10月16日)》,载《中国共产党第二十次全国代表大会文件汇编》,人民出版社2022年版。

(四)网络资料

1.《中共中央关于党的百年奋斗重大成就和历史经验的决议(全文)》,载中国政府网,https://www.gov.cn/zhengce/2021-11/16/content_5651269.htm。

2. 陈兴良:《法治的最大特征应当是使人成其为人》,载新浪博客2006年10月24日,http://blog.sina.com.cn/s/blog_48f0dd43010006bm.html。

3. 杨金溪:《倾听网络民意畅通渠道是关键》,载新浪网,https://

news. sina. com. cn/o/2008 -06 -24/080914064675s. shtml。

4. 范愉:《情理法的冲突》,载豆丁网 2008 年 9 月 20 日,https://www. docin. com/p -1162780. html。

5. 陈宝成、何玥晴:《专家解读刑诉法草案:被告亲属仍有如实作证义务》,载新浪网,https://news. sina. com. cn/c/2011 -08 -31/063023079270. shtml。

6. 梁爽:《法官判决书寄语写“命运不是坏小孩”被赞“萌”》,载杭州网,https://news. hangzhou. com. cn/shxw/content/2012 -02/01/content_4053166. htm。

7. 魏长根、杨琦、付文玉:《青云谱法院判决书附法官寄语“好有爱”》,载中国法院网 2013 年 7 月 4 日,https://www. chinacourt. org/article/detail/2013/07/id/1021371. shtml。

8. 吴欣:《让公众触摸到法治的温度》,载新浪网,http://news. sina. com. cn/o/2014 -01 -14/085029236832. shtml。

9.《仁义礼智信》,载 360 文库 2024 年 3 月 28 日,www. 360doc. com/content/14/0815/08/385169_402054581. shtml。

10. 李建华:《人民日报:推进依法治国必须抓住“关键少数”——深入学习贯彻习近平同志在十八届四中全会上的重要讲话》,载人民网,http://opinion. people. com. cn/n/2015/0121/c1003 -26422820. html。

11.《判决书附法官暖心寄语:经历过犯错 希望你长大》,载今日头条 2015 年 9 月 19 日,https://www. toutiao. com/article/6196132314717225474/?upstream_biz = toutiao_pc&source = m_redirect。

12. 出智周:《重庆开州:家事案件“法官寄语”彰显司法温情》,载中国法院网 2017 年 1 月 12 日,https://www. chinacourt. org/article/detail/2017/01/id/2511865. shtml。

13.《于欢案,道义输给了法律,可悲!》,载搜狐网 2017 年 6 月 23 日,https://www. sohu. com/a/151426004_789026。

14.《“徐玉玉被电信诈骗案”一审宣判 主犯陈文辉被判无期徒

刑》,载中国法院网 2017 年 7 月 19 日,https://www.chinacourt.org/article/detail/2017/07/id/2928287.shtml。

15. 邓声国:《五德:忠孝节勇和——中国传统伦理道德的规范》,载搜狐网 2017 年 11 月 20 日,https://www.sohu.com/a/205528938_488249。

16.《内蒙农民王力军无证收购玉米案(王力军非法经营案)》,载中国法院网 2018 年 1 月 3 日,https://www.chinacourt.org/article/detail/2018/01/id/3145183.shtml。

17.《张扣扣案二审当庭宣判:维持一审死刑判决》,载海南省人民检察院网 2019 年 4 月 12 日,https://www.hi.jcy.gov.cn/webSite/module/M101/view/520082/00500008。

18.《史上最有温度的法官寄语:冰冷的法庭,也有人心的温度》,载搜狐网 2019 年 1 月 21 日,https://www.sohu.com/a/290432875_120065590。

19. 贺治蒙:《一篇法官寄语 带来绿色希望》,载搜狐网 2019 年 4 月 18 日,https://www.sohu.com/a/308963750－120058134。

20. 周强:《最高人民法院关于加强刑事审判工作情况的报告——2019 年 10 月 23 日在第十三届全国人民代表大会常务委员会第十四次会议上》,载中国法院网 2019 年 10 月 26 日,https://www.court.gov.cn/zixun-xiangqing－194071.html。

21.《中国大案纪实 064——南京彭宇案》,载网易网 2019 年 12 月 14 日,https://www.163.com/dy/article/F0C5SGVN0517CMQL.html。

后　记

三年的疫情沉淀了心态，专心进行本书的撰写，从收集资料到思考写作，费尽心血，终于完稿。

在写作过程中，临沂市中级人民法院的高德玲、张恩廷、赵树才三位资深法官提供了许多实践案例并提出了宝贵的修改建议，临沂大学的罗亚海、卢中华、杨超三位博士对书稿提纲提出了宝贵的修改意见，在此表示衷心的感谢！

本书在出版过程中，法律出版社的张颖编辑一遍遍进行认真校正、排版，付出了很多精力和心血，也在此表示衷心的感谢！

在撰写本书的过程中，作者查阅了许多国内外相关研究资料，吸收和借鉴了许多专家、学者相关的研究成果，从中获得了很多有益的启示，在此表示诚挚的谢意！

由于作者水平有限，书中难免存在疏漏及错误之处，敬请相关专家、学者不吝批评指正。